零基础

玩转AI短视频

（DeepSeek+即梦+可灵+剪映）

张卓然 王莉然 张旭 主编

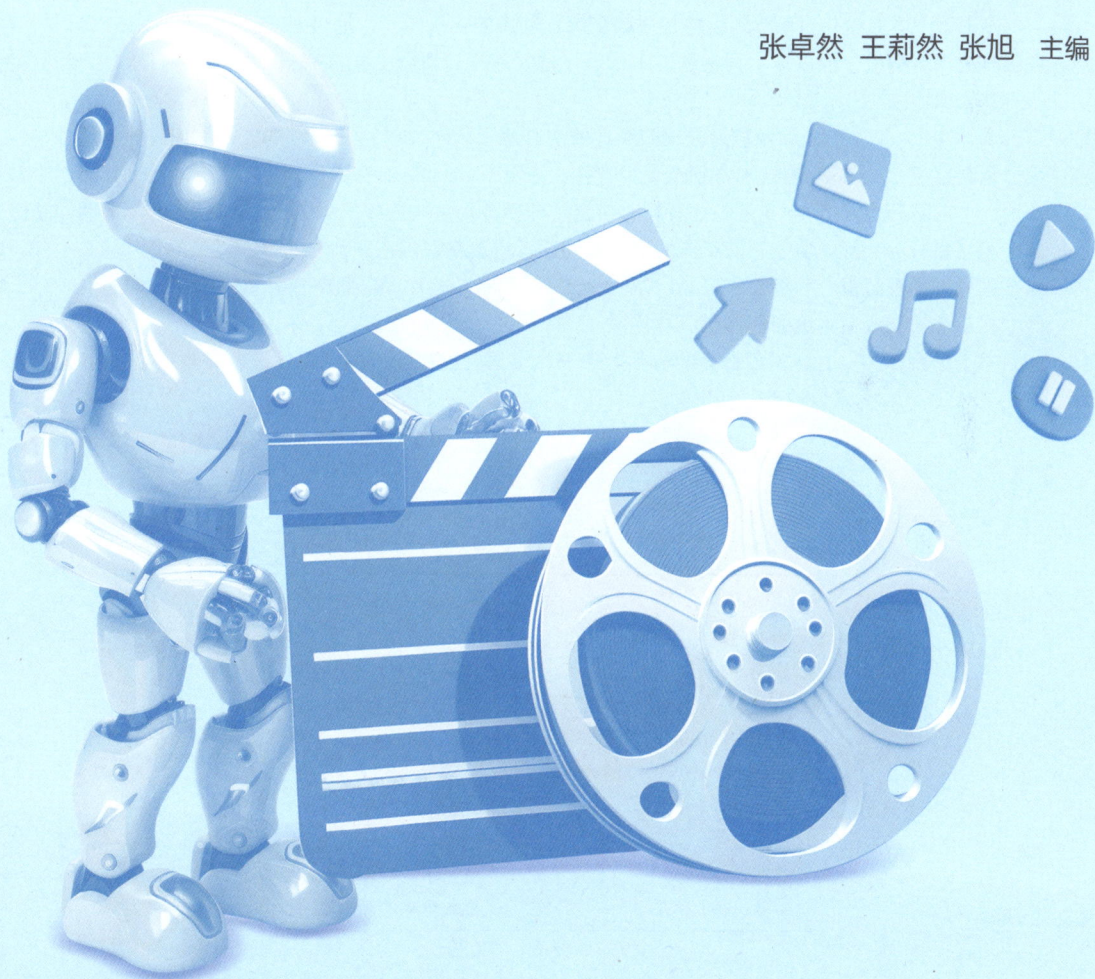

人民邮电出版社

北京

图书在版编目（CIP）数据

零基础玩转 AI 短视频：DeepSeek+即梦+可灵+剪映 / 张卓然，王莉然，张旭主编. -- 北京：人民邮电出版社，2025. -- ISBN 978-7-115-67867-6

Ⅰ．TN948.4-39

中国国家版本馆 CIP 数据核字第 2025E3E464 号

内 容 提 要

本书是一本系统化讲解 AI 绘画与视频全流程创作的实战指南，通过对 DeepSeek、即梦、可灵、剪映四大工具的深度解析，覆盖提示词工程、多模态生成、跨平台协同三大核心技术，提供从技术原理到案例实操的完整知识链路。

本书共 11 章。1~2 章为基础原理介绍，依次讲解了 AI 绘画与 AI 视频的技术原理与提示词的写作技巧。第 3 章介绍了 DeepSeek 的技术背景及使用方法，并聚焦 DeepSeek 在提示词、视频脚本等创作流程中的作用。在前 3 章的基础上，第 4~9 章为读者精心挑选了即梦、可灵与剪映三大 AI 工具的 AI 创作案例，涵盖 AI 绘画、AI 视频、AI 特色功能，以实操的形式帮助读者迅速掌握国内主流三大 AI 工具的使用方法。第 10~11 章分别通过影视海报、动漫绘本等 AI 绘画综合案例和动画短片、电商广告等 AI 视频综合案例，帮助读者全面掌握从想法到成品落地的创作全流程。

本书适合作为 AI 技术爱好者的自学参考书，也适合短视频、电子商务、自媒体等数字内容的创作者、AI 行业从业者、艺术设计专业师生阅读。

◆ 主　编　张卓然　王莉然　张　旭
　　责任编辑　黄汉兵
　　责任印制　马振武

◆ 人民邮电出版社出版发行　　北京市丰台区成寿寺路 11 号
　　邮编　100164　电子邮件　315@ptpress.com.cn
　　网址　https://www.ptpress.com.cn
　　雅迪云印（天津）科技有限公司印刷

◆ 开本：787×1092　1/16
　　印张：14.5　　　　　　　　　2025 年 9 月第 1 版
　　字数：390 千字　　　　　　　2025 年 9 月天津第 1 次印刷

定价：79.80 元

读者服务热线：(010)53913866　印装质量热线：(010)81055316
反盗版热线：(010)81055315

>>>

当人工智能的浪潮席卷而来，视频创作领域正经历着一场颠覆性的变革。曾经，视频创作是专业团队的"专利"，依赖复杂的设备和漫长的手工剪辑流程；如今，AI技术打破壁垒，让创意不再受限于技术门槛，个人创作者也能凭借智能工具，将脑海中的灵感瞬间转化为屏幕上的精彩作品。从影视海报的震撼视觉，到电商产品的生动展示，从漫画绘本的奇妙世界，到游戏角色的鲜活呈现，AI绘画与AI视频生成工具已成为创意爆发的"催化剂"，重塑着内容生产的生态。

在这样的技术浪潮中，本书应势而生，聚焦AI技术在视频创作领域的前沿应用。我们深入挖掘DeepSeek、即梦、可灵、剪映等主流平台的实战经验，将AI绘画的底层逻辑与视频生成的实操技巧深度融合，为读者搭建起从入门到精通的完整学习体系。这些智能工具不仅颠覆了传统创作流程，更通过算法与需求的精准适配，让"零基础产出专业级绘画与视频作品"成为触手可及的现实。

本书特色

全流程认知构建：从AI绘画的扩散模型，到视频生成的时空序列算法，再到AI剪辑的场景识别技术，我们用通俗易懂的语言拆解复杂原理。搭配DeepSeek、即梦、可灵与剪映的真实案例，让技术学习摆脱枯燥，轻松建立对AI绘画与视频创作的全局认知。

主流工具深度解析：详细剖析DeepSeek、即梦、可灵与剪映四大AI工具。从工具优势、特色功能，到访问流程、提示词编写，再到完整作品生成，一步一步带领读者解锁AI创作全流程，真正实现"轻松上手，创意无界"。

实操案例驱动学习：精选43个实操案例，覆盖AI绘画、视频生成、创意玩法及电子商务商品图等商业场景。以细致的步骤讲解，助力读者快速掌握核心技能，

《《《

所学内容可直接应用于实际工作与生活，让创意落地更简单。

—— **特别提醒** ——

本书编写基于当前 AI 工具与软件界面（剪映 App 版本 16.1.0、剪映专业版版本 8.2.0），但技术迭代飞速，工具界面与功能可能不断迭代更新。建议读者聚焦操作思路，学会举一反三，以不变应万变。另外，因 AI 模型算法特性，即使提示词相同，每次生成结果也会有差异，这是正常现象。读者可重点学习提示词编写逻辑与实操步骤，灵活调整，收获独特创意。

—— **适合的读者** ——

无论你是热爱创意、想用 AI 讲述故事的创作者，渴望突破技术瓶颈、提升作品视觉张力的视频达人，还是追求效率、需快速产出海量内容的企业品牌方、电子商务运营者，抑或是探索 AI 辅助教学的新媒体课程设计师、职业教育培训师，本书都将成为你驾驭 AI 视频浪潮的"导航图"。

让我们携手开启这场技术赋能的创作革命，让每一个灵感都能借 AI 之力，在屏幕上绽放璀璨光芒！

目录 CONTENTS

01 第1章 AI 绘画与 AI 视频

1.1	了解 AI 绘画与 AI 视频	2
1.1.1	AI 绘画概述	2
1.1.2	AI 视频概述	2
1.1.3	AI 绘画的技术原理	3
1.1.4	AI 视频的技术原理	4
1.2	应用场景剖析	4
1.2.1	AI 绘画的应用场景	5
1.2.2	AI 视频的应用场景	8
1.3	热门的 AI 绘画与 AI 视频工具	10
1.3.1	即梦 AI	10
1.3.2	可灵 AI	13
1.3.3	剪映	14

02 第2章 掌握 AI 提示词的写法

2.1	什么是提示词	18
2.1.1	提示词的定义剖析	18
2.1.2	提示词在 AI 交互中的关键作用	18
2.1.3	常用提示词结构剖析	19
2.2	AI 绘画提示词编写技巧	20
2.2.1	画面元素精准描述技巧	20
2.2.2	风格设定的有效提示方法	21
2.2.3	色彩搭配提示要点	22
2.2.4	构图布局的提示诀窍	22
2.2.5	细节层次的深化技巧	24
2.2.6	光影效果的精准引导	24

2.3　AI 视频提示词的编写技巧　26

2.3.1　视频场景构建提示词策略　26

2.3.2　角色塑造提示技巧　27

2.3.3　情节推动提示技巧　28

2.3.4　视频节奏把控提示要点　29

2.3.5　运镜手法提示要点　29

2.3.6　动态效果生动表述　30

2.3.7　音效配合提示方法　30

03

第 3 章

**DeepSeek 生成
提示词**

3.1　初识 DeepSeek　34

3.1.1　DeepSeek 概述　34

3.1.2　DeepSeek 的入口　35

3.1.3　快速上手 DeepSeek　36

3.2　DeepSeek 实操指南　38

3.2.1　DeepSeek 生成提示词　38

3.2.2　DeepSeek 生成视频文案　40

3.2.3　DeepSeek 生成视频脚本　42

3.2.4　DeepSeek 生成视频分镜头脚本　47

3.3　DeepSeek 高级应用　50

3.3.1　在即梦 AI 平台使用 DeepSeek　50

3.3.2　在可灵 AI 平台使用 DeepSeek　51

3.3.3　DeepSeek 和剪映协同创作　53

04

第 4 章

**即梦 AI 绘画
实操指南**

4.1　即梦 AI 的生图方式　58

4.1.1　文生图　58

4.1.2　图生图　59

4.2　即梦 AI 生图实操指南　62

4.2.1　生成水墨画　62

4.2.2　生成人像写真　63

4.2.3　生成唯美风景图　　64

4.2.4　生成可爱萌宠图　　65

4.2.5　生成分镜头图片　　66

4.3　图片二次创作　　68

4.3.1　局部重绘　　68

4.3.2　无损扩图　　70

4.3.3　局部消除　　72

4.3.4　自动抠图　　74

05

第5章

即梦 AI 视频
实操指南

5.1　即梦 AI 生成视频的方式　　78

5.1.1　图片生成视频　　78

5.1.2　文本生成视频　　80

5.1.3　制作数字人视频　　81

5.2　视频生成实操指南　　82

5.2.1　生成风景视频　　83

5.2.2　生成科幻视频　　84

5.2.3　生成人像视频　　85

5.2.4　生成动漫视频　　86

5.3　AI 视频创意玩法　　88

5.3.1　动物秀场　　88

5.3.2　熊猫做饭　　90

5.3.3　变身术玩法　　92

5.3.4　对口型玩法　　94

06

第6章

可灵 AI 绘画
实操指南

6.1　可灵 AI 的生图方式　　98

6.1.1　通过描述生成图片　　98

6.1.2　通过参考图生成图片　　99

6.2　可灵 AI 生图实操指南　　101

6.2.1　生成山水画　　101

6.2.2　生成人像画作　104

6.2.3　生成静物画　107

6.2.4　生成抽象画　109

6.2.5　生成苏绣图　112

6.3　可灵 AI 绘画的高级玩法　114

6.3.1　AI 写真　115

6.3.2　AI 扩图　116

6.3.3　AI 模特　119

6.3.4　AI 换装　120

07

第 7 章

可灵 AI 视频
实操指南

7.1　可灵 AI 生成视频的方式　126

7.1.1　通过文本生成视频　126

7.1.2　通过图片生成视频　128

7.2　视频生成实操指南　132

7.2.1　生成古风视频　132

7.2.2　生成航拍视频　134

7.2.3　生成高速镜头　136

7.2.4　生成特效视频　137

7.3　可灵 AI 视频的创意玩法　138

7.3.1　花花世界玩法　138

7.3.2　魔力转圈圈　141

7.3.3　杯子变玩偶　143

7.3.4　捏捏乐玩法　144

7.3.5　万物膨胀玩法　145

08

第 8 章

剪映 AI 绘画
实操指南

8.1　剪映的图片生成功能　150

8.1.1　AI 作图　150

8.1.2　AI 商品图　151

8.1.3　智能抠图　152

8.1.4　超清图片 154

8.1.5　AI 特效 155

8.2　剪映生图实操指南 156

8.2.1　生成卡通图片 156

8.2.2　生成风景图片 158

8.2.3　生成人像图片 161

8.2.4　生成动物图片 163

8.2.5　生成产品图片 164

09
第 9 章
剪映 AI 成片
实操指南

9.1　剪映的 AI 成片功能 168

9.1.1　AI 剪视频 168

9.1.2　图文成片 169

9.1.3　AI 故事成片 170

9.1.4　营销视频 172

9.1.5　数字人 173

9.2　剪映 AI 成片实操指南 174

9.2.1　生成美食教学视频 175

9.2.2　生成数字人口播视频 177

9.2.3　生成旅游攻略视频 179

10
第 10 章
AI 绘画综合实战

10.1　制作影视海报 184

10.2　电商产品海报 186

10.3　制作漫画绘本 191

10.4　游戏人物设计 193

11

第 11 章
AI 视频综合实战

11.1	制作动画短片	198
11.2	制作电商广告	205
11.3	制作音乐 MV	209
11.4	制作综艺预告片	216

第1章

AI 绘画与 AI 视频

AI 绘画与 AI 视频技术作为当今技术前沿,正在重塑视觉内容的生产逻辑。本章将从技术原理、应用场景和主流工具三大维度,系统解析 AI 绘画与 AI 视频创作的核心能力与产业变革价值,帮助读者构建完整的认知框架,熟悉智能创作流程,并为学习使用 AI 绘画与 AI 视频创作工具奠定理论基础。

1.1 了解AI绘画与AI视频

本节带领读者了解什么是 AI 绘画与 AI 视频，深入解析双模态技术的底层逻辑，从扩散模型生成图像到神经渲染驱动视频，用通俗的语言阐释 AI 如何将文本指令转化为动态视觉叙事，奠定技术认知的基础。

1.1.1 AI绘画概述

AI 绘画（AI Art Generation），也称为计算机生成艺术，是指利用人工智能技术自动生成或辅助创作图像的过程。近年来，随着深度学习和生成对抗网络（GAN）、扩散模型（如 Stable Diffusion）等技术的突破，AI 绘画工具逐渐普及，并在艺术、设计、娱乐等领域广泛应用。

可以把 AI 绘画理解成一个"智能画笔"——用户告诉它想要什么，比如"一只猫在太空里喝茶"，它就能根据用户的描述，快速画出一张图。这个过程不需要人工手绘，而是计算机通过学习海量的图片和文字，自己学会怎么把文字变成画面。AI 绘画风格多样，从传统艺术绘画风格到数码创意绘画，再到逼真的人像与 3D 渲染效果图，都可以生成，如图 1-1 ～图 1-3 所示。

图 1-1

图 1-2

图 1-3

1.1.2 AI视频概述

AI 视频（AI Video Generation），即人工智能视频生成技术，是指利用深度学习、计算机视觉和生成模型（如时序生成对抗网络、扩散模型等）自动创建或辅助制作动态视觉内容的过程。近年来，随着多模态大模型和时空建模技术的突破，AI 视频工具正在快速渗透影视、广告、教育等领域，成为数字内容生产的革新力量。

可以将 AI 视频视为一位"智能导演"——用户通过输入文本、图像或语音指令，如"黄昏时分的鲸鱼跃出海面，水花折射彩虹"，AI 便能解析语义、理解时空逻辑，自动生成一段连贯的视频片段。这一过程无须传统拍摄或逐帧绘制，而是通过算法学习海量视频数据的运动规律、物理特性和艺术风格，将抽象描述转化为动态画面。AI 视频生成支持多样输出形式，从 2D 动画、3D 场景到超写实渲，从经典电影特效到抽象艺术风格，甚至能实现跨风格融合，如将真人视频转为浮世绘动态画卷。

AI 视频的核心能力涵盖内容生成（虚拟场景构建）、智能编辑（自动剪辑、特效合成）、画质增强（低分辨率修复、帧率提升）及交互式创作（实时修改镜头语言）。该技术正在重塑影视工业化生产流程、个性化广告营销、虚拟现实体验等应用场景。

1.1.3　AI 绘画的技术原理

AI 绘画的技术原理主要基于深度学习模型对图像数据的生成与风格化处理，其核心是通过算法学习艺术规律并模拟创作过程。AI 绘画分为学习阶段和生成阶段。在 AI 绘画模型训练前期，程序员会向 AI 程序输入大量图片和对应的描述，训练 AI 记住这些画面的特点。当用户输入新的描述时，AI 根据之前学习的知识，生成符合要求的图片。图 1-4 是 AI 绘画技术流程示例。

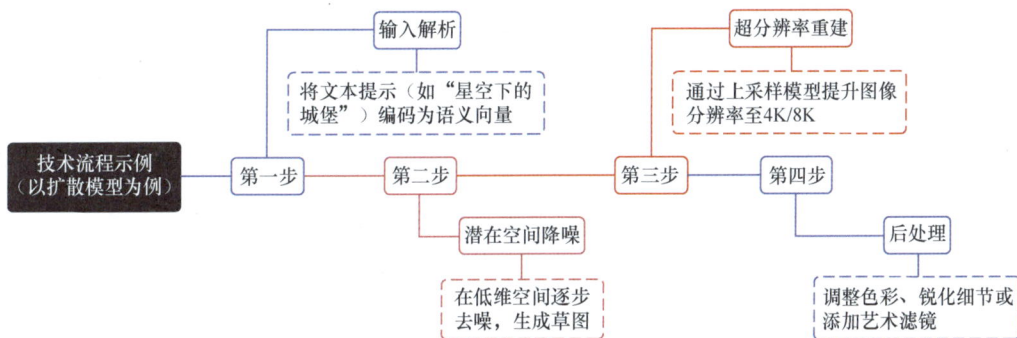

图 1-4

以下是 AI 绘画的关键技术框架及原理。

1. 生成对抗网络（GAN）

通过双模型对抗训练生成逼真图像，其中一个为生成器，生成器尝试生成逼真图像以"欺骗"判别器；另一个为判别器，其职责是学习区分真实图像与生成图像。

应用场景：生成写实人像（如 StyleGAN）、艺术风格模仿。

2. 扩散模型（Diffusion Model）

通过"先破坏再重建"的逆向工程，结合深度学习对数据分布的建模能力，实现了从噪声到高质量内容的生成。训练过程中先进行正向扩散，逐步向图像添加噪声，直至变为随机噪声；随后进行逆向重建，通过神经网络学习从噪声中逐步还原目标图像。该方法的优势在于生成的细节丰富且可控性强。

3. 神经风格迁移（Neural Style Transfer）

利用卷积神经网络（CNN）提取内容图像的结构特征与风格图像的纹理特征，并通过优化算法将两者融合以生成新图像，例如将照片转换为凡·高画风。

4. 自回归模型（Autoregressive Model）

序列生成：逐个像素预测图像，依赖前面生成的像素值。

特点：生成过程慢，但可精确控制局部细节。

5. 多模态融合技术

文本到图像（Text-to-Image）：结合语言模型与图像生成模型，实现"用文字画画"。

跨模态对齐：利用对比学习（如 CLIP）建立文本与图像的语义关联。

1.1.4　AI视频的技术原理

AI 视频技术的核心原理是通过深度学习模型对视频数据进行生成、分析和编辑。一个 AI 视频生成的典型技术流程是：首先对输入信息进行处理，将视频分解为帧序列并提取时空特征；随后进行模型推理，通过神经网络预测或生成目标内容（如插帧、换脸等）；最后进行后处理优化，包括调整色彩、稳定画面、消除伪影等环节。其关键技术包括以下 4 个。

1. 视频生成模型

生成对抗网络（GAN）：由生成器与判别器通过对抗训练方式合成逼真视频帧（如人脸合成、场景生成等应用场景）。

扩散模型（Diffusion Model）：采用逐步去噪的生成机制（典型代表如 OpenAI 研发的 Sora 模型），在高质量视频生成和长时序建模方面表现突出。

自回归模型（Autoregressive Model）：基于逐帧预测的视频生成方法（类似文本生成技术思路，需重点解决时间维度连续性问题）。

2. 时间序列建模

3D 卷积神经网络：同时捕捉空间（图像内容）和时间（帧间运动）特征。

光流估计（Optical Flow）：分析帧间像素运动规律，用于动作预测或视频插帧。

时空（Transformer）：通过注意力机制建模长距离时空依赖（如视频动作识别）。

3. 多模态融合

文本 / 语音驱动视频生成：将自然语言描述转化为视频内容，如将"一只猫在沙滩奔跑"生成对应画面。

跨模态对齐：对齐视频、音频、文本特征，如电影自动配音或字幕生成。

4. 视频编辑与增强

神经渲染（Neural Rendering）：从多角度视频重建 3D 场景（如动态人物换背景）。

风格迁移：将艺术风格迁移到视频（如将动画转为油画风格）。

提升分辨率与修复画质：提升低清视频画质，或修复破损 / 模糊片段。

AI 视频技术正从单帧图像处理向跨模态时序生成演进，未来可能结合强化学习、物理引擎等，进一步突破真实感与逻辑性的边界。

1.2　应用场景剖析

本节将向读者介绍 AI 绘画与视频技术的应用场景——从艺术设计的视觉表达、影视工业的流程革新，到社交营销的内容裂变，系统梳理 AI 绘画与 AI 视频在文化创作、商业传播、教育娱乐等领域的应用，帮助读者对技术应用建立认知。

1.2.1　AI绘画的应用场景

1. 艺术创作与设计

个人创作：降低艺术门槛，使普通用户也能生成有趣的照片和插画，将创意灵感转化为实际作品，满足艺术表达需求，甚至参与发表与比赛。用户通过输入关键词即可生成多种风格的个性化作品，如图 1-5 ～图 1-7 所示。

图 1-5　　　　　　　　　图 1-6　　　　　　　　　图 1-7

角色设计：在游戏、电影、动画行业可利用 AI 绘画辅助，将描述角色的文字设计转化为图像设定，快速生成角色设计草图，制作角色立绘（肖像），帮助制作人员更加直观且精准地理解人物特征，从而更好地进行人物塑造，如图 1-8 ～图 1-11 所示。

图 1-8　　　　　　　　　　　　　　　图 1-9

图 1-10　　　　　　　　　　　　图 1-11

场景设计：在游戏、电影、动画行业可以利用 AI 绘画辅助，快速生成环境与场景设计草图、场景概念图等，帮助制作人员更好地规划布景，如图 1-12～图 1-15 所示。

图 1-12   图 1-13

图 1-14   图 1-15

商业设计：设计师和广告制作者可以利用 AI 快速生成产品原型、虚拟样品、广告素材、UI/UX 元素等效果图，提升设计效率，如图 1-16～图 1-18 所示。

图 1-16   图 1-17   图 1-18

建筑设计：在建筑设计行业，设计师可以利用 AI 生成景观方案，直观预览实际建造效果，还可以结合地域文化关键词实现快速迭代，如图 1-19 和图 1-20 所示。

图 1-19　　　　　　　　　　　图 1-20

　　提供灵感：AI 绘画技术可以辅助创作者生成灵感草图、风格化作品，如赛博朋克风格、水墨画风格等，为创作者的艺术创作提供灵感与参考，如图 1-21 和图 1-22 所示。

图 1-21　　　　　　　　　　　图 1-22

2. 教育与文化传承

　　课堂教育：在课堂教学中，教师可以利用 AI 绘画技术生成教学所需的图像素材，帮助学生通过视觉化方式理解知识，提升学习效果。在艺术类课程中，该技术可以辅助学生理解构图、色彩理论等视觉艺术原理。例如，在高校油画课程中，AI 技术可用于分析经典作品风格，激发创作灵感，如通过风格迁移技术模拟凡·高或莫奈等艺术家的绘画风格，如图 1-23 和图 1-24 所示。

图 1-23　　　　　　　　　　　图 1-24

传统艺术数字化：AI 绘画可以通过分析残缺部分的纹理、色彩和笔触规律，自动补全壁画、绘画或雕塑的缺失部分，如敦煌壁画的数字化修复。该技术还能利用深度学习重建古画原始色彩，还原因氧化或光照褪色的作品。此外，AI 技术可生成与真迹高度一致的数字化副本，有效减少原作因频繁展出造成的损耗。

3. 日常娱乐

不会画画的普通人，在 AI 绘画的帮助下也可以将自己或宠物的照片变成名画风格，如凡·高、毕加索的风格，或者给头像加特效，生成个性化头像、插画，满足大众娱乐需求。如图 1-25 ～图 1-28 所示。

图 1-25

图 1-26

图 1-27

图 1-28

1.2.2 AI 视频的应用场景

AI 视频技术凭借其强大的处理与生成能力，已广泛应用于多个领域。

1. 娱乐与媒体

影视制作：AI 视频技术可应用于特效生成、场景修复、老片修复、自动化剪辑及剧本可视化预览等领域，显著提升影视制作效率。

虚拟角色：生成虚拟主播、数字人形象或 Deepfake 换脸（使用 Deepfake 换脸技术需注意伦理问题）。如剪映的"数字人"功能可以在创作者不想真人出镜的情况下代替创作者出镜，如图 1-29 所示。

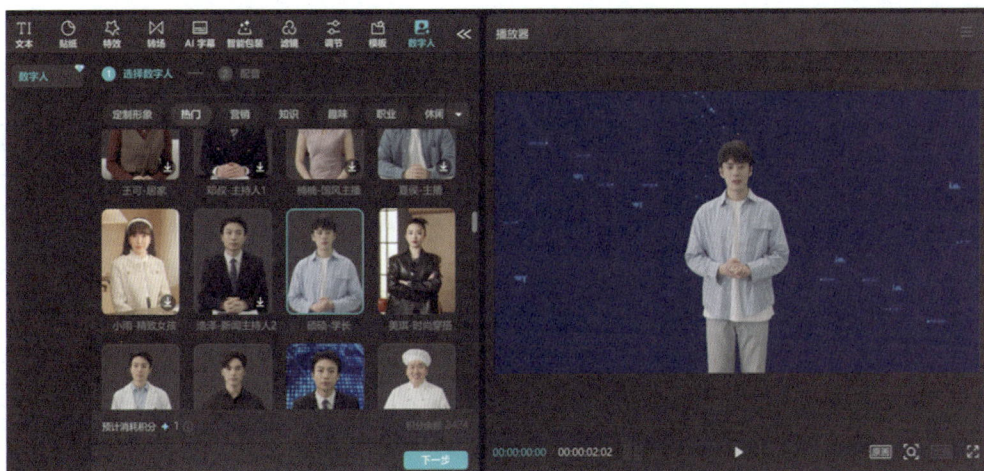

图 1-29

互动内容：利用 AI 视频生成技术实现游戏中的实时动画或个性化剧情分支，从而为玩家提供更优质的游戏体验。

2. 教育

利用 AI 视频技术，教师可以根据教学需求灵活生成教学视频，依据学生认知水平动态调整内容难度，或通过知识点动画演示提升教学效果。该技术还能模拟各类教学场景，例如在语言教学中实现对话场景的逼真模拟，有效增强学生的沉浸感和代入感。相关应用示例如图 1-30 所示。

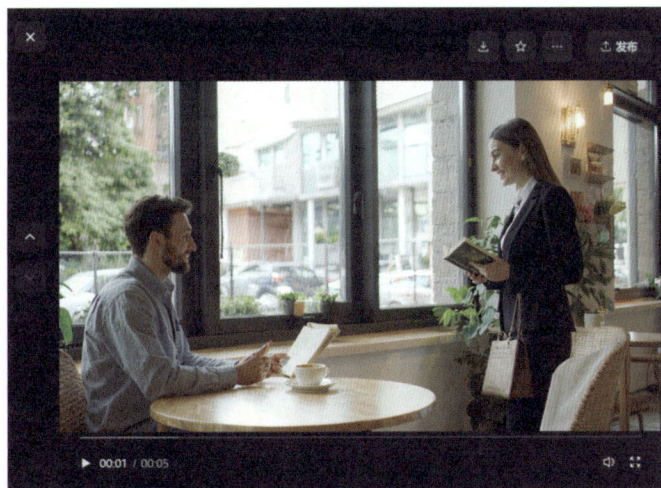

图 1-30

3. 商业与零售

广告营销：基于目标受众画像精准生成定制化广告视频，可根据用户兴趣标签实现产品展示内容的智能动态替换。

虚拟试穿 / 试用：AR 视频技术让用户能够在线试衣、试妆或预览家具摆放效果。

4. 社交媒体与创作

创意内容：利用 AI 技术生成创意短视频，例如生成宠物跳舞视频，或一键生成 Vlog 模板等。

互动滤镜：支持实时人脸特效处理，包括年龄变化（老年滤镜）及风格迁移等技术。典型应用如剪映软件中的"变老 - 美颜"特效，如图 1-31 所示。

图 1-31

虚拟现实 / 增强现实（VR/AR）技术：可生成沉浸式环境视频或交互式虚拟场景，在视频会议中实现背景替换或手势增强功能。

素材生成技术：通过 AI 视频技术，创作者能够快速获取所需视频素材。相较于实地拍摄或网络搜寻，该技术显著提升剪辑与创作效率，实现更高效的视频制作流程。

5. 公共领域

智能监控：实时识别异常行为（如跌倒、闯入）、人群密度监测或车牌识别。

证据分析：快速筛查监控视频，定位关键片段（如追踪嫌疑人）。

自动驾驶：实时解析道路视频，识别障碍物与交通标志。

智慧交通：分析车流视频，优化信号灯配时或事故预警。

1.3 热门的AI绘画与AI视频工具

本节向读者介绍当下最常用的热门 AI 绘画与 AI 视频工具——即梦、可灵与剪映。通过本节内容，读者将了解这些工具的背景与功能，并掌握访问这些工具的基本方法。

1.3.1 即梦AI

即梦 AI 是深圳市脸萌科技有限公司开发的一款为创意爱好者打造的生成式人工智能创作与表达平台，具备 AI 图片创作和 AI 视频创作功能。即梦 AI 支持通过自然语言和图片输入，生成高质量的图像与视频，提供智能画布、故事创作模式，以及首尾帧、对口型、运镜控制、速度控制等 AI 编辑能力，还有海量影像灵感及兴趣社区，"一站式"为用户提供创意灵感、流畅的工作流、社区交互等资源，提升用户的创作效率。

在 AI 绘画方面，即梦 AI 支持两种生成模式：上传图片后结合文本指令进行风格迁移或细节增强和输入期望生成的图像描述文本。

在视频生成方面，即梦 AI 支持三种生成模式：输入单张图片作为首帧，直接生成视频或配合提示词描述生成视频；输入两张图片分别作为首帧和尾帧，直接生成视频或配合提示词描述生成视频；输入期望生成的视频描述文本，以此进行视频生成。

即梦 AI 提供网页版和 App 两种访问方式。

1. 网页版

浏览器搜索并打开即梦 AI 官网，单击页面右上角的"登录"按钮，如图 1-32 所示。在跳转后的页面勾选"已阅读并同意用户服务协议 / 隐私政策 /AI 功能使用须知"，并单击"登录"按钮，如图 1-33 所示。

图 1-32

图 1-33

在跳转后的页面注册并登录即梦 AI，如图 1-34 所示。即梦 AI 支持使用抖音 App 扫码登录或手机号注册登录。

图 1-34

2.App

在手机应用市场搜索"即梦 AI"，点击安装按钮，如图 1-35 所示。安装完成后打开 App，点击"同意"按钮，如图 1-36 所示，即可进入即梦 AI 主页。点击主页右下角"我的"按钮，如图 1-37 所示，勾选"已阅读并同意用户协议和隐私政策"后，点击"通过抖音登录"按钮，如图 1-38 所示。在跳转后的界面输入手机号码获取验证码后登录，如图 1-39 所示。

图 1-35

图 1-36

图 1-37

图 1-38 图 1-39

1.3.2 可灵AI

可灵 AI 是由快手公司推出的多模态生成式人工智能创作平台，专注于 AI 绘画与视频生成，致力于为用户提供高效、高质量的创意表达工具。

AI 绘画功能支持两种生成模式：用户可上传图片并结合文本指令进行风格迁移或细节优化，也可直接输入文本描述生成高精度图像，支持 60 余种艺术风格切换。

AI 视频功能提供三种生成模式：以单图作为首帧生成动态视频；以双图定义首尾帧生成画面演变序列；仅通过文本描述直接生成视频内容。

平台还整合了智能编辑能力，包括局部重绘、运动笔刷控制、多模态视频修改（如换装、特效添加）、人脸模型定制、音频对口型等功能，并搭载灵感库与社区生态，覆盖电子商务、影视、社交等多场景需求，支持网页版与移动端创作，助力用户实现从灵感到成品的全流程提效。

下面简单介绍如何访问可灵 AI。

1. 网页版

浏览器搜索并打开可灵 AI 官网，单击页面左下角的"登录"按钮，如图 1-40 所示。在跳转后的页面完成注册并登录可灵 AI 账号，如图 1-41 所示。可灵 AI 支持通过快手 / 快手极速版 App 扫码登录，或使用手机号注册登录。

2.App

在手机应用市场搜索"可灵 AI"，点击安装按钮，如图 1-42 所示。安装完成后打开 App，点击"同意"按钮，如图 1-43 所示，即可进入可灵 AI 主页。点击主页右下角"我的"按钮，如图 1-44 所示。在跳转后的界面勾选小字说明，输入手机号并获取验证码后登录，如图 1-45 所示。

图 1-40

图 1-41

图 1-42

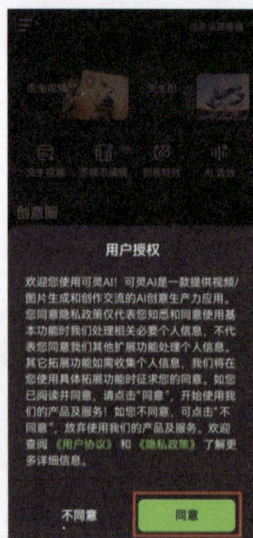

图 1-43

图 1-44

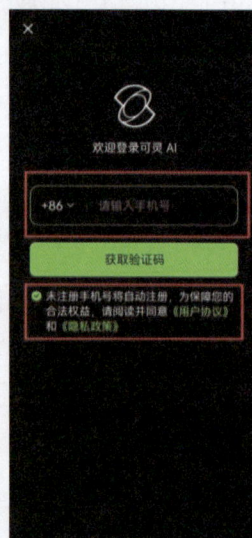

图 1-45

1.3.3　剪映

　　剪映是由抖音官方推出的全能型视频编辑软件，支持移动端（手机/平板）及桌面端多平台使用。凭借其直观的操作界面和强大的功能矩阵，该软件已成为个人创作者、短视频爱好者及专业视频制作人的首选工具。剪映不仅提供基础的剪辑、调色、特效功能，更通过深度整合 AI 技术，实现了智能化创作流程，显著提升了视频制作的效率与创意表现力。其内置的 AI 功能包括素材生成（图片 / 视频）和智能处理（特效 / 滤镜）两大模块。相较于同类 AI 创作软件，剪映实现了 AI 素材生成与专业剪辑的无缝衔接，为创作者提供了"一站式"视频制作解决方案。

下面简单介绍如何下载专业版剪映与剪映 App。

1. 专业版（客户端）

在浏览器中搜索并打开剪映官网，点击页面左上角的"专业版"选项，然后点击页面中央的"立即下载"按钮（如图 1-46 所示）。点击该按钮后，浏览器将弹出下载任务窗口，用户可自定义安装程序的存储路径，随后按照提示完成下载即可。

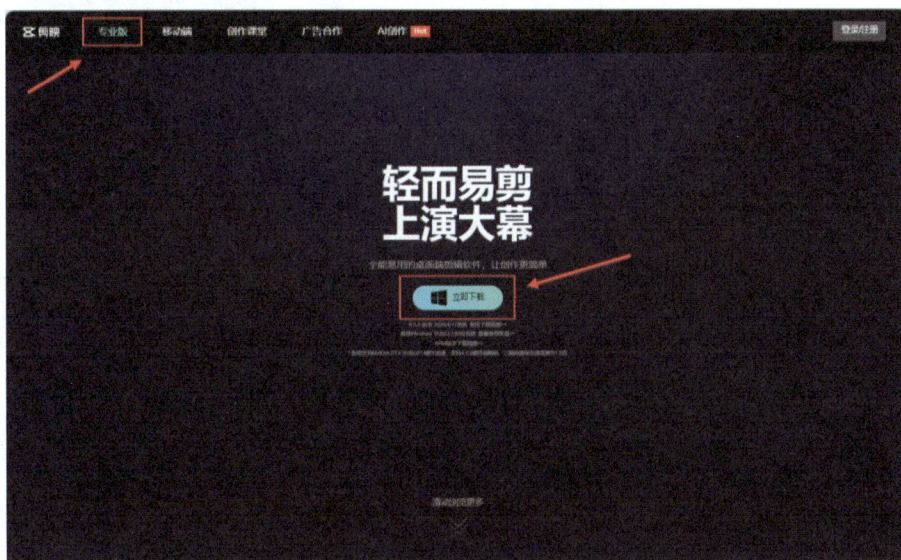

图 1-46

完成上述操作后，在计算机的下载文件夹中找到安装程序文件，双击该程序文件，系统将自动执行安装流程（如图 1-47 所示）。请耐心等待程序安装完成，安装结束后剪映专业版将自动启动。

图 1-47

2.App

在手机应用市场搜索"剪映"，点击安装按钮，如图 1-48 所示。安装完成后打开剪映 App，点击"同意"按钮，如图 1-49 所示。执行操作后自动跳转至"剪同款"页面，点击界面右下角"我的"按钮，如图 1-50 所示。勾选"已阅读并同意剪映用户协议和剪映隐私政策"后，点击"抖音登录"按钮，如图 1-51 所示。在跳转后的界面输入手机号并接收验证码登录，如图 1-52 所示。

图 1-48

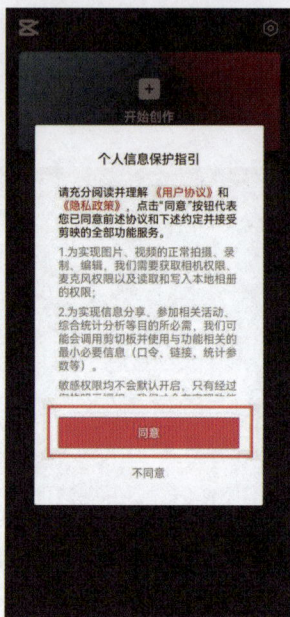

图 1-49

图 1-50

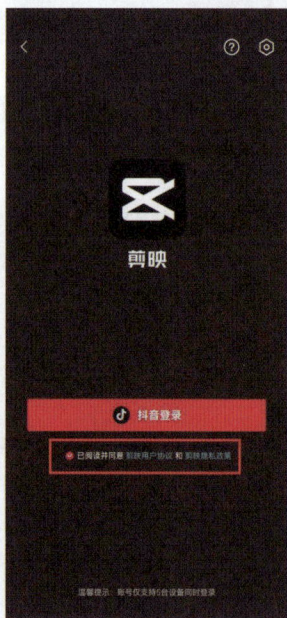

图 1-51

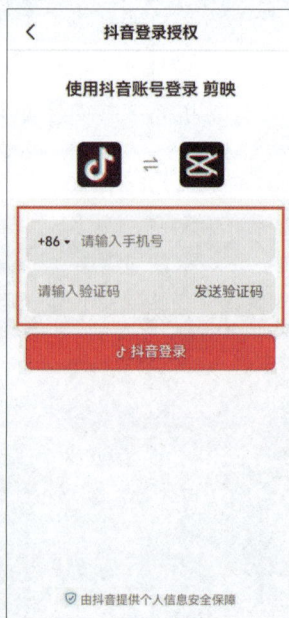

图 1-52

第2章

掌握AI提示词的写法

提示词（Prompt）是AI生成内容的核心密钥。本章将系统解析提示词的定义与结构，并分别深入绘画与视频两大创作领域，手把手教授读者从画面细节控制到动态叙事设计的全场景编写技巧，帮助读者用精准语言解锁AI的极致表现力，优化作品效果。

2.1 什么是提示词

本节从定义解析、交互价值到结构拆解，系统阐释提示词作为人机沟通"语言密码"的核心逻辑，为读者奠定精准操控 AI 生成内容的理论基础。

2.1.1 提示词的定义剖析

AI 提示词（Prompt）是用户输入给人工智能系统的一段文本指令或引导信息，用于明确任务目标、设定输出格式或提供上下文，从而指导 AI 生成符合预期的内容。它是人与 AI 交互的核心媒介，充当"翻译器"角色，将人类意图转化为机器可理解的指令。指令的核心组成部分包括任务指令、内容约束与上下文补充，如图 2-1 所示。

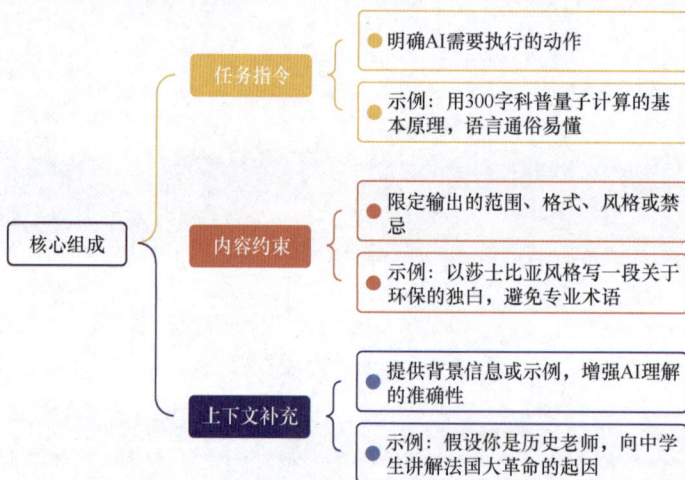

图 2-1

按照交互形式，提示词可以分为指令型、问题型、对话型；按照输出确定性分类，提示词可以分为开放式提示词和封闭式提示词；按照结构复杂度分类，提示词可以分为简单提示词和链式提示词，见表 2-1。

表 2-1

交互形式	指令型、问题型、对话型	直接影响 AI 的回应方式，如命令 VS 提问
输出确定性	开放式、封闭式	控制生成内容的自由度，如创意 VS 事实
结构复杂度	简单提示词、链式提示词（多步骤引导）	通过分阶段指令实现复杂任务拆解

2.1.2 提示词在AI交互中的关键作用

提示词在 AI 交互中扮演着核心桥梁角色，提示词的质量直接决定了人机协作的效率。如同程序员用代码指挥计算机一样，普通人通过自然语言提示就可以调动 AI 的智能资源，这标志着人机交互从"精确命令"时代迈入了"意图理解"时代。通过精准设计提示词，用户能够显著提升 AI 输出内容的可用性；通过调整提示词，用户能够引导 AI 在创意发散与封闭性精准回答之间进行切换。若输出结果偏离预期，用户可以通过迭代优化提示词逐步校准结果。

提示词的关键作用可概括为意图解码、输出控制、效能放大，如图 2-2 所示。

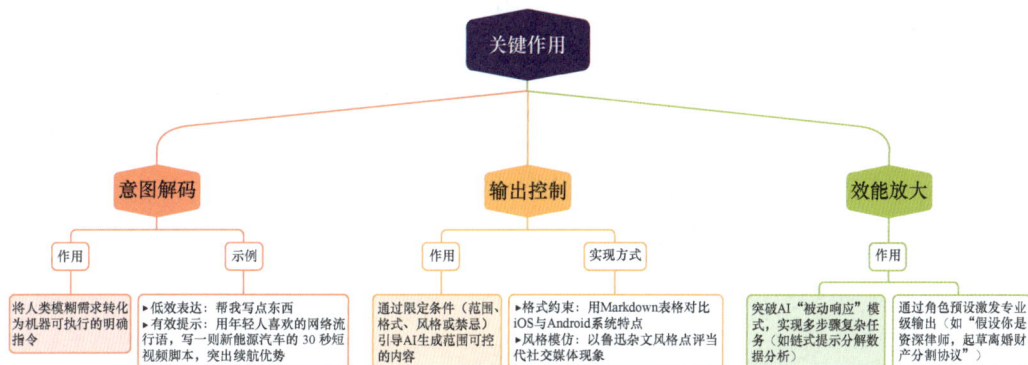

图 2-2

2.1.3　常用提示词结构剖析

在 AI 绘画与 AI 视频中，常用的提示词结构通常由主体、环境、风格与约束组成，如图 2-3 所示。

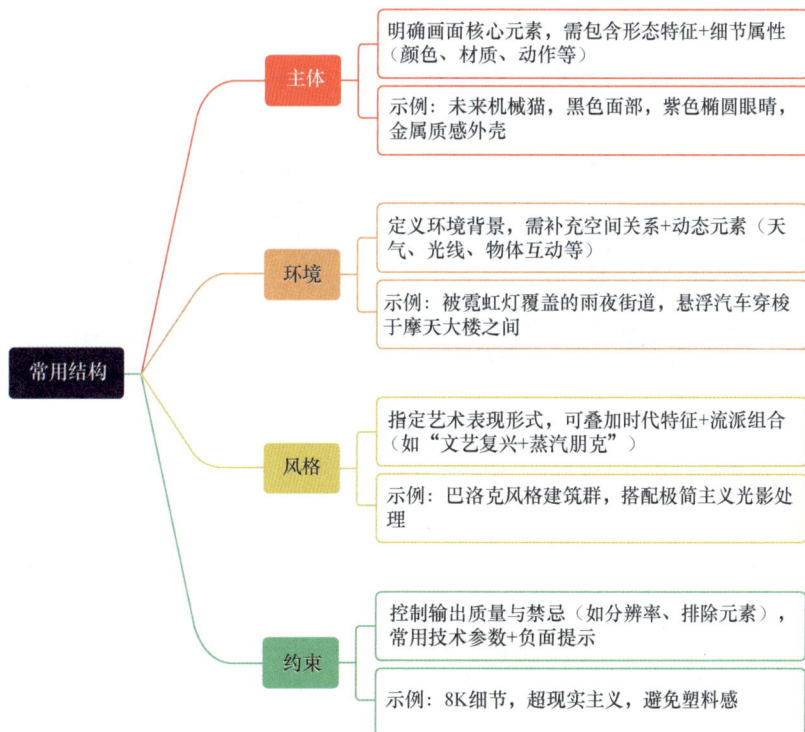

图 2-3

在编写提示词时，切忌过度堆砌关键词，核心要素最好不超过 5 个。应适当使用反向提示词，明确排除不需要的元素。

2.2 AI绘画提示词编写技巧

本节通过元素描述、风格设定、光影控制等六大维度的提示技巧，聚焦静态画面创作，手把手教读者用文字精准把控色彩、构图与细节，助力读者将创意想法精准转化为画面。

2.2.1 画面元素精准描述技巧

要使 AI 绘画生成的画面所包含的元素契合用户期望，关键在于提示词的精准度。在编写提示词时，有以下几个要点。

1. 分层递进描述

首先，明确画面核心对象，避免模糊表述。例如，用"青铜齿轮驱动的机械龙"取代"帅气的生物"。接着，在明确主体的基础上，进一步强化对主体细节的描述，将主体对象拆分为形态、材质和动态进行说明。例如，"龙翼是折叠金属结构，表面有锈蚀纹理，胸腔的透明玻璃罩内可见发光的能量核心"。最后，可以添加环境联动描述，阐述主体与场景的互动关系。例如，"藤蔓缠绕断剑，露珠在剑锋凝结"。

图 2-4 是使用"机械龙"作为提示词生成的图片，图 2-5 是使用上文示例的精确提示词生成的图片。可以看出，两幅画面差异显著。

图 2-4

图 2-5

2. 使用具象化词汇

对画面里的材质进行精确描述，对颜色进行分级描述，对生成对象的动态进行捕捉。可以使用专业术语库，如潘通（Pantone）色卡编号、材质学名词等，提升画面描述的准确性，见表 2-2。

表 2-2

	材质精确化	颜色分级	动态捕捉
普通	闪亮的	红色花朵	飞舞的蝴蝶
优化	镜面抛光不锈钢的反光	勃艮第红玫瑰，花瓣边缘泛鎏金光泽	蓝闪蝶振翅悬停，鳞粉在阳光下折射虹彩

图 2-6 是使用"红色花朵"作为提示词生成的画面，图 2-7 是使用优化后的提示词生成的画面。

图 2-6

图 2-7

2.2.2　风格设定的有效提示方法

在 AI 绘画中，风格类提示词往往对画面的整体感觉起着决定性作用。它们通过影响图像的整体艺术特征，使生成的作品符合特定的艺术风格或视觉效果要求。一些常见的风格类提示词有超现实主义、水墨工笔风、写实风格、水彩画风格、抽象风格、卡通风格等。了解各种风格的画面表现，使用准确的风格类提示词是使画面符合预期的重要一环。

下面是使用风格类提示词的绘画作品，图 2-8 为卡通风格，图 2-9 为水彩画风格，图 2-10 为写实风格，图 2-11 是水墨工笔风格，图 2-12 为抽象风格。

图 2-8

图 2-9

图 2-10

图 2-11

图 2-12

2.2.3　色彩搭配提示要点

色彩是视觉艺术中最基础且至关重要的元素之一。色彩具有三大特征，即色相、纯度和明度，此三者紧密相连、缺一不可。借助色彩的运用，能够传递情感、营造氛围、吸引注意力，为观者带来丰富多样的视觉体验。

在 AI 绘画领域，色彩搭配提示词通过把控色相组合的视觉逻辑，直接塑造画面的情感基调与空间层次。它们以色彩关系为纽带，引导 AI 构建符合美学规律的配色系统。例如，运用"莫兰迪灰调碰撞克莱因蓝"，能够营造出高级静谧之感；通过"赛博朋克霓虹紫与荧光绿的强对比"，可激活未来张力。常见的经典搭配有新中式水墨风格的"黛青浸染赭石"、印象派光斑效果的"钴蓝交织镉黄渐变"，以及复古胶片质感的"青灰叠加深棕褪色"。

图 2-13 是用"黛青浸染赭石"作为色彩搭配提示词生成的国风玻璃杯，图 2-14 是以"青灰叠加深棕褪色"为色彩搭配提示词生成的复古风格写真。

图 2-13　　　　　　　　　　图 2-14

用专业色卡名称替代笼统描述，精准描述色彩，能够获得更精确的画面效果，例如潘通 19-4052 经典蓝。除此之外，还可以同步绑定材质特性，如"哑光雾霾蓝与镜面玫瑰金交替"，或者借助环境互动增强真实感，如"夕阳琥珀色渗透冷铁灰建筑"。

表 2-3 是一些常见的风格化色彩搭配提示。

表 2-3

风格	东方美学	科幻未来	复古风格
提示词	青花瓷钴蓝 敦煌壁画朱砂红 鸦青水墨氤氲 螺钿紫贝母光泽 湘妃竹泪斑青 龙泉青瓷梅子青	赛博空间荧光紫 全息投影彩虹噪点 深空钴蓝星尘 数据流霓虹青 能量核心熔岩橙 太空舱哑光银白	柯达胶片黄调 老电影褪色青灰 铜鎏金怀表氧化 打字机墨带炭黑 牛皮纸档案泛黄 军绿帆布做旧

2.2.4　构图布局的提示诀窍

构图是视觉元素在画面中的安排与组织，涉及平衡、对比、引导线等要素。在视觉艺术和设计领域，把诸如人物、物体、背景等各类画面元素，按照一定的规律和秩序在画面中进行安排与组织，从而形成和谐、平衡且具有视觉吸引力的图像。其本质在于通过视觉元素的排列关系构建画面的叙事逻辑。

在 AI 绘画中，传统的三分构图、黄金分割、对称式、对角线等法则仍然适用，不过需要借助提示词将抽象的规律转化为可执行的视觉指令。

编写构图提示词时，要以"空间锚点＋视觉动线"作为核心框架，例如"群山层叠延伸至地平线，飞鸟沿 S 形轨迹掠过湖面"，既设定了景深层次，又引导了视线的流动，如图 2-15 所示。

若要突出主体，可以强调"留白与对比"的协同作用，例如"红衣剑客孤立于雪原中央，四周风雪模糊成水墨晕染"，如图 2-16 所示。

图 2-15　　　　　　　　　　　　　　　图 2-16

对复杂场景则需要明确"层级优先级"，用"近景—中景—远景"的层次结构进行描述，如"近景藤蔓缠绕石柱，中景骑兵冲锋扬尘，远景城堡剪影融入暮色"，如图 2-17 所示。

图 2-17

进阶技巧可融合艺术流派特征，如"浮世绘式斜角构图，樱花枝干切割画面形成三角平衡"；通过负面提示排除干扰，如"避免元素堆砌，保持画面呼吸感"，如图 2-18 所示。

图 2-18

2.2.5　细节层次的深化技巧

在使用 AI 绘画工具时，深化细节的关键在于提供精确且丰富的提示。表 2-4 是一些有效的技巧。通过这些技巧，可以显著提升 AI 绘画作品的细节和整体质量，实现更精准的创作意图。

表 2-4

明确主题与背景	详细描述主题，如"树枝展开的雄伟橡树"，并设定具体背景，如"一片茂密的绿色森林"或"湖边阳光明媚的公园"
融合传统技法	结合传统绘画的构图和色彩理论，引导 AI 生成更具深度和层次感的作品
指定艺术风格	指明所需的艺术媒介或风格，如"水彩画""复古照片"或"现代数字艺术"，以及特定的艺术家风格，如"米开朗琪罗的文艺复兴风格"
使用形容词增强氛围	添加描述性形容词，如"平静""精力充沛""梦幻""充满活力的"或"平静"，以营造特定的情感或氛围
细化指令	提供具体的细节指令，如"体积光""剪影"或"光影变化"，避免使用模糊的术语
多次迭代优化	不要满足于首次生成的结果，通过多次调整描述和参数，逐步优化细节，如细化人物肖像中的头发纹理
利用实时预览	使用 AI 绘画工具的实时预览功能，即时观察、调整，快速找到最佳细节设置
调整分辨率	根据需要选择合适的分辨率，高分辨率适用于需要精细细节的作品，但需要考虑生成时间和资源
收集与借鉴提示词	参考优秀的艺术作品或社区分享的提示词，结合自己的需求进行调整和优化

2.2.6　光影效果的精准引导

光影效果是视觉艺术中至关重要的元素。通过光线的明暗对比，可塑造物体的形态、质感和空间感，它能够突出主体、引导视线、营造情感氛围。

光影效果的主要影响因素有环境因素、物体属性、光线属性、光源类型，如图 2-19 所示。

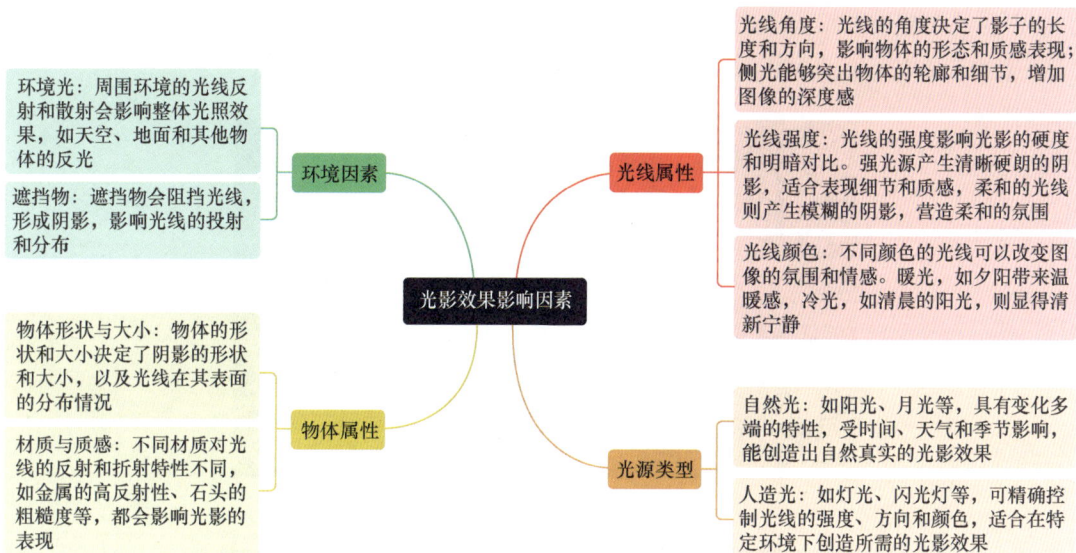

环境因素
环境光：周围环境的光线反射和散射会影响整体光照效果，如天空、地面和其他物体的反光
遮挡物：遮挡物会阻挡光线，形成阴影，影响光线的投射和分布

物体属性
物体形状与大小：物体的形状和大小决定了阴影的形状和大小，以及光线在其表面的分布情况
材质与质感：不同材质对光线的反射和折射特性不同，如金属的高反射性、石头的粗糙度等，都会影响光影的表现

光影效果影响因素

光线属性
光线角度：光线的角度决定了影子的长度和方向，影响物体的形态和质感表现；侧光能够突出物体的轮廓和细节，增加图像的深度感
光线强度：光线的强度影响光影的硬度和明暗对比。强光源产生清晰硬朗的阴影，适合表现细节和质感，柔和的光线则产生模糊的阴影，营造柔和的氛围
光线颜色：不同颜色的光线可以改变图像的氛围和情感。暖光，如夕阳带来温暖感，冷光，如清晨的阳光，则显得清新宁静

光源类型
自然光：如阳光、月光等，具有变化多端的特性，受时间、天气和季节影响，能创造出自然真实的光影效果
人造光：如灯光、闪光灯等，可精确控制光线的强度、方向和颜色，适合在特定环境下创造所需的光影效果

图 2-19

在 AI 绘画中，精准引导光影效果需将光学原理转化为可量化的视觉参数，核心技巧在于明确以上影响因素，图 2-20 使用的提示词"烛光摇曳映照青铜器的暖调高光"，既定义了光源类型，又定义了物体材质的反光属性。图 2-21 使用的提示词"阳光从窗户斜照进来，在地板上拉出长长的格子光影"，既定义了光线角度又描述了光线在物体表面的分布情况。

图 2-20

图 2-21

此外，还可以使用负面提示词排除干扰，例如"避免平面化漫反射，保留明暗交界线的锐利过渡"，能够强制增强立体结构。

高阶策略可融合艺术史特征，通过经典光影范式触发 AI 的风格化演绎，例如"赛博朋克霓虹的漫反射光污染"，如图 2-22 所示；"新海诚动画的霓虹倒影在水洼中"，如图 2-23 所示。

图 2-22

图 2-23

2.3　AI视频提示词的编写技巧

本节从场景构建、角色塑造、情节推动、节奏把控、镜头运用、动态效果及音效协同等多个方面，详细解析 AI 视频提示词的编写策略，助力读者借助结构化提示词达成影视级内容的生产。

2.3.1　视频场景构建提示词策略

若想让 AI 视频的生成结果精确无误，在提示词中清晰明确地界定视频场景是极为关键的一步。依据视频主题，挑选适宜的场景并在提示词中确切指出，表 2-5 展示了常见的视频主题以及与之相关联的常见场景。

表 2-5

视频主题	常见场景示例
自然景观	山脉、海滩、森林、瀑布、盆地、戈壁、沙漠
城市风光	城市天际线、街道、广场、地标建筑

续表

视频主题	常见场景示例
交通	汽车、飞机、火车、地铁、船只
体育	篮球场、足球场、网球场、训练室、跑道
娱乐休闲	电影院、剧场、游乐园、KTV、音乐会、演唱会
学校与教育	教室、考场、图书馆、操场、实验室
星际探索	太空、月球、火星、太阳系、空间站、星际飞船

明确了视频的主要场景后，还需要在提示词中对场景的特征（如环境背景、色彩氛围、光线条件等）添加修饰词以明确细节，见表 2-6。

表 2-6

场景特征	修饰词示例
环境背景	繁忙的都市、宁静的海滩、古老的城堡
色彩氛围	治愈的海洋蓝、温暖的落日调、充满活力的春天绿、元气满满的盛夏黄
光线条件	昏黄的烛火、明亮的白炽灯、冷感的钨丝灯、刺眼的正午阳光

此外，还可以为场景添加明确的时间、地点限定词，如用"赛博朋克 2077 年三亚街头"代替"未来城市"，生成结果更有指向性。

2.3.2　角色塑造提示技巧

1. 角色画像

表 2-7 提供了需详细描述角色的外貌特征，涵盖五官、发型、身材比例等方面，且描述要具体、明确；同时，需要说明角色的性格特点（例如活泼开朗或沉稳内敛）以及穿着风格（例如时尚潮人或复古达人）。例如，若要塑造一个古灵精怪的现代少女，可描述为"齐肩短发、大眼睛、双眼皮，笑起来有酒窝，性格俏皮，常穿色彩鲜艳的休闲装"。除此之外，还可以通过行为描述来体现角色性格，例如"眼神坚毅，透着寒光"可表现机甲战士的冷酷。

表 2-7

角色画像	外貌特征	五官	大眼睛、双眼皮、丹凤眼、高鼻梁、樱桃小嘴、额头有朱砂痣、美人尖
		发型	齐刘海儿、斜刘海儿、高马尾、双马尾、长发及肩
		身材比例	身材高大、身材娇小、三七分身材、五五分身材
	穿着风格		时尚潮人、复古达人、可爱洛丽塔、校服（制服）、民族服饰
	性格特质	直接描述	性格俏皮、活泼开朗、文静乖巧
		通过动作描述	眼神坚毅透着寒光（冷酷）、低头脸上带着红晕（羞涩）

2. 服装与道具描述

服装细节：描述服装的款式、颜色、材质等，如"蒸汽朋克风格机械裙，头戴齿轮装饰帽子"。

道具互动：明确道具与角色的互动方式，如"手持复古扳手，动作中需体现其机械师身份"。

3. 动作与情感描述

在提示词中加入角色做动作时的情感描述，如"用好奇的目光观察四周环境"，还可以在提示词中描述角色的面部表情及变化，如"微笑时嘴角上扬，眼神温暖"。

4. 角色互动与场景的互动方式

描述角色与场景的互动方式，通过细节描述使角色动态与环境完美融合，增强画面真实感与沉浸感，如"主角在雨中奔跑，雨滴溅起水花，打湿衣角"。

5. 提示词优化与进阶技巧

通过结构化描述、关键词强化和负面提示词来优化提示词，通过风格融合来进阶角色塑造，见表2-8。

表 2-8

结构化描述	采用"镜头动态＋主体描述＋动作描述"或更复杂的结构，以精确传达创作意图
关键词强化	在提示词中重复或强化关键词，以提高输出一致性
负面提示词	明确不希望呈现的内容，如"动画、模糊、变形"等
风格融合	尝试融合不同风格，创造独特角色，如"萌系少女外貌与蒸汽朋克风结合"

2.3.3 情节推动提示技巧

1. 明确故事核心与目标

- **确定主题和情节**：在创作前，明确视频的主题和情节，确保故事有清晰的层次和吸引力。

2. 规划视频结构

- **开头**：使用"引人入胜的开场"等提示词，迅速吸引观众注意力，并介绍故事背景和主要角色。
- **发展**：通过"情节推进""角色转变"等提示词，展示角色成长和情节发展，保持观众的兴趣。
- **高潮**：利用"冲突升级""悬念揭晓"等提示词，营造紧张感，推动故事达到高潮。
- **结尾**：采用"情感升华""意义传达"等提示词，总结故事，留下深刻印象。

3. 控制视频节奏

- **快节奏**：使用"快节奏剪辑""紧张刺激的音乐"等提示词，营造紧张氛围，快速推进情节。
- **慢节奏**：通过"缓慢推进""柔和的背景音乐"等提示词，表达情感细节，营造温馨氛围。

4. 利用 AI 生成冲突与对白

- **增强冲突**：让 AI 生成不同版本的冲突情节，挑选并优化最为合适的方案，以此推动情节发展。

- **优化对白**：依据角色性格，生成并调整对白，使其契合角色特点，进而推动故事发展。

5. 创新表达与情感共鸣

- **创新元素**：结合人工智能技术，融入新颖的视觉效果，以吸引观众。
- **情感共鸣**：借助观众熟悉的故事内容唤起他们的情感共鸣，从而增强视频的吸引力。

6. 使用清晰的结构和详细的描述

- **结构化提示词**：采用"主体描述 + 运动 + 场景描述 + 镜头语言 + 光影 + 氛围"的结构，确保人工智能理解你的需求。
- **详细描述**：提供具体的细节，例如角色动作、场景氛围、镜头角度等，让视频内容更加丰富。
- **负面提示词**：避免插入无关场景，禁止角色出现动机不明确的行动。

2.3.4　视频节奏把控提示要点

视频节奏是指通过剪辑、镜头转换、音效和叙事结构等元素的搭配，形成视频内容的时间流动感。良好的视频节奏能够增强观众的沉浸感，让观众更容易投入视频内容中；有效引导观众注意力，提高信息传递的效率；通过节奏变化影响观众的情感反应，提升视频的感染力，引发情感共鸣。

在 AI 视频生成过程中，通过动词时态控制（"逐渐加速""骤停"）与量化参数植入，可将抽象的节奏概念转化为 AI 可执行的生成指令，同时借助负面提示词排除影响视频节奏的因素。表 2-9 是常见的视频节奏把控提示要点与示例。

表 2-9

时间锚点	单位量化	用"3 s 快剪展现备餐过程，0.5 s 定格成品特写"替代笼统的"快速展示"
	呼吸节拍	设计"2 s 空镜头过渡承接情绪转折"，避免连续高潮导致的视觉疲劳
视觉脉冲设计	元素密度调控	前 10 帧仅留雨滴坠落→第 2 s 突入密集爆破→第 5 s 切至烟雾扩散慢镜头
	动态对比	子弹时间：0.2 s 躲避动作 +3 s 环绕慢镜头 +0.5 s 恢复正常流速
跨模态节奏绑定	声画对位	鼓点重音同步画面撞击特效，弱拍阶段保留环境细节
	触觉映射	爆炸场景伴随 0.1 s 震动模糊，模拟体感冲击
	文字节奏	快语速字幕逐字闪现，慢语速段文字整体淡入
负面控制技巧	排除节奏污染	避免无意义空镜头拖延，禁止高频切换超过 5 次 /s
	矫正时间感知	确保慢动作片段有正常流速的参照物

2.3.5　运镜手法提示要点

运镜，是指通过移动摄像机机位或改变镜头焦距等拍摄手法，获得动态画面的过程。将运镜手法添加到提示词中可以得到更好的镜头效果。表 2-10 是常见的运镜手法。

表 2-10

基础运镜手法	推镜头	摄像机逐渐靠近被摄主体，突出主体或细节，常用于引导观众注意力
	拉镜头	摄像机逐渐远离被摄主体，展现主体与环境的关系，营造宏大或深远感
	摇镜头	镜头在水平或垂直方向转动，展示环境或跟随运动对象
	移镜头	摄像机沿水平方向移动，使画面呈现动态，常用于表现运动场景或环境
	跟镜头	摄像机跟随运动主体移动，保持主体在画面中位置不变，突出主体动作
	升降镜头	摄像机上下移动，改变拍摄高度，提供多视角观察，营造空间感
创意运镜手法	环绕运镜	摄像机围绕主体旋转拍摄，突出主体特征，增强画面动感
	延时运镜	结合延时摄影和运镜技术，展现时间流逝和空间变化
	手持运镜	手持摄像机拍摄，增加画面灵活性和真实感，常用于纪实风格作品
	无人机运镜	利用无人机拍摄，提供独特视角和运动轨迹，展现宏伟大场景

2.3.6 动态效果生动表述

通过动词精确化（如"飘动"改为"被气浪掀翻的螺旋飘动"）与过程阶段化（撞击前 / 中 / 后）的描述，可将动态效果转化为 AI 可解析的运动参数。关键在于将抽象概念锚定到具体物理现象，如用"晨雾在阳光中升腾消散"替代"动态变化"，这样既能保证画面生动性，又符合生成逻辑。

利用轨迹可视化、瞬间捕捉、设定参照系、分时段描述、物理模拟、速度对比等表述方式，能够让 AI 更好地理解动态效果，见表 2-11。

表 2-11

轨迹可视化	对物体动态变化的过程进行完整的描述，如"雨滴沿玻璃窗蜿蜒下滑，轨迹末端形成小水洼""落叶在气流中螺旋飘落，触地瞬间轻微弹起"
瞬间捕捉	对物体状态改变的瞬间进行精准描述，如"玻璃杯坠地瞬间，裂纹以 300 m/s 速度分形扩展""火柴点燃时火焰从蓝芯向橙黄外焰跃迁"
设定参照系	将画面中某一个物体的动态效果设定为基准，如"以飘动的旗帜为基准，调整其他物体的运动幅度"
分时段描述	明确动作发生的起始和结束时间，分段描述不同时间段的动作，避免冲突如"[0:00-0:05] 人物 A 从画面左侧步行至右侧，镜头缓慢右移跟随"
物理模拟	利用 AI 的物理引擎，描述复杂动作，如"汽车碰撞护栏，碎片飞溅""急刹车时购物袋向前甩出，袋内物品因惯性继续位移"
速度对比	对画面中不同物体的状态进行对比，如"子弹击穿苹果的瞬间慢放，果肉飞溅与弹道残影形成动态对比"

2.3.7 音效配合提示方法

1. 基础音效类型绑定

具体描述： 用具体事物代替抽象描述，如把"环境声"这个笼统表述，用画面中具体出现的声音进行替换，如改为"夏天蝉鸣 + 小溪流水"。

动作同步：通过绑定视频画面让音效与动作同步，如"玻璃杯放在木桌上时发出短暂闷响，杯底与桌面接触瞬间有轻微摩擦声"。

2. 空间感构建

距离控制：标明声音的方位、时长、强度变化，如"脚步声从右侧由远及近，经过耳边时达到最大音量，随后向左后方减弱"。

遮挡效果：通过声音的模糊效果塑造空间内的遮挡效果，如"门内争吵声隔着墙壁变得模糊，高频部分被过滤"。

3. 动态音效设计

渐变过渡：通过声音强度的变化体现动态感，如"引擎轰鸣声从低频逐渐升到尖锐啸叫，伴随金属松动的吱呀声"。

节奏匹配：将音效与画面动作的节奏相匹配，如"打字机敲击声与镜头切换节奏同步，错误按键时出现卡顿杂音"。

4. 保持声画逻辑

音效使用需契合画面内容。例如，雨中场景除特殊情况外，必须包含雨声；太空场景处于真空环境，因此发生在太空场景的爆炸不会有爆炸巨响。再如，要确保雷声比闪电延迟 0.3 s，以契合光速与声速的差异。

5. 负面提示控制

利用负面提示词明确排除听感违和的音效，如"不要电子合成音效，避免卡通式夸张声效"。同时根据画面排除不符合画面氛围主题的音效，如在自然风光视频中排除人声与电子设备音效。

6. 经典场景模板

表 2-12 是常见场景的音效组合与细节优化提示，读者可根据自己画面的具体细节对经典组合进行增添或删改后使用。

表 2-12

场景主题	环境	音效组合	细节优化
自然风光	清晨山林瀑布	持续低频瀑布轰鸣（背景层） 左声道间歇鸟鸣（黄鹂 + 啄木鸟） 右前方风吹树叶沙沙声（随镜头移动渐强） 踩踏碎石路的咯吱声（与脚步节奏同步）	排除项：汽车引擎声，人声对话
动作追逐	都市夜间巷战	急促喘息声（带轻微回声效果） 金属管敲击墙体"铛！铛！"（每隔 2 秒 1 次） 垃圾箱被撞倒的哗啦声（突发音效） 直升机螺旋桨由远及近（低频振动逐渐增强）	动态变化：枪声后添加 3 s 耳鸣音效衰减
浪漫邂逅	巴黎咖啡馆雨夜	玻璃窗雨滴敲击声（随机节奏） 咖啡杯碟轻碰的瓷器脆响（对话间隙出现） 老式唱片机播放爵士乐（音量降低 30% 作背景） 翻动书页声（配合特写镜头）	雨停时屋檐滴水声渐弱

续表

场景主题	环境	音效组合	细节优化
悬疑解密	古堡藏书密室	皮质封面开合的吱呀声（高频突出） 怀表秒针走动声（持续心理压迫） 突然的书架晃动声（左后方突发） 蜡烛芯爆裂的"噼啪"声（随机间隔）	负面控制：排除任何现代电子音
科幻登陆	外星荒漠	宇航服呼吸循环声（带金属混响） 沙粒在低压环境中的流动声（持续底噪） 未知生物的次声波振动（5 Hz 低频） 辐射监测仪间歇警报（每 15 秒 1 次）	空间感：所有声音带有轻微电子滤波效果
儿童动画	魔法森林生日会	泡泡破裂的"啵啵"声（高频明亮） 会说话的兔子脚步声（软垫 + 铃铛声） 蛋糕蜡烛点燃的"嗤—"声（带魔法火花音效） 背景八音盒变调版生日歌	所有音效提高 1.5 倍音调
压迫感	暴风雨夜的荒废宅邸	阁楼木板受压形变的吱呀声（每 30 秒 1 次） 狂风穿过破损窗框的呼啸（带玻璃震动高频颤音） 旧式座钟整点报时（音调略微走音） 地下室传来的闷响（低频振动伴随瓷器碎裂声）	空间感：雷声在不同方位轮番炸响，最近处延迟 0.8 s 出现回声
惊悚氛围	午夜破旧病房走廊	忽远忽近的拖拽铁链声（左右声道交替） 年久失修的日光灯管电流杂音（伴随闪烁嗞嗞声） 突然的金属病历柜碰撞声（右后方突发） 渗水滴落声（间隔随机 2 ～ 8 s）	排除项：人声对话，电子设备提示音 动态变化：当镜头推进时，心跳声逐渐增强
未来城市	22 世纪智能都市巷战	等离子武器充能嗡鸣（200 ～ 800 Hz 扫频） 纳米修复机器人集群音（类似蜜蜂振翅放大版） 全息广告牌电流过载爆音（左右声道交替故障） 磁悬浮载具急刹的次声波震颤（5 Hz 体感震动）	排除项：传统火药武器声效 动态变化：EMP 冲击后所有电子音效切换为机械故障声

7. 其他使用技巧

音量梯度：主要事件音效比背景声大 20% ～ 30%。

突发间隔：关键音效之间至少间隔 1.5 s 避免混杂。

场景标志：每个场景设计 1 个标志性声音（如古堡场景的怀表声）。

动态留白：适当插入 0.5 ～ 1 s 静默段增强张力。

优先排序：把关键声效放在提示词前部。

第3章

DeepSeek
生成提示词

作为当下最流行的人工智能模型，DeepSeek凭借其特色的智能语义理解能力，能够助力用户精准设计提示词，辅助用户运用其他AI工具进行创作，还可以为用户提供从文案构思到视频落地的全流程支持。本章将引领读者从零开始认识DeepSeek的核心功能，详细解析提示词优化、视频脚本生成等实操技巧，并深入探究其与即梦、可灵、剪映等平台的协同创作场景，帮助读者解锁由AI驱动的高效创意生产模式，实现从"想法"到"作品"的智能跨越。

3.1 初识 DeepSeek

本节将带读者全面了解 DeepSeek 的核心定位与技术优势，从基础功能到操作入口逐一拆解，帮助读者快速建立对这款人工智能模型的认知框架，为后续的实操与进阶应用奠定基础。

3.1.1 DeepSeek概述

DeepSeek（深度求索）是一款由杭州深度求索人工智能基础技术研究有限公司开发的人工智能模型。它融合了自然语言处理（NLP）、深度学习与大数据分析技术，旨在助力用户高效获取知识、解决复杂问题并激发创新思维。与传统搜索引擎不同，DeepSeek 更像是一位"智能伙伴"，能够通过多轮对话、逻辑推理和跨领域整合，为用户提供精准、深入且个性化的答案。

其特色的智能语义理解让 DeepSeek 突破了关键词匹配的局限，能够理解上下文语境和用户意图。例如，当用户提问"如何选择适合家庭的电动汽车？"时，它会结合用户所在地区、预算、使用场景等因素，给出综合建议，而非简单罗列车型。

同时，通过构建知识图谱和逻辑链，DeepSeek 可对复杂问题进行层层拆解。例如，面对"气候变化对农业的影响"这一问题，它会从作物生长周期、病虫害变化、供应链调整等维度展开分析，并引用权威数据支撑结论。

DeepSeek 支持文本、图像等多种输入方式。用户可上传科研论文截图提问，或通过文本描述需求，DeepSeek 均能准确解析并生成结构化回答。

依托实时数据抓取和算法迭代，DeepSeek 还能快速响应新信息。例如，当突发公共卫生事件时，它可即时整合官方通报、学术研究、社交媒体舆情，为用户提供多视角分析。

其技术优势与创新点有混合专家模型（MoE）、架构自适应学习机制和低资源推理技术，如图3-1 所示。

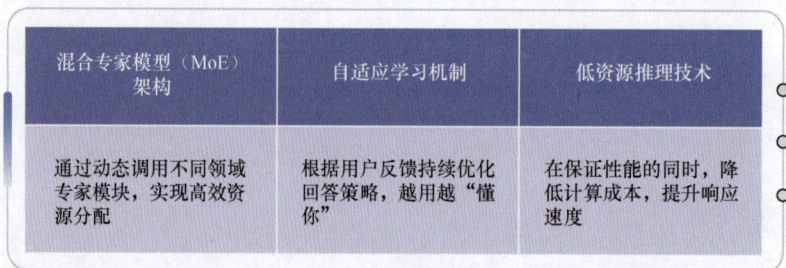

混合专家模型（MoE）架构	自适应学习机制	低资源推理技术
通过动态调用不同领域专家模块，实现高效资源分配	根据用户反馈持续优化回答策略，越用越"懂你"	在保证性能的同时，降低计算成本，提升响应速度

图 3-1

DeepSeek 应用场景丰富。在学术研究方面，它能够快速梳理领域前沿动态，自动生成文献综述框架；在商业决策领域，可分析市场趋势、预测竞争格局，辅助进行战略规划；在教育学习场景中，能提供个性化学习路径，解答跨学科难题；在日常生活里，从健康咨询到旅行规划，DeepSeek 能满足多元化需求；在 AI 绘画与 AI 视频制作中，用户可利用 DeepSeek 生成并优化提示词、视频文案、视频脚本以及视频分镜头等。

3.1.2　DeepSeek的入口

DeepSeek 提供了网页版与 App 两个访问入口。

1. 网页版

打开 DeepSeek 官网，单击页面中央的"开始对话"按钮，如图 3-2 所示。在跳转后的界面注册 / 登录 DeepSeek。DeepSeek 网页版支持手机号注册登录与微信扫码登录，如图 3-3 所示。

图 3-2

图 3-3

登录完成后，在页面中央单击对话框即可与 DeepSeek 开始对话，如图 3-4 所示。

图 3-4

2.App

在手机应用市场搜索"DeepSeek"，点击安装按钮，如图 3-5 所示。安装完成后打开 App，点击"同意"按钮，如图 3-6 所示。在跳转后的界面勾选"已阅读并同意用户协议和隐私政策"后，输入手机号注册登录或使用微信号登录，如图 3-7 所示。

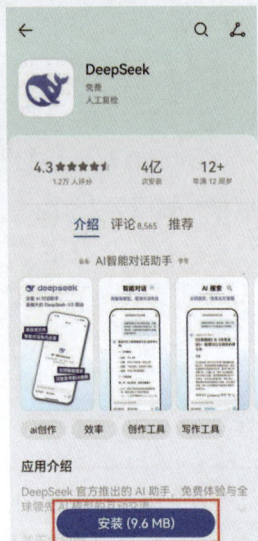
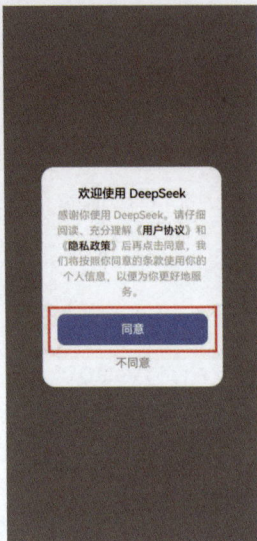
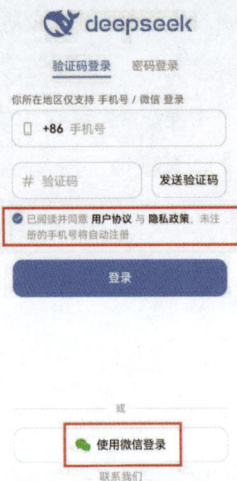

图 3-5   图 3-6   图 3-7

登录完成后会跳转至欢迎界面，点击"开始对话"按钮，即可进入软件主界面，如图 3-8 所示。点击主界面下方"开启对话"按钮，即可开始与 DeepSeek 对话，如图 3-9 所示。

图 3-8   图 3-9

3.1.3 快速上手 DeepSeek

DeepSeek 的界面极为简洁。作为一款对话型 AI 工具，用户只需在对话框中像日常聊天般向

DeepSeek 提出自身需求,输入完成后,点击对话框旁边的发送按钮↑,即可向 DeepSeek 发布指令。

选中"深度思考"选项,能让 DeepSeek 对用户的指令展开深度分析,给出更贴合用户要求的回复;选中"联网搜索"选项,DeepSeek 会针对用户指令开展联网搜索,获取最新信息,如图 3-10（网页版）和图 3-11（App）所示。

图 3-10

图 3-11

生成结果后,DeepSeek 会根据对话内容自动生成一个标题。单击或点击结果下方的复制按钮可以复制文案,单击或点击再次生成按钮能让 DeepSeek 重新生成内容。发布指令后,如果想另外开启对话并发布其他指令,可单击或点击对话界面的"开启新对话"按钮,如图 3-12（网页版）和图 3-13（App）所示。

图 3-12

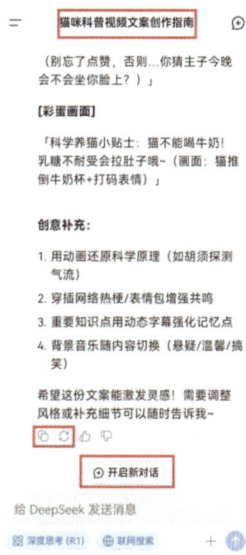

图 3-13

在网页版左侧边栏可以查看历史对话并单击切换,如图 3-14 所示。在 App 点击按钮≡,在展开的边栏里也可以查看历史对话并点击切换,如图 3-15 所示。

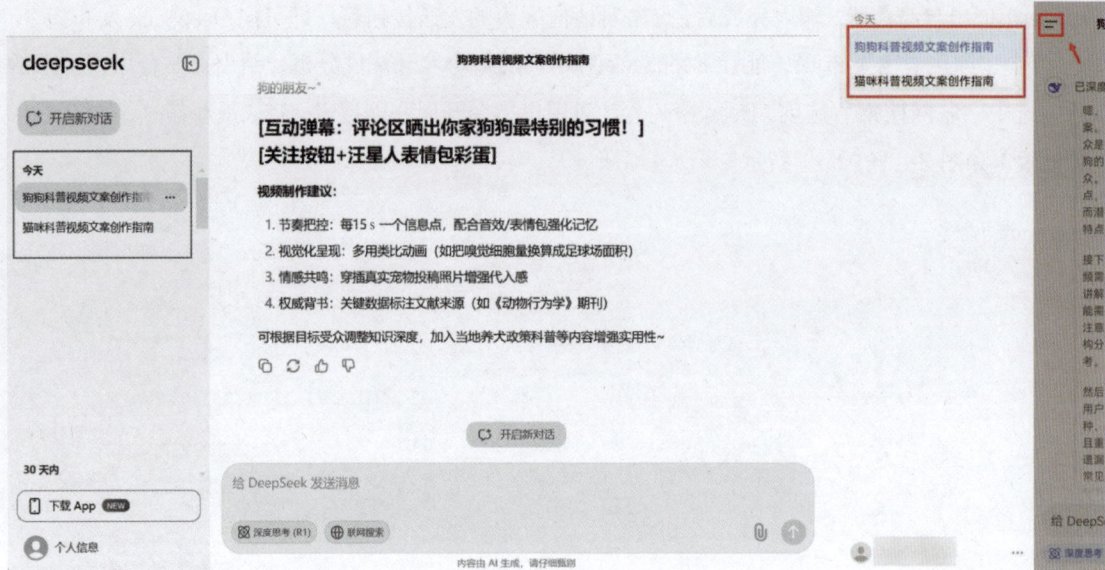

图 3-14 图 3-15

3.2 DeepSeek实操指南

本节通过提示词设计、脚本生成、分镜头构建等分步演示，聚焦文本与视频创作全流程，手把手教读者掌握 DeepSeek 在视频创作与辅助中的核心操作技巧，让 DeepSeek 成为内容生产的效率加速器。

3.2.1 DeepSeek生成提示词

用户可以利用 DeepSeek 生成 AI 绘画与 AI 视频的提示词，帮助用户生成作品。用户只需要告诉 DeepSeek 自己想要生成的画面，让 DeepSeek 给出提示词。

> 我要生成一张小女孩在窗边做饭的图片，手绘风格，画面温暖，帮我编写提示词。

> 以下是为您精心设计的手绘风格插画提示词，包含画面细节与氛围营造：
>
> 正向提示词：
>
> (((儿童绘本风格)))，((((温暖水彩手绘)))，圆润柔和的线条，淡黄色光晕滤镜，中国风木格窗棂，阳光透过薄纱窗帘，7 岁亚洲小女孩扎着双马尾，站在粉色小木凳上，穿着印有草莓图案的围裙，踮脚用木勺搅拌冒热气的陶瓷汤锅，窗台摆着西红柿和打蛋碗，背景虚化的厨房置物架上可见彩色调味罐，空中飘着卡通化的香气符号，橘猫蹲在窗边张望，窗外是开满波斯菊的春日庭院，整体采用蜂蜜色与浅粉色调，柔和阴影处理，纸张纹理质感

反向提示词：

写实照片风格 | 暗黑系 | 冷色调 | 机械结构 | 战争元素 | 恐怖元素 | 畸形比例 | 污渍血迹 | 过于复杂的透视 | 阴森氛围 | 未来科技感

画面升级建议：

1. 可加入窗边悬挂的迷你风铃增强童趣感

2. 汤锅蒸汽拟人化成云朵形状增加想象力

3. 地面添加倒影提升画面层次感

4. 小女孩脸颊添加淡粉色腮红突出可爱感

5. 窗边增加手绘风格的温度计显示爱心图案

此提示词通过中国风元素与暖色调搭配，突出温馨的家庭厨房场景，水彩质感与童趣细节的结合既符合手绘要求，又能引发观者对童年回忆的情感共鸣。

　　如果对 DeepSeek 给出的结果不满意，可以继续追加提问或指令，补充或更改自己的需求，要求 DeepSeek 再次给出提示词。

画面主角改为少女，她在做蛋糕。

以下是为您调整后的少女烘焙主题手绘插画提示词，保留温暖基调并强化甜点元素：

正向提示词：

(((水彩绘本风格))),(((蜂蜜色渐变晕染))),流畅的手绘笔触，16 岁少女扎着慵懒丸子头，穿着亚麻色格子围裙，站在复古绿烤箱前，手持裱花袋给三层草莓蛋糕抹奶油，操作台上散落面粉袋/打蛋器/砂糖罐，木纹窗框悬挂干花束，午后光线穿过蕾丝窗纱，在蛋糕表面形成光斑，玻璃碗里装着流淌的巧克力酱，薄荷绿电子秤显示卡通蛋糕贴纸，背景飘着糖霜颗粒特效，英短猫踮脚偷舔奶油，窗外可见点缀棉花糖云朵的蓝天

反向提示词：

暗黑哥特风 | 工业金属感 | 破碎物品 | 夸张变形 | 阴雨天气 | 科技界面 | 战斗场景 | 血腥元素 | 朋克装饰 | 破损衣物 | 阴冷色调

特色强化点：

1. 少女耳后别着彩色烘焙温度计（显示爱心数值）

2. 围裙口袋露出半截手绘蛋糕配方卡

3. 烤箱透出暖橘色光芒增加层次感

4. 面粉筛飘落的粉末形成星形光点特效

5.蛋糕坯侧面的草莓切片呈现透明水彩质感

氛围升级建议：

- 可增加橱柜门贴满世界各地甜品明信片
- 操作台边缘绘制拟人化的糖粉精灵
- 墙面粉笔画展示蛋糕制作步骤图
- 冰箱贴用翻糖装饰物替代传统磁贴
- 飘散的香气用马卡龙色螺旋线表现

该设定通过甜点元素堆砌与光影层次，既延续前作的温馨感，又通过烘焙特有的道具细节（裱花嘴、蛋糕转台等）构建专业氛围，水彩质感与半透明光影处理使画面保持柔和的手作温度。

3.2.2　DeepSeek生成视频文案

得益于 DeepSeek 强大的搜索与整合能力，用户能够借助 DeepSeek 生成可直接使用的视频文案。与用户自行查阅资料后再构思写作相比，这大大提升了作品的创作速度。用户只需告知 DeepSeek 所需视频文案的主题以及视频的大致时长，DeepSeek 便会给出匹配的文案。

> 帮我写一份咖啡科普视频文案，时长约 1 min。

咖啡类型大揭秘：点单不再迷茫！

（开场：咖啡师制作拉花的俯拍慢镜头）

[00:05] 每天喝咖啡的你，真的分得清这些咖啡的区别吗？

（画面：卡布奇诺／拿铁／美式三杯咖啡快速闪过）

[00:10] 浓缩咖啡是宇宙原点！

- 加满热水＝美式（图标：Americano）
- 加一勺奶泡＝玛奇朵（动画：浓缩咖啡＋奶泡云朵）

[00:20] 卡布奇诺 vs 拿铁：奶泡决定胜负！

（分屏画面：左侧卡布分层动画，右侧拿铁融合效果）

- 卡布奇诺：1/3 浓缩 +1/3 蒸奶 +1/3 厚奶泡（泡沫感 MAX）
- 拿铁：1/6 浓缩 +4/6 蒸奶 + 薄奶泡（牛奶主角）

[00:35] 巧克力控选摩卡，咖啡因战士喝 Flat White！

（特效字弹幕：摩卡＝液体甜品｜Flat White= 双倍浓缩攻击）

[00:45] 冷知识：星冰乐不属于咖啡分类！（画面：奶油爆炸特效）

本质是冰沙甜品，咖啡因含量≈半杯拿铁（数据动态标红）

[00:55] 明天走进咖啡馆，试试用专业术语点单吧！

（结尾：不同咖啡杯组成问号变叹号动画）

制作亮点：

1. 卡布 / 拿铁用 3D 分层解析，奶泡厚度可视化对比

2. 每类咖啡出现时同步标注意式 / 英文原名

3. 背景音乐随咖啡类型切换（卡布–轻爵士 / 摩卡–巧克力掉落音效）

时长控制：58 s（预留 2 s 拉花彩蛋）

　　如果对 DeepSeek 给出的文案不满意，例如其与自己的预期方向不符，那么可继续追加提问或下达指令，补充或更改自身需求，要求 DeepSeek 再次提供视频文案。

　　修改文案主要内容为介绍与区分咖啡类型，如卡布奇诺与拿铁的区别，只需要直接使用的字幕文案。

（字幕逐句呈现，无时间码）

浓缩咖啡是宇宙原点！

加满热水 = 美式

加一勺奶泡 = 玛奇朵

卡布奇诺 vs 拿铁：奶泡决定胜负！

卡布奇诺：1/3 浓缩 +1/3 蒸奶 +1/3 厚奶泡（泡沫感 MAX）

拿铁：1/6 浓缩 +4/6 蒸奶 + 薄奶泡（牛奶主角）

巧克力控选摩卡

（浓缩 + 牛奶 + 巧克力酱 + 奶油）

咖啡因战士喝 Flat White

（双倍浓缩 + 丝滑奶泡）

冷知识：星冰乐 ≠ 咖啡！

本质是咖啡味冰沙甜品

现在走进咖啡馆

试试用专业术语点单吧！

（字幕排版建议：关键配方用"/"分隔，核心差异词加大字号）

3.2.3　DeepSeek生成视频脚本

视频脚本是视频拍摄与剪辑的指南，它为制作团队提供明确指引，确保各个环节有序推进。借助 DeepSeek 生成视频脚本，不仅能节省创作过程中大量查阅资料的时间，还可实现快速迭代，在短时间内产出令人满意的视频脚本。用户只需告知 DeepSeek 视频主题和大致时长，便能获得一个完整的视频脚本。当启用"联网搜索"功能时，DeepSeek 还会提供参考链接，方便用户更好地运用脚本。

> 帮我写一个视频脚本，视频主题是杭州旅游 VLOG，大约 10 min。

以下是为您设计的杭州旅游 VLOG 视频脚本，结合自然风光、人文历史与现代体验，展现杭州的多维度魅力。脚本内容参考了多个搜索结果中的景点、文化特色及旅行体验，确保信息丰富且具吸引力。

· 杭州旅游VLOG脚本

标题：人间天堂 48 小时 | 杭州的古典诗意与现代浪漫

时长：8 ～ 10 min

风格：轻松治愈，兼具文化深度与生活气息

· 开场（0:00-0:30）

画面：

航拍西湖全景（参考网页 4 的"航拍视角"），镜头缓缓下移，掠过雷峰塔、苏堤、三潭印月，背景音乐为轻柔的古筝曲。

旁白：

"江南忆，最忆是杭州。这座被西湖浸润千年的城市，既有水墨丹青的古典诗意，也有亚运之城的科技脉搏。48 小时，带你穿越时空，感受人间天堂的双面魅力。"

字幕：

Day 1 漫步西湖，寻访古韵

· Part 1：西湖的诗意画卷（0:30-2:30）

画面：

• 苏堤漫步，垂柳拂面，湖面泛舟（网页 1、2、7）。

- 断桥残雪特写，镜头扫过同心锁（网页 1、2）。
- 夕阳下的雷峰塔，俯瞰西湖全景（网页 1、7）。

旁白：

"西湖是杭州的灵魂。漫步苏堤，白堤如练；断桥的传说让每一块青石都浸染浪漫。登上雷峰塔，看夕阳将湖面染成金色，仿佛听见白娘子与许仙的千年低语127。"

互动镜头：

Vlogger 手捧一杯龙井茶，坐在湖边长椅，笑对镜头："这里的风都带着茶香，难怪苏轼会说'欲把西湖比西子'！"

• Part 2：灵隐寺与茶文化（2:30-4:00）

画面：

- 灵隐寺飞檐斗拱，香火缭绕；飞来峰石刻特写（网页 1、2、7）。
- 龙井茶园采茶体验，茶农示范炒茶（网页 7、8）。
- 茶室中冲泡龙井茶，茶汤清透，热气袅袅。

旁白：

"灵隐寺的钟声已回荡 1600 年，禅意与山色交融，让人忘却喧嚣。而在狮峰山下，龙井茶村用一片绿叶讲述杭州的味觉密码。亲手采茶、炒制，方知'茶香沁心'的真谛178。"

字幕：

Tips：灵隐寺需提前预约，龙井茶村可体验采茶（50 元 / 人）。

• Part 3：市井烟火与 City Walk（4:00-5:30）

画面：

- 馒头山社区：老人在古井旁洗衣，孩童嬉戏（网页 5）。
- 凤凰山脚路的文创店铺探店，咖啡馆与艺术展（网页 5）。
- 河坊街夜市，拍摄臭豆腐、葱包桧等小吃（网页 2、5）。

旁白：

"杭州的烟火气藏在街巷深处。馒头山社区的老井旁，阿婆们用杭州话聊着家常；转身走进文创园区，艺术与咖啡香碰撞出年轻活力。河坊街的夜市，一口酥鱼、一碗片儿川，是地道的杭城味道25。"

互动镜头：

Vlogger 咬一口葱包桧，夸张表情："嗯！酥脆里夹着油条的香，这就是老底子的幸福！"

• Part 4：亚运之城的新惊喜（5:30-7:00）

画面：

- 奥体中心灯光秀，钱塘江畔流光溢彩（网页 6）。
- 地铁"星空顶"车站，智慧座椅充电（网页 6）。
- 亚运吉祥物红绿灯，路人驻足拍照（网页 6）。

旁白：

"亚运为杭州注入新活力：奥体中心的赛博灯光秀点亮夜空，地铁站化身'星空宇宙'，连红绿灯都变成了可爱的'江南忆'三小只。这座城，古老却不守旧，科技与人文在这里完美共生 6。"

字幕：

夜西湖灯光秀时间：每晚 19:00–21:00(免费)。

• Part 5：秋日限定浪漫（可选彩蛋，7:00-8:00）

画面：

- 满觉陇桂花雨，手持桂花糕特写（网页 8）。
- 九溪十八涧红叶流水，航拍视角（网页 1、8）。
- 西溪湿地芦花摇曳，摇橹船穿行（网页 4、8）。

旁白：

"若在秋天来访，杭州会变成临安城。满觉陇的桂花雨甜蜜如诗，九溪的红枫与溪水共舞，西溪的芦花飞雪中，摇橹船载着越剧声飘向远方 148。"

• 结尾（8:00-8:30）

画面：

- 快剪片段：西湖日出、茶田采茶、夜市烟火、亚运灯光。
- Vlogger 站在城隍阁眺望全城，挥手告别。

旁白：

"48 小时，杭州用它千年的温润与现代的灵动，教会我何为'人间天堂'。无论是独自寻幽，还是结伴狂欢，这里总有一面让你倾心。下次，你会在哪个季节与杭州相遇？"

字幕：

杭州，淡妆浓抹总相宜。

BGM：

渐弱的江南小调，混入现代电子音效。

· 拍摄建议

1. 设备：无人机（航拍西湖、九溪）、稳定器（街拍）、微距镜头（茶汤特写）。
2. 剪辑节奏：古风片段用慢节奏＋水墨转场，现代部分加快剪辑，搭配动感音效。
3. 互动点：设计"打卡地图"动画，标注景点位置（参考网页 5 的 City Walk 路线）。

通过以上设计，视频既能展现杭州的经典之美，又能突出亚运后的新变化，适合吸引文化爱好者、年轻游客及家庭观众。

如果需要对脚本进行迭代修改，只需要向 DeepSeek 追加要求，重新生成视频脚本。

视频时长改为 3 min，对脚本进行修改。

以下是为您修改后的 3 min 短版杭州旅游 VLOG 脚本，核心聚焦西湖、灵隐寺、市井烟火与现代地标，节奏明快，突出"古今碰撞"主题：

· **杭州旅游VLOG脚本（精简版）**

标题：72 小时玩杭州！浓缩版人间天堂攻略

时长：3 min

风格：快节奏打卡＋电影感空镜头

· 开场（0:00-0:20）

画面：

无人机俯冲西湖三潭印月→快速切换雷峰塔 / 奥体中心灯光秀→Vlogger 对镜头比 OK 手势。

旁白：

"72 小时，用古典诗意混搭赛博朋克，解锁杭州 AB 面！GO！"

字幕：

#Day1 西湖暴走 #Day2 禅茶一味 #Day3 未来之城

BGM：

轻快鼓点＋古筝前奏

· Part 1：西湖极速打卡（0:20-1:00）

画面：

15 s 蒙太奇：苏堤骑车（手机支架拍第一视角）→断桥比心拍照→雷峰塔电梯上升延时

摄影→湖面摇橹船吃定胜糕。

字幕：

"西湖正确打开方式：骑车比游船快，电梯比爬山爽！"

互动镜头：

Vlogger 举着"西湖十景"雪糕怼镜头："看！连雪糕都内卷成景点啦！"

• Part 2：灵隐寺×茶村快闪（1:00-1:40）

画面：

灵隐寺黄墙光影＋香炉特写（0.5 倍速）→飞来峰石刻佛手转场→龙井村茶农抛茶叶慢动作→茶杯倒映出奥体中心。

旁白：

"1600 年的禅意和一杯龙井的时间，杭州把历史泡出了新鲜感。"

字幕：

采茶体验 50 元 / 人，寺庙早 7 点人最少！

• Part 3：烟火与科幻暴击（1:40-2:30）

画面：

河坊街夜市：葱包桧特写→咬下瞬间切亚运馆灯光秀→地铁星空顶滑轨镜头→ AI 机器人送茶。

音效：

小吃油炸声→切换科技感电子音。

旁白：

"白天在宋朝街啃葱包桧，晚上看赛博朋克杭州，时空折叠术 get √"

• 结尾（2:30-3:00）

画面：

Vlogger 城隍阁顶张开双臂→快速闪回西湖 / 灵隐寺 / 夜市 / 亚运片段→定格水墨风格城市轮廓。

字幕：

"杭州，从临安城到亚运城，总有一种浪漫让你 N 刷！"

BGM：

琵琶版《See You Again》淡出

·拍摄优化

1. 节奏控制：每个场景不超过 10 s，用"小吃特写→地标空镜头"的 AB 切换强化对比
2. 转场技巧：
- 利用相似物转场（茶杯→奥体中心 / 佛手→机械臂）
- 动作匹配剪辑（咬葱包桧→张嘴看灯光秀）
3. 信息密度：用动态字幕取代长解说（如"灵隐寺攻略：早起，7 点去不用排队"直接打在黄墙画面）

该版本适合小红书 / 抖音等短视频平台，兼顾信息量与网感，重点突出"传统 vs 科技"的反差萌！

3.2.4　DeepSeek生成视频分镜头脚本

视频分镜头（Storyboard），又称故事板，是将视频内容以图表形式预先规划的过程。它把连续的影像分解成单个镜头，并标注每个镜头的运镜方式、时间长度、对白、特效等。

帮我生成一个视频分镜头脚本，视频主题是泡茶，视频时长大约 3 min。

以下是为 3 min 泡茶视频设计的分镜头脚本，包含美学展示和实用步骤，分为 15 个镜头：

片头（0:00-0:10）

1. 全景俯拍（航拍视角）
   画面：雾气缭绕的青山渐显，镜头穿过云层聚焦山间小屋
   镜头：缓慢推进 + 轻微旋转
   时长：8 s
   字幕 / 配音："茶·道"（毛笔字特效浮现）
   音效：空灵风铃声 + 溪流声渐入

准备阶段（0:10-0:45）

2. 中景平移镜头
   画面：竹制茶盘上依次出现紫砂壶、公道杯、茶则
   镜头：从左至右匀速移动

47

时长：5 s

字幕："器为茶之父"

3. 特写升格镜头（120 帧 / 秒）

画面：青瓷茶荷中翠绿茶粉如瀑布般倾泻

时长：4 s

音效：沙沙落粉声放大

4. 第一人称视角

画面：双手焚香流程（三指取香→火苗轻触→手腕转圈灭明火）

时长：6 s

字幕："醒心"

冲泡过程（0:45-2:00）

5. 微距镜头

画面：85 ℃山泉水注入建盏，水面形成旋转的太极纹

时长：7 s

字幕："候汤"

6. 俯拍＋轨道移动

画面：茶针拨动茶叶三次落壶（配合呼吸节奏）

时长：8 s

配音："一拨醒茶，二拨定神，三拨入定"

7. 动态特写

画面：悬壶高冲时水流拉出银色弧线，茶叶在壶中旋转开花

时长：6 s（升格）

音效：水流冲击的层次声

8. 光影镜头

画面：透过琉璃公道杯，观察茶汤色度变化（琥珀色渐变过程）

时长：10 s

字幕："观色知味"

品鉴阶段（2:00-2:50）

9. 环绕运镜

画面：茶宠在茶汤浇淋下逐渐变色（从灰褐到朱红）

时长：9 s

字幕："养器见心"

10. 动态构图

　　画面：三杯茶呈品字形摆放，热气在逆光中形成丁达尔效应

　　时长：6s

11. 特写慢镜头

　　画面：茶汤入喉时喉结滑动，杯沿残留的金圈缓缓消失

　　时长：5s

　　音效：吞咽声＋满足的轻叹

意境升华（2:50-3:00）

12. 移焦镜头

　　画面：前景茶杯虚化，后景窗外飘落的樱花逐渐清晰

　　时长：4s

13. 水墨转场

　　画面：茶渍在宣纸上晕染成山水轮廓

　　时长：3s

　　字幕："一叶知春秋"

14. 全息投影效果

　　画面：AR技术展示茶叶在水中释放茶多酚的动态过程

　　时长：5s

　　字幕："科技解构传统"

15. 动态留白

　　画面：空杯倒影中浮现采茶人背影，镜头拉远显现场景全貌

　　时长：4s

　　字幕："空杯方纳天地"

技术备注

1. 色彩方案：主色调采用"天青40%＋竹青30%＋檀木20%＋留白10%"

2. 运镜逻辑：严格遵循"远→中→近→特"的视觉节奏，每个技术动作保留0.5s预动作

3. 光影设计：全程使用柔光箱＋轮廓光，关键步骤（如注水）添加动态追光

4. 数据可视化：在2min15s插入3帧微观镜头（高速摄影展示茶叶细胞破壁）

这个分镜头脚本融合了现代影像技术与传统茶道美学，既保证教学价值又具艺术观赏性，可根据实际设备情况调整拍摄参数。需要具体器材清单或文化注解可随时补充。

3.3 DeepSeek高级应用

本节带领读者了解 DeepSeek 与即梦 AI、可灵 AI 平台的协同操作，结合剪映等工具的联动创作策略，让读者突破单工具使用局限，解锁跨平台工作流，实现从内容生成到后期制作的无缝衔接。

3.3.1 在即梦AI平台使用DeepSeek

在使用即梦 AI 的"图片生成"功能时，单击文本框右下角的 Deepseek-R1 按钮，即可与 DeepSeek 进行对话，如图 3-16 所示。在文本框输入想要生成的画面，单击发送按钮 ，如图 3-17 所示。等待 DeepSeek 思考完成，即可查看结果，如图 3-18 所示。

图 3-16

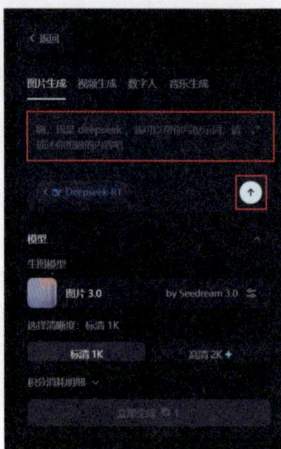
图 3-17

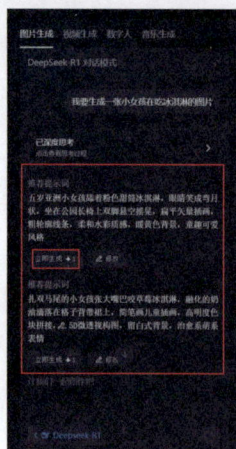
图 3-18

单击提示词下方的"立即生成"按钮，即梦 AI 将按照 DeepSeek 给出的提示词生成图片，如图 3-19 所示。

在使用即梦 AI 的"视频生成"功能中的"文本生视频"模式时也可以使用 DeepSeek 帮助生成提示词，使用方法与上文中所述方法一致，如图 3-20 和图 3-21 所示。

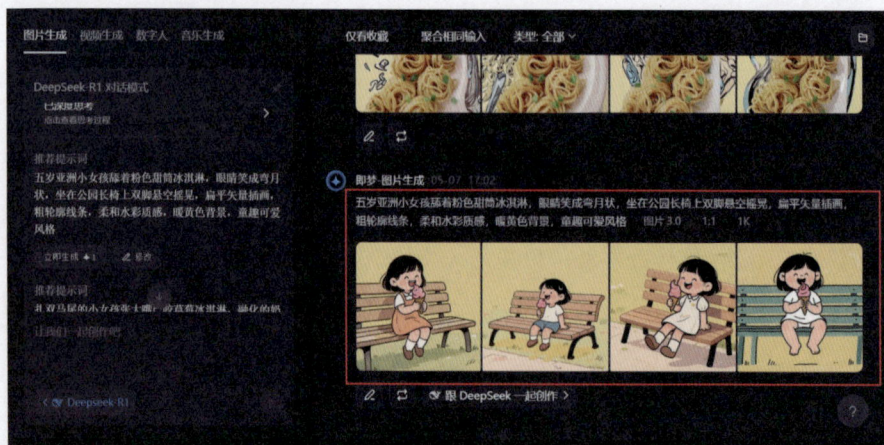
图 3-19

图 3-20

图 3-21

3.3.2　在可灵AI平台使用 DeepSeek

　　在使用可灵 AI 的"图片生成"功能、"视频生成"的"文生视频"功能、"音效生成"功能、"AI 试衣"里的"AI 模特"功能以及"视频延长"功能时，单击文本框上的"DeepSeek"按钮 DeepSeek，即可在可灵网页版直接使用 DeepSeek 的对话功能，帮助用户生成提示词，如图 3-22～图 3-26 所示。

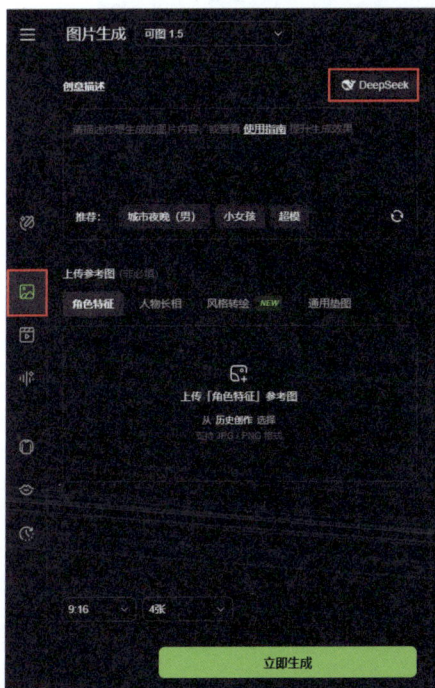

图 3-22

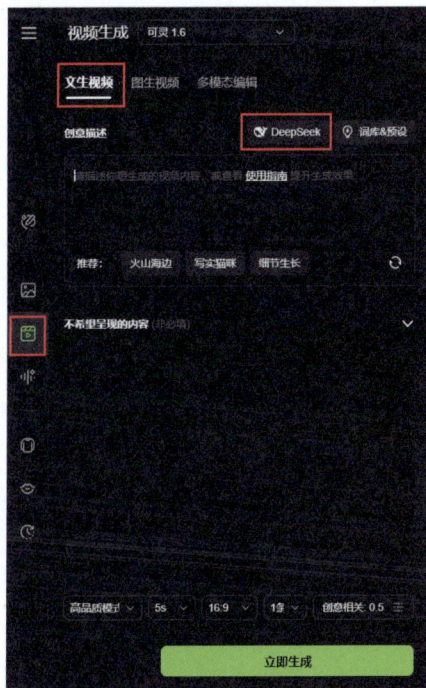

图 3-23

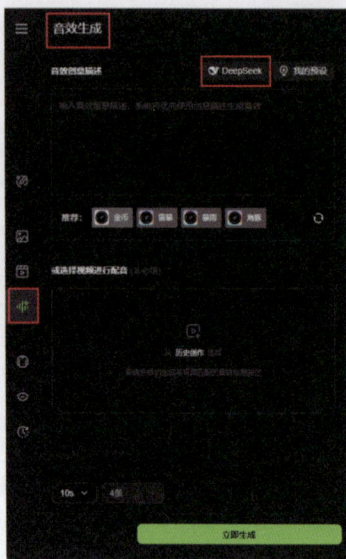

图 3-24

图 3-25

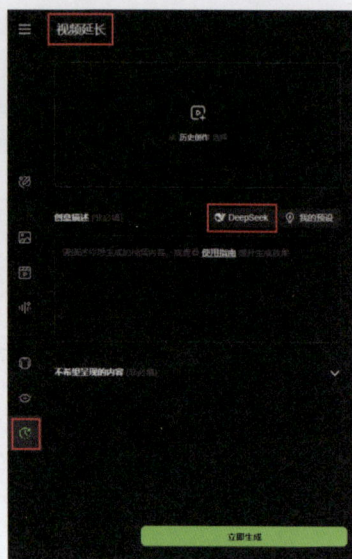

图 3-26

单击"DeepSeek"按钮 后，会在右侧展开 DeepSeek 的对话界面。在对话框中输入有关需要生成的内容的描述，要求 DeepSeek 提供提示词。输入完成后，单击 按钮即可发送，如图 3-27 所示。

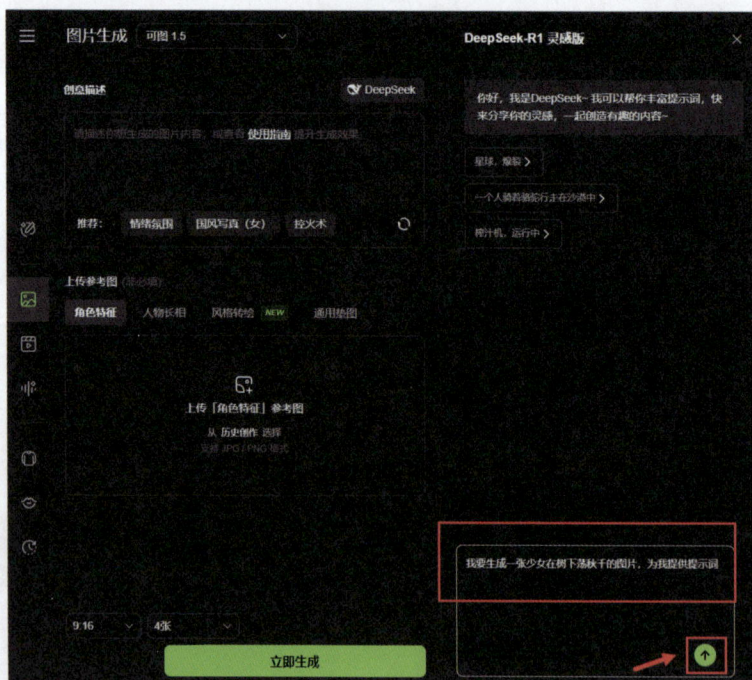

图 3-27

等待 DeepSeek 思考完成，即可查看结果。单击 按钮可以让 DeepSeek 重新生成提示词；单击"使用提示词"按钮，DeepSeek 生成的提示词将会直接出现在左侧"创意描述"文本框里，如图 3-28 所示。用户可以直接单击"立即生成"按钮，生成图片，如图 3-29 所示。

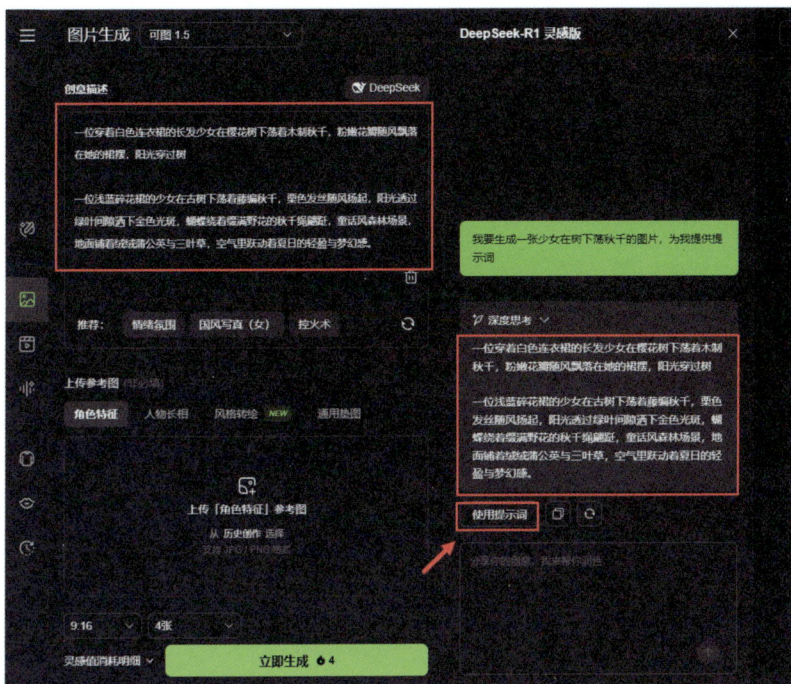

图 3-28

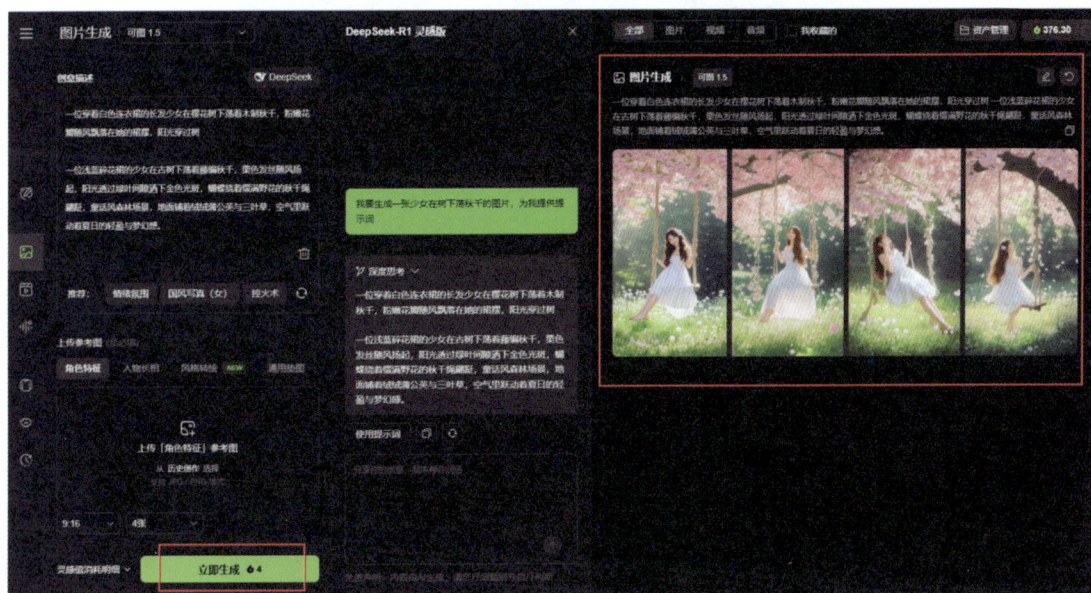

图 3-29

3.3.3　DeepSeek和剪映协同创作

　　使用 DeepSeek 生成视频文案，并配合剪映的"图文成片"功能，能够快速完成一条完整的视频。首先，利用 DeepSeek 生成文字脚本；接着，打开剪映的"图文成片"功能，将文字粘贴进去。此时，剪映会自动匹配画面与配音。

53

帮我写一段茶叶种类科普视频文案，只需要文案，一段式结构，视频时长 30 s 左右。

【30 s 茶叶种类科普】

画面：热水中茶叶舒展的特写

文案：从鲜叶到杯中茶，发酵程度决定茶的种类。不发酵的绿茶鲜爽清冽，如西湖龙井；微发酵的白茶淡雅甘甜，如白毫银针；轻发酵的黄茶经闷黄工艺，如霍山黄芽；半发酵的乌龙茶香高韵长，如铁观音；全发酵的红茶醇厚温润，如正山小种；后发酵的黑茶愈陈愈香，如普洱熟茶。六大茶类各有千秋，你品过几杯？茶无贵贱，适口为珍。

　　将 DeepSeek 回复的文案部分复制，打开剪映专业版，在首页单击"图文成片"选项，如图 3-30 所示。在打开的"图文成片"功能页单击左上角的"自由编辑文案"按钮，如图 3-31 所示。

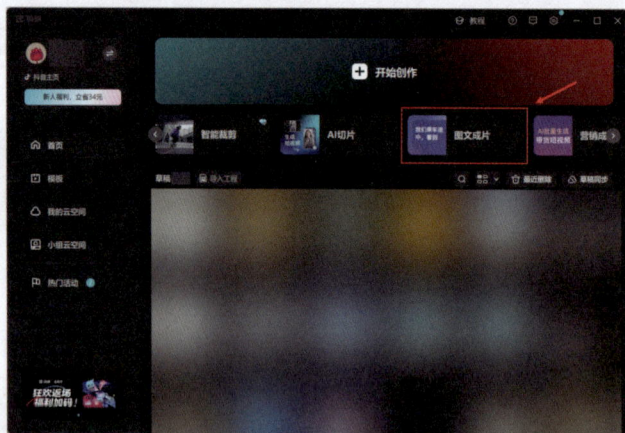

图 3-30

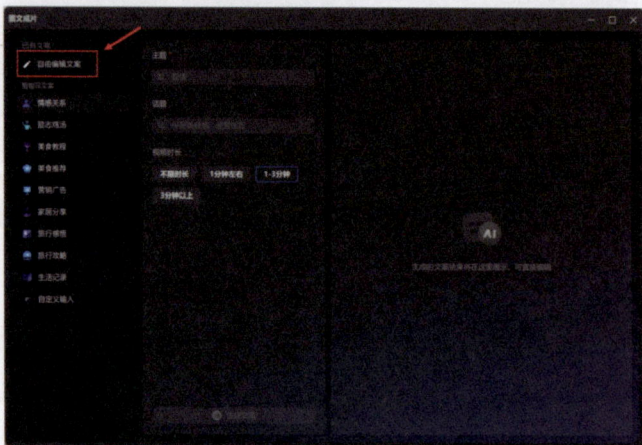

图 3-31

　　将复制的文案粘贴进文本框，在右下角可以选择配音音色，单击"生成视频"按钮，选择匹配素材模式，如图 3-32 所示。选择成片方式后，剪映专业版将会创建一个新的剪辑项目并打开，在时间轴上生成视频、配音与字幕等素材，如图 3-33 所示。用户可以在剪辑界面调整素材或直接导出视频。

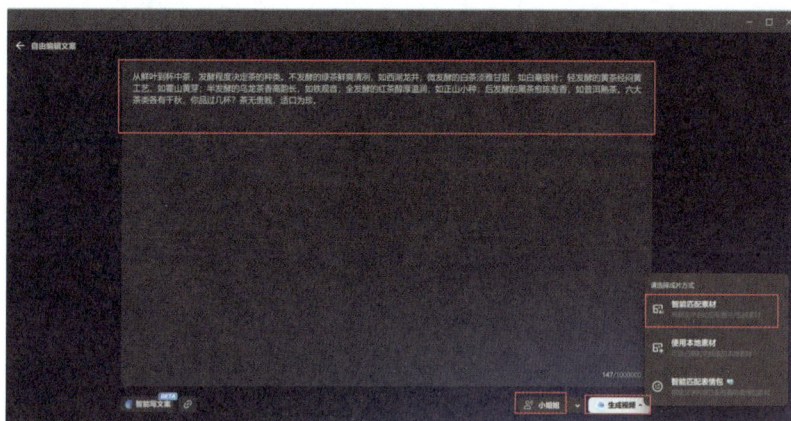

图 3-32

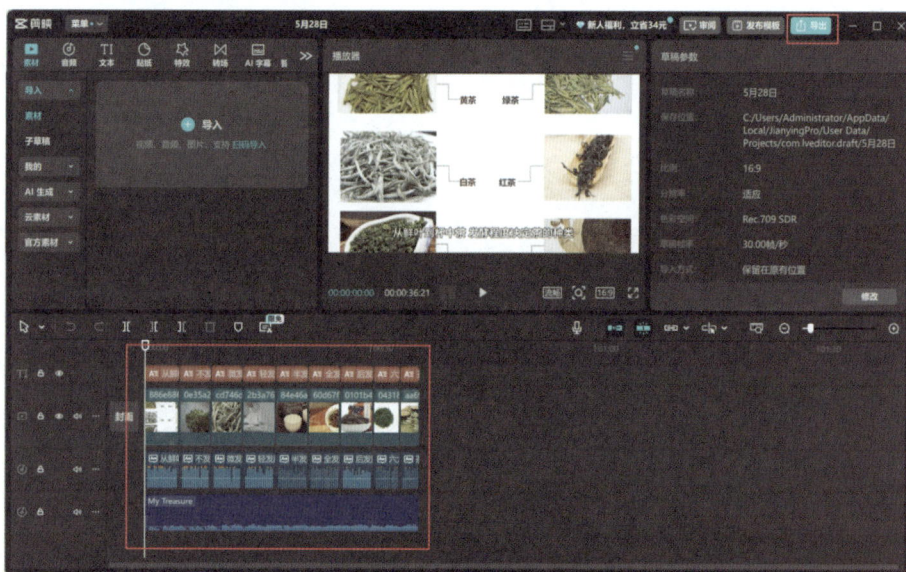

图 3-33

第4章

即梦AI绘画实操指南

即梦AI（又称即梦，Dreamina）是一款基于生成式AI的智能创作平台，支持通过文字描述或图片输入自动生成高品质图像和动态视频。平台提供智能画布、AI运镜控制、对口型等专业编辑功能，并包含丰富的创意素材库。同时打造创作者社区，实现灵感共享与作品交流，为设计师和内容创作者提供从创意到成片的"一站式"解决方案，显著提升数字内容创作效率。

4.1　即梦AI的生图方式

自发布以来，即梦 AI 凭借直观易用的操作界面和高效生成的高品质作品，迅速赢得了广大用户的青睐。即梦 AI 主要通过文生图和图生图两种方式生成图像，用户可以根据需求灵活选择方式，通过调整参数和模型开展高效、个性化的图像创作。

4.1.1　文生图

文生图是即梦 AI 的核心功能之一。用户可以根据自身需求输入文字指令，AI 会自动生成与文字信息相符的图像，就像给机器装上了"想象力翻译器"，这极大地提高了创作效率，还能让人快速尝试多种创意。例如输入描述"艺术家 yeoniu choi 风格，二次元世界，简笔画风格，可爱的英短橘白猫和可爱阿拉斯加犬在稻田骑单车，色彩鲜艳，营造治愈系氛围，画面简洁干净"（指令越具体，生成的图片越精细），AI 就能快速画出对应的画面，效果如图 4-1 所示，下面介绍具体的操作方法。

图 4-1

01　打开即梦 AI 网页页面，在"AI 作图"功能内单击"图片生成"按钮，如图 4-2 所示。

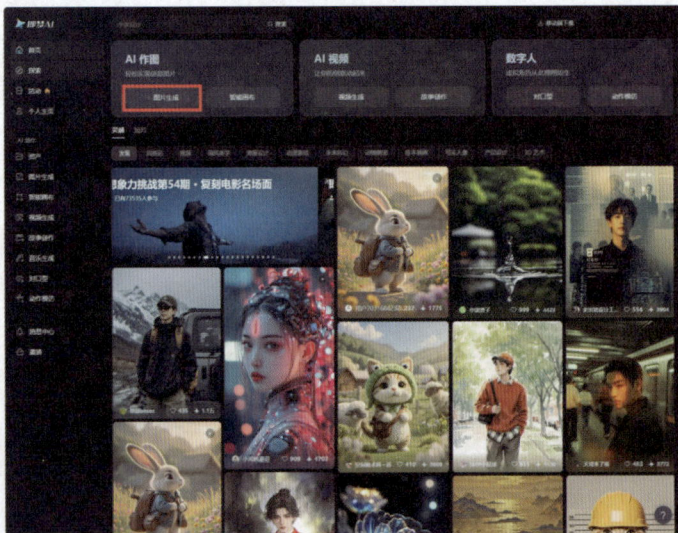

图 4-2

02　进入"图片生成"页面，单击页面左上方的文本框，输入描述"艺术家 yeoniu choi 风格，二次元世界，简笔画风格，可爱的英短橘白猫和阿拉斯加犬在稻田骑单车，色彩鲜艳，营造治愈系氛围，画面简洁干净"。完成后，选择标准模型"图片 3.0"，清晰度为"标清 1K"，如图 4-3 所示。

03　还需对图片设置"比例"信息，选择比例"3:4"，单击"立即生成"按钮，如图 4-4 所示。

用户可根据自身要求和效果需要自行设置不同的比例信息。

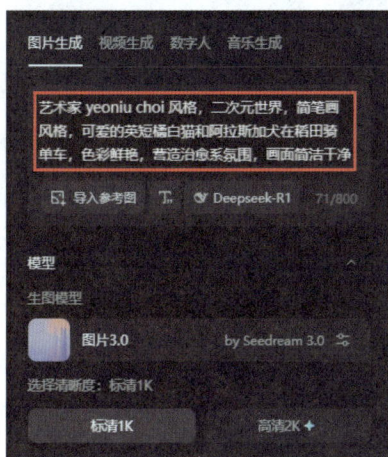 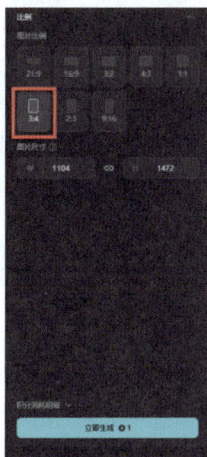

图 4-3   图 4-4

04 执行该操作后，即梦 AI 会生成 4 张不同的图片，选择一张最为满意的图片，单击"HD 超清"，完成后，即可生成对应的超清图片，如图 4-5 所示。

图 4-5

注意

关于指令的描述需要以"人物特征＋服装风格＋场景与光线＋风格与画质（避免歧义）"为基本结构。

4.1.2 图生图

图生图是即梦 AI 的第二个核心功能。相较于文生图完全通过文字描述生成图像，图生图以现有图像为基础，通过 AI 进行修改或重绘（如风格迁移、局部修复等），其优势在于能够保留原图的主体性、结构性和可控性。例如，使用图 4-6 作为参考图生成图 4-7，下面将介绍具体操作方法。

图 4-6

图 4-7

01　打开即梦 AI 主页，选择"AI 作图"板块的"图片生成"，进入"图片生成"页面，单击"导入参考图"按钮，如图 4-8 所示。

02　导入图片"星空之美 .jpg"，单击"打开"按钮，完成操作后，即梦 AI 会对参考图进行解析，解析完成后，选择参考图片"星空之美"的"风格"样式，单击"保存"按钮，如图 4-9 所示。

图 4-8

图 4-9

Q　知识补充

主体：指图像中的主要对象，可以是人物、动物或特定物体。

人像写真：专注于人物肖像摄影，强调面部特征、表情及神态的捕捉。

角色特征：定义角色的独特属性，包括年龄、性别、职业或性格，这些因素将直接影响角色的外观设计及行为表现。

风格：决定图像的艺术表现形式，如插画风格、赛博朋克风格等，主要影响作品的色彩搭配、光影处理及整体视觉效果。

边缘轮廓：控制图像中对象的边缘线条表现，直接影响画面的清晰度与形状呈现效果。

景深：调控图像中清晰区域与模糊区域的分布关系，对画面的立体感和空间深度感具有重要影响。

人物姿势：设定人物在画面中的姿态与动作表现，包括站立、坐姿、跳跃等不同状态。

03　执行该操作后，再次进入"图片生成"页面，单击"文本框"，输入文字"在绿油油的草地上，四个孩子在放风筝、油画风、暖黄色调、平视"，如图 4-10 所示。

04　选择图片比例"3∶2"，单击"立即生成"按钮，如图 4-11 所示。

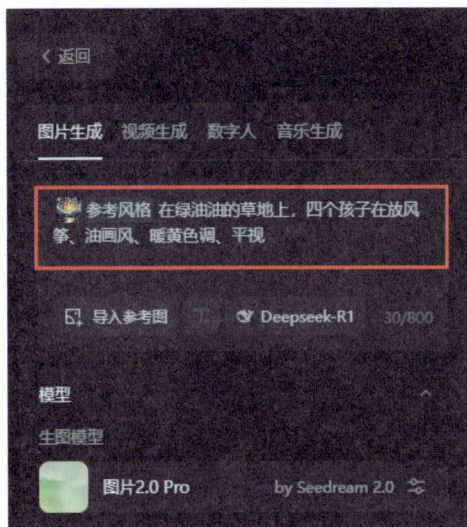

图 4-10

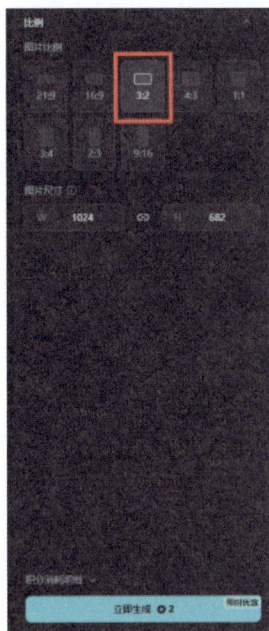

图 4-11

05　执行该操作后，即梦 AI 会生成图片，如图 4-12 所示。

图 4-12

4.2 即梦AI生图实操指南

4.2.1 生成水墨画

水墨画是中国传统绘画的重要表现形式，以水和墨为主要材料，通过毛笔在宣纸等载体上绘制而成。其艺术特色在于运用墨色浓淡干湿的变化与笔触韵律，生动展现物象的神韵。图 4-13 展示了典型的水墨画效果，下文将通过文生图方式详细介绍即梦 AI 生成水墨画的具体操作步骤。

图 4-13

01　打开即梦 AI 主页，进入"图片生成"页面，在文本框内输入描述"水墨画风格，黑白灰主色调，少量留白，远处为群山，近处有松枝，江面处有扁舟，散点透视构图"，如图 4-14 所示。

> **提示**
>
> 文本指令的详细程度与最终生成效果呈显著正相关关系。

02　选择图片比例为"16∶9"，单击"立即生成"按钮，如图 4-15 所示。

03　执行该操作后，即梦 AI 生成 4 张图片，选择一张效果满意的图片，下载对应的超清图即可，如图 4-16 所示。

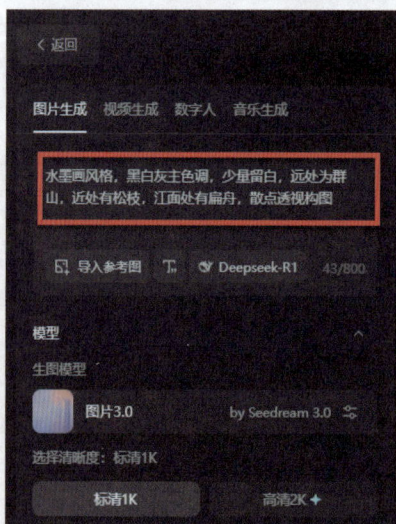

图 4-14

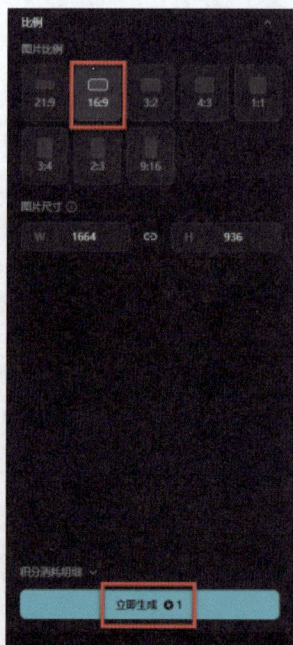

图 4-15

图 4-16

4.2.2　生成人像写真

人像写真，又称人像摄影，是摄影艺术的重要表现形式之一。其主要通过摄影师的构图技巧和光影调控，展现被摄主体的个性特征、情感状态与生命活力。人像写真创作需着重把握构图法则与光影运用，通过精确控制光源的强度、角度及方向等，营造富有层次的光影效果，从而突出人物的细节表现与立体质感。

图 4-17

人像写真效果展示如图 4-17 所示。下文将以文生图方式详细介绍即梦 AI 生成人像写真的具体操作步骤。

01　打开即梦 AI 主页，进入"图片生成"页面，在文本框内输入描述"20 岁混血女孩，棕金色卷发，雀斑妆，穿浅粉色毛衣，在阳光书店窗边，自然光，富士胶片色调"，如图 4-18 所示。

02　选择图片比例为"3:4"，单击"立即生成"按钮，如图 4-19 所示。

03　执行该操作后，即梦 AI 生成 4 张图片，选择一张效果满意的图片，下载对应的超清图即可，如图 4-20 所示。

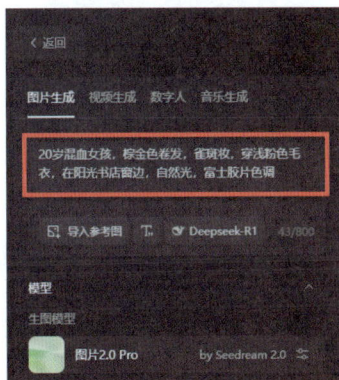

图 4-18

图 4-19

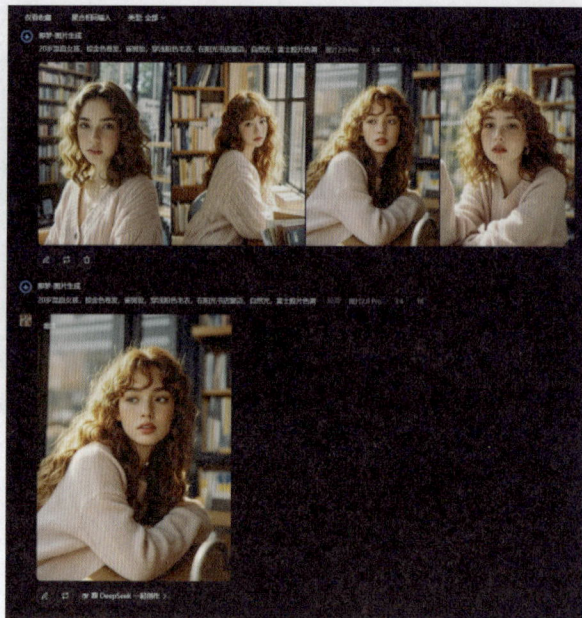

图 4-20

4.2.3　生成唯美风景图

风景图是指能够让人产生美感的自然风景图片，具有艺术风格和审美价值，通过光影、构图与色彩等元素，将瞬间升华为永恒的艺术形态。下文将以图生图方式详细介绍即梦 AI 生成唯美风景图的具体操作步骤，效果展示如图 4-21 所示。

图 4-21

01　打开即梦 AI 主页，进入"图片生成"页面，单击"导入参考图"按钮，如图 4-22 所示。

02　选择保存的图片"冰岛冬季 .jpg"并导入，识别图片后，选择"智能参考"，单击"保存"按钮，如图 4-23 所示。

03　再次进入"图片生成"页面，在文本框内输入文字"风景图，冰岛冬季，绿色极光倒映冰川湖面，小木屋透出暖光，星空银河，长曝光"，单击"立即生成"按钮，如图 4-24 所示。

04　执行该操作后，即梦 AI 生成 4 张图片，选择一张效果满意的图片，下载对应的超清图即可，如图 4-25 所示。

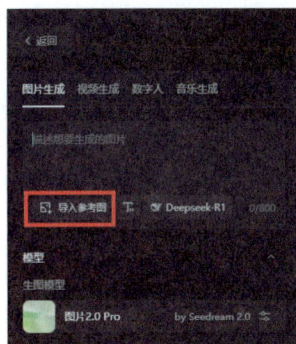
图 4-22

图 4-23

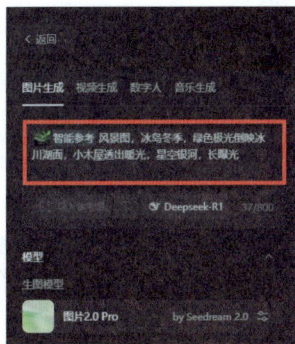
图 4-24

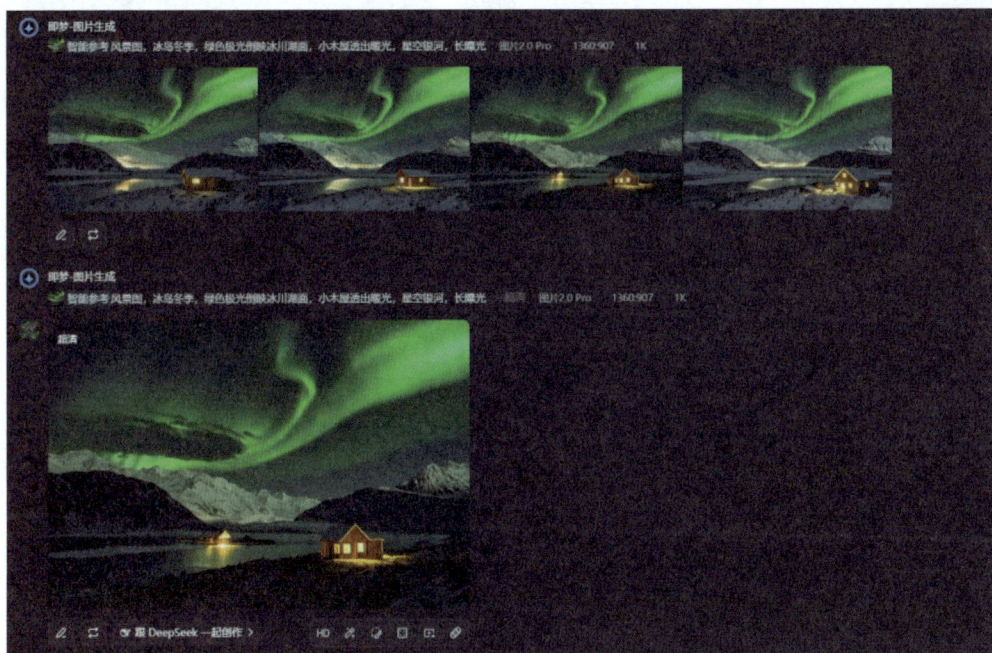
图 4-25

4.2.4　生成可爱萌宠图

图 4-26

萌宠图，作为互联网时代的治愈系符号，并非简单记录宠物形象，而是通过放大"萌点"（如圆润体态、无辜眼神、笨拙动作）来触发人类本能保护欲的图像。下文将以图生图的方式详细介绍即梦 AI 生成可爱萌宠图的具体操作步骤，效果展示如图 4-26 所示。

01　打开即梦 AI 主页，进入"图片生成"页面，单击"导入参考图"按钮，导入图片"小猫 .jpg"，识别图片后，选择"智能参考"，单击"保存"按钮，如图 4-27 所示。

02　再次进入"图片生成"页面，在文本框内输入文字"可爱的小猫咪拟人站立，猫咪背着一个斜挂包，猫咪戴着一项青蛙帽子，周围是草地，远处是农场，羊毛毡材质，毛绒笔触绘制的画面，毛茸茸质感，膨胀风童话环境，24K 超清"，单击"立即生成"按钮，如图 4-28 所示。

03　执行该操作后，即梦 AI 生成 4 张图片，选择一张效果满意的图片，下载对应的超清图即可，如图 4-29 所示。

图 4-27

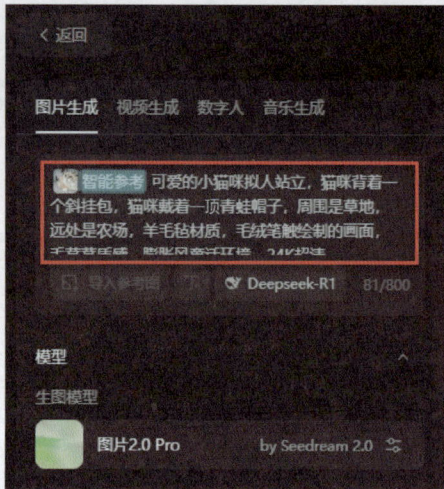

图 4-28

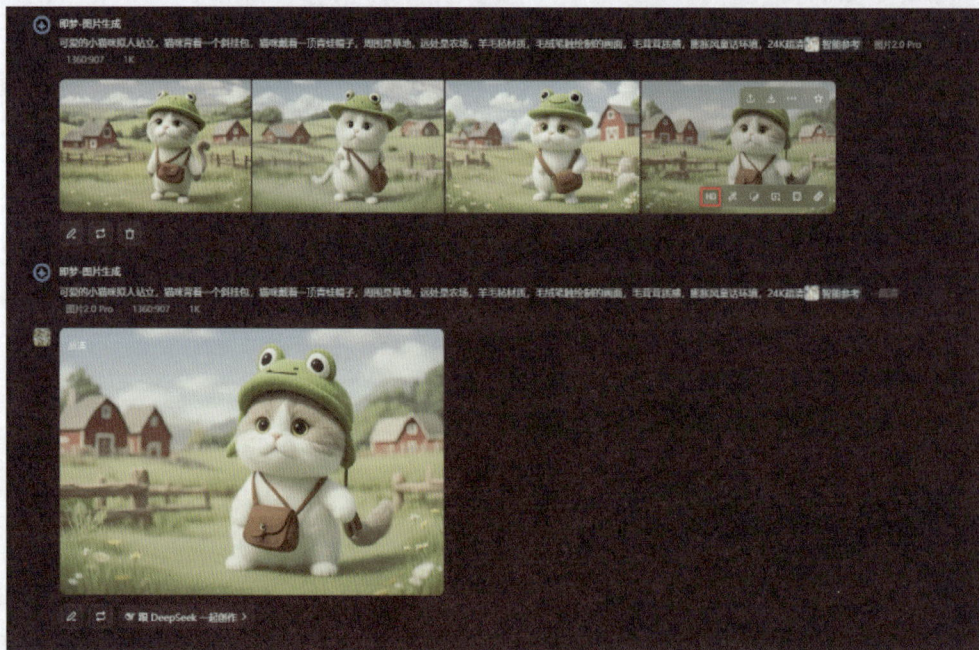

图 4-29

4.2.5　生成分镜头图片

本小节以文生图的技术为基础，详细介绍即梦 AI 生成分镜头图片的具体实现方法。文生图视频分镜头效果展示如图 4-30 所示，下面介绍详细操作步骤。

图 4-30

01　打开即梦 AI 主页，进入"图片生成"页面，在文本框内输入如下描述，如图 4-31 所示。

竖屏三等分，电影画面同步呈现未来世界空镜、男人与机械姬对话、餐厅用餐三个独立的科幻场景。
画面一：未来都市布满悬浮飞行器和全息广告。
画面二：机械姬的发光纹路与西装男子的全息投影在金属空间对话。
画面三：同一男子身着休闲装在透明玻璃餐厅用餐，背景悬浮餐桌飘着发光餐具。
霓虹色彩，赛博朋克光影贯穿三屏，机械姬的液态金属手臂、男子服装细节、餐厅机器人服务员形成视觉关联。飞行器拖曳光轨划过，机械姬指尖弹出数据流，男子在餐厅凝视窗外同步出现的未来都市投影。低饱和冷色调搭配霓虹光斑，金属反光与烟雾粒子增强虚实层次，分屏交界处采用动态模糊转场。科技疏离感中暗藏时间线索，三屏光影节奏同步呼应。4K 电影级渲染，景深切换突出分屏叙事张力。

02　选择图片比例为"9:16"，单击"立即生成"按钮，如图 4-32 所示。

03　执行该操作后，即梦 AI 生成 4 张图片，选择一张效果满意的图片，下载对应的超清图即可，如图 4-33 所示。

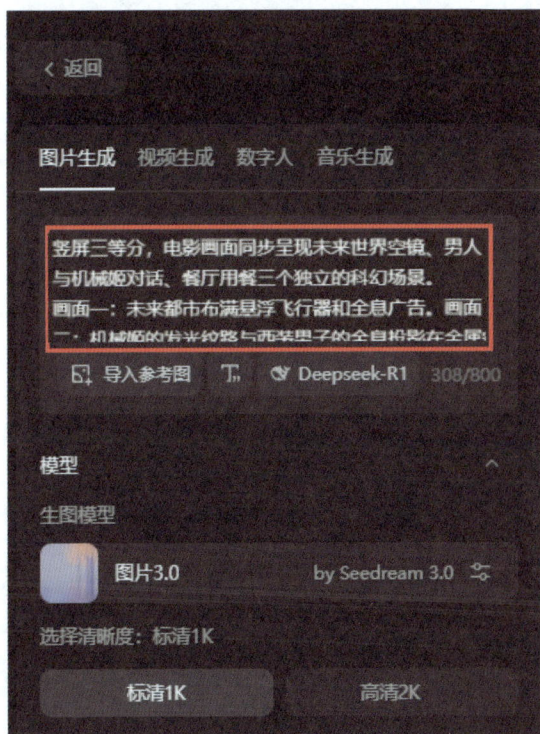

图 4-31

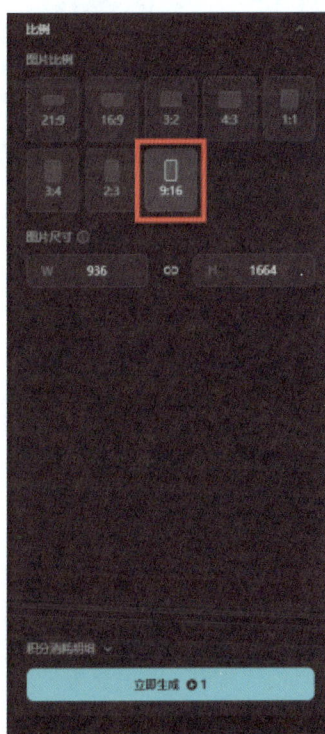

图 4-32

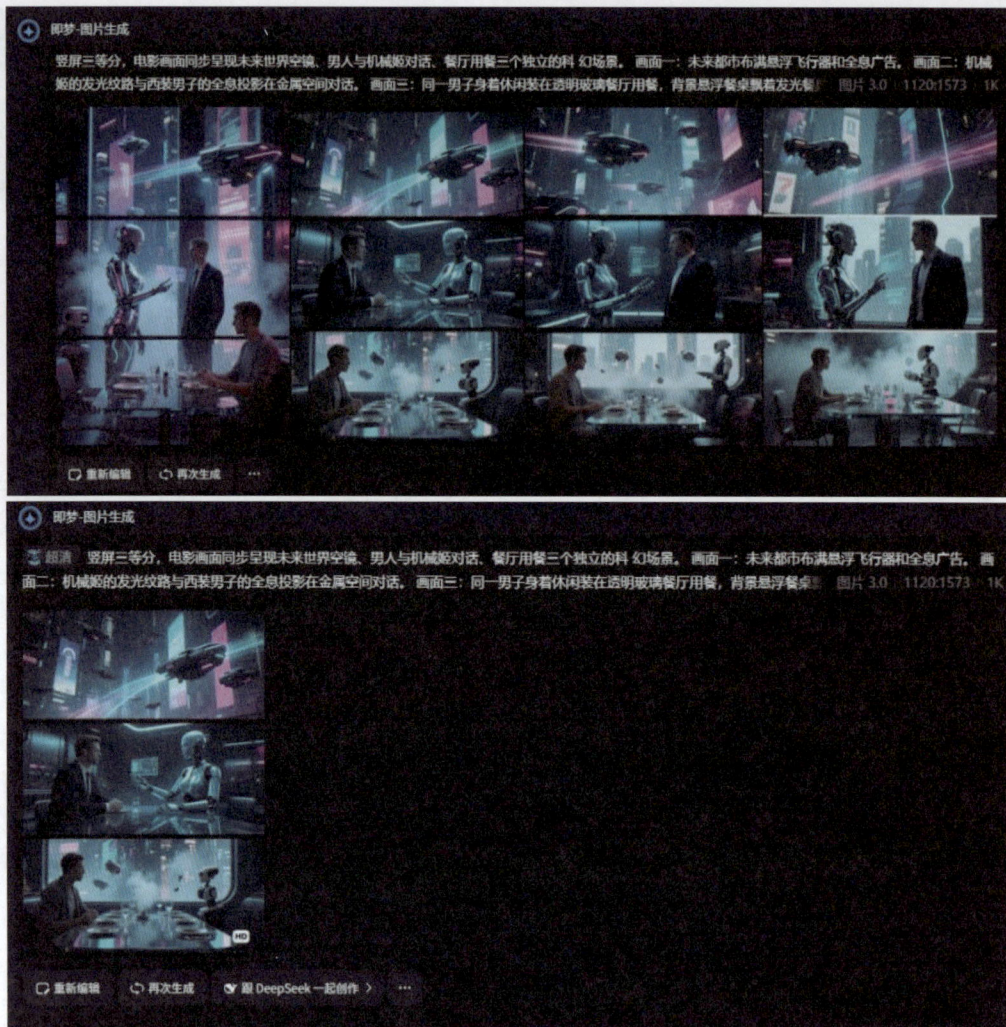

图 4-33

4.3 图片二次创作

4.3.1 局部重绘

局部重绘是指对生成图像或现有图像的特定区域进行修改或重新绘制，同时保持其他部分不变的技术。这项功能广泛应用于修复瑕疵、调整细节或创意修改。下面介绍即梦 AI 局部重绘功能的详细步骤。局部重绘前的效果如图 4-34 所示，局部重绘后的效果如图 4-35 所示。

图 4-34　　　　　　图 4-35

01　打开即梦 AI 主页，进入"图片生成"页面，在
文本框内输入描述"绒毛材质，一只羊毛小鸡举着一个鸡蛋在做操，另一个鸡蛋在脚下，鸡蛋上

写着'Sundaily'；背景是手工编织的景观，包括草地、树木、天空，编织的细节看起来像是由纱线或羊毛构成。现代艺术风格，可爱，超级细节，高分辨率"，如图 4-36 所示。

02　选择图片比例为 "3:4"，单击 "立即生成" 按钮，如图 4-37 所示。

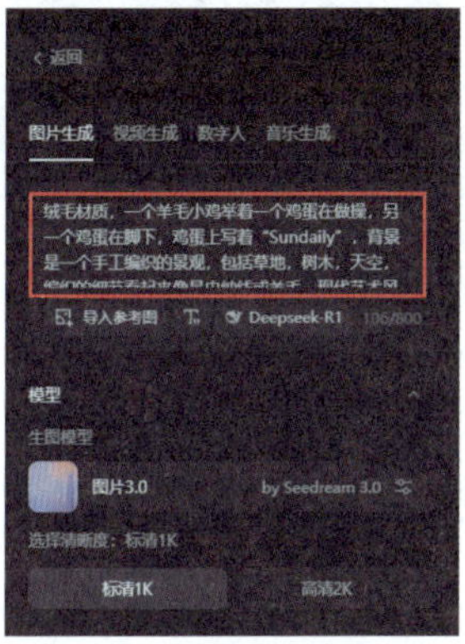

图 4-36　　　　　　　　　　　　图 4-37

03　执行该操作后，即梦 AI 生成 4 张图片，选择一张效果满意的图片，下载对应的超清图即可，如图 4-38 所示。

图 4-38

04　返回即梦 AI 主页，单击 "AI 作图" 功能的 "智能画布" 按钮，或者单击即梦 AI 主页左侧导航栏的 "智能画布" 选项，如图 4-39 所示。

05　进入 "智能画布" 页面，单击 "上传图片" 按钮，导入刚刚生成的图片，如图 4-40 所示。

图 4-39

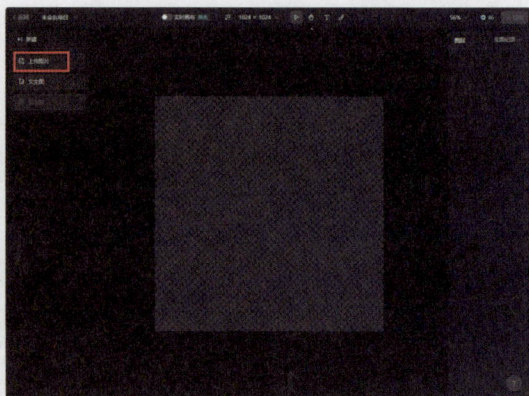

图 4-40

06　执行该操作后，单击"局部重绘"按钮，进入局部重绘页面。使用画笔工具 ✏ 涂抹图中被小鸡举起的鸡蛋，或在上方工具栏选择"快速选择" 🖱（可快速选中需要重绘的区域）、"橡皮擦" 🧽（用于删除多余选中部分）等工具。在下方的悬浮框内输入文字"一团毛线"，单击"局部重绘"按钮即可对涂抹区域进行重绘，如图 4-41 所示。

07　执行该操作后，鸡蛋会自动生成一团毛线，单击"完成编辑"按钮，将图片导出即可，如图 4-42 所示。

> **注意**
>
> 若对生成结果不满意，可单击"再次生成"按钮，直至获得满意的效果。

图 4-41

图 4-42

4.3.2　无损扩图

无损扩图是指利用人工智能技术，在保持原始图像内容、风格和画质的前提下，智能扩展图像边界或填充缺失区域的技术。下面介绍使用即梦 AI 进行无损扩图的具体操作步骤，无损扩图前效果如图 4-43 所示，扩图后的效果如图 4-44 所示。

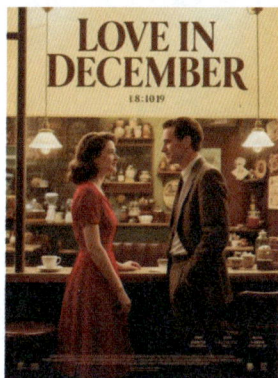

图 4-43　　　　　　　　　　　图 4-44

01　打开即梦 AI 主页，进入"图片生成"页面，在文本框内输入描述"复古爱情电影海报，70 年代咖啡馆内，穿红裙女子与西装男子隔着玻璃窗对视，暖黄色调，胶片颗粒感，老式字体标题'LOVE IN DECEMBER'，仿旧划痕纹理"，如图 4-45 所示。

02　选择图片比例为"3:4"，单击"立即生成"按钮，如图 4-46 所示。

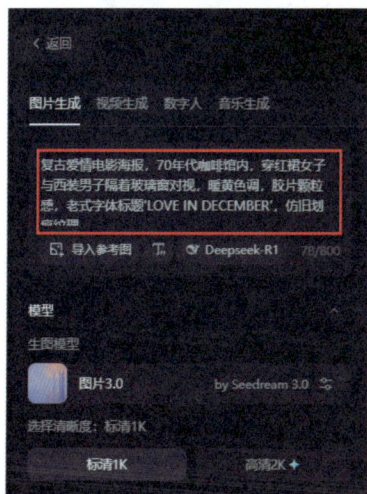
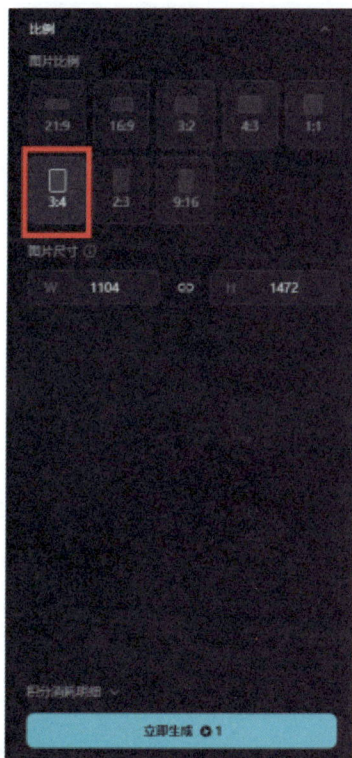

图 4-45　　　　　　　　　　　图 4-46

03　执行该操作后，即梦 AI 生成 4 张图片，选择一张效果满意的图片，下载对应的超清图即可，如图 4-47 所示。

04　将刚刚导出的图片上传至"智能画布"页面，单击"扩图"按钮，如图 4-48 所示。

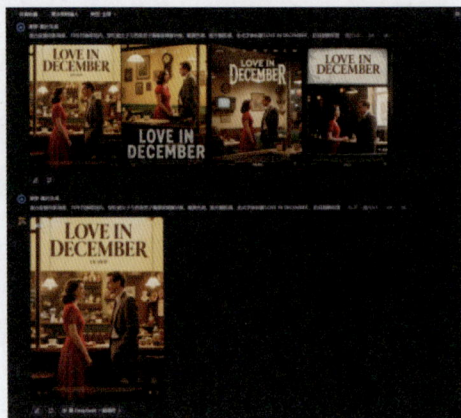

图 4-47

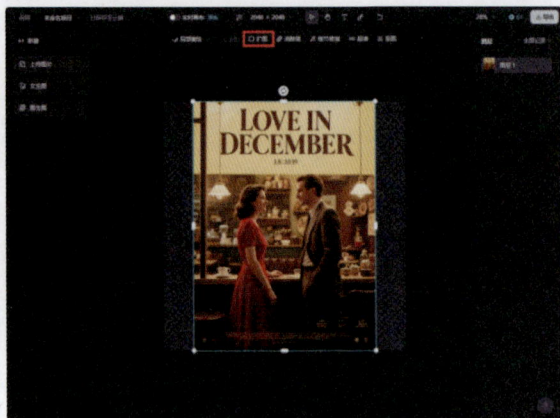

图 4-48

05　进入扩图页面，在页面上方的工具栏选中"扩图倍数：1.5×、扩图比例：原始比例"，单击"扩图"按钮，如图 4-49 所示。

06　执行该操作后，即梦 AI 会对图片进行补充并生成对应的 4 张图片，选择合适的一张，单击"完成编辑"按钮，如图 4-50 所示。也可以单击"再次生成"按钮，直至得到最满意的图片。

图 4-49

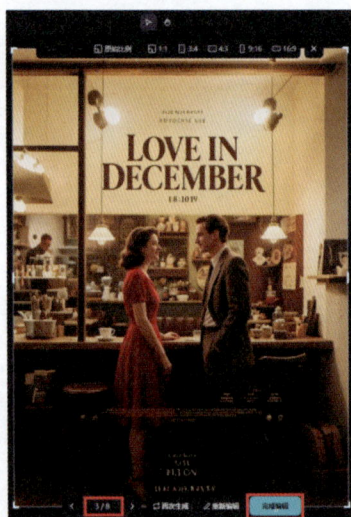

图 4-50

4.3.3　局部消除

局部消除是指利用人工智能技术精准删除图像中的特定元素（如物体、人物、水印等），并智能填充与周围环境和谐一致的内容，使修改后的画面呈现自然无痕的效果。下面介绍使用即梦 AI 进行局部消除的具体操作流程，局部消除前的效果如图 4-51 所示，重绘后的效果如图 4-52 所示。

图 4-51

图 4-52

01　打开即梦 AI 主页，进入"智能画布"页面，单击"文生图"按钮，如图 4-53 所示。

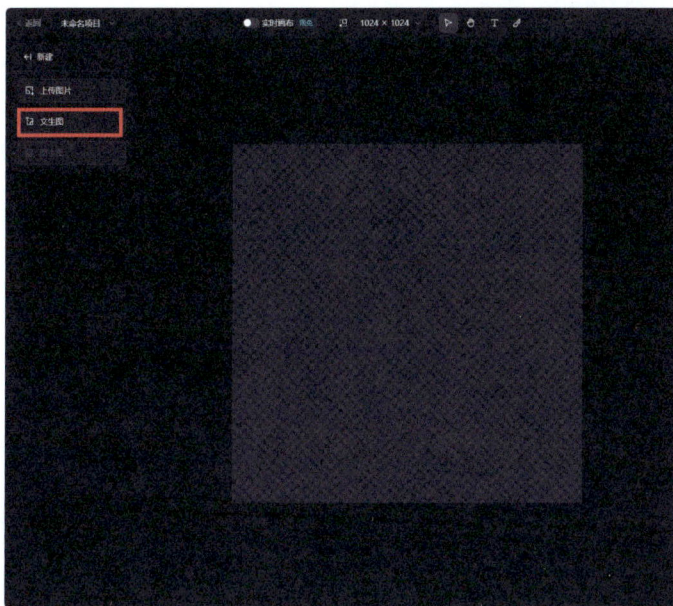

图 4-53

02　在文生图工具栏的文本框内输入描述"绿色的香蕉，羊毛毡风格，毛茸茸，Jellycat 毛绒玩具风格，香蕉长着豆豆眼微笑，香蕉泡在墨绿色咖啡杯里，咖啡杯是复古粗陶马克杯，咖啡杯上写着'禁止焦虑'，3D 风格羊毛毡风格，可爱，颜色柔和，高质"，选择图片比例为"3：4"，单击"立即生成"按钮。执行该操作后，在即梦 AI 生成的 4 张图片中选择最合适的一张，然后单击页面上方工具栏的"消除笔"　⊘ 消除笔 。如图 4-54 所示。

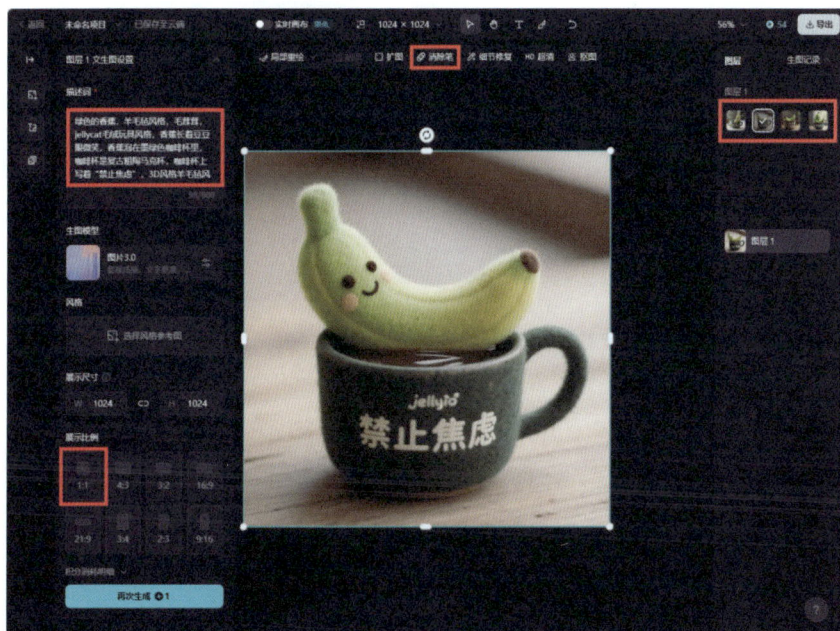

图 4-54

03 进入消除笔功能页面，选择画笔工具 ✐，使用画笔在杯子上的英文字母处涂抹，建立选区。单击页面下方"消除"按钮，如图 4-55 所示。

04 执行该操作后，杯子上的英文字母成功消除，单击"完成编辑"按钮，导出图片即可，如图 4-56 所示。

图 4-55

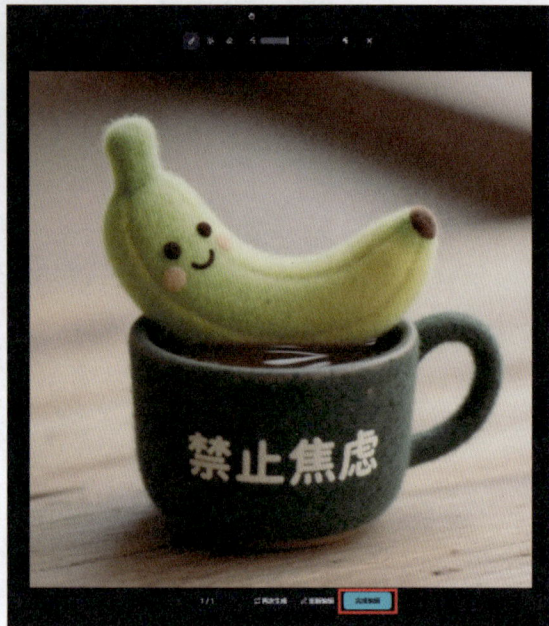
图 4-56

4.3.4 自动抠图

自动抠图是指利用人工智能技术自动识别并分离图像中的主体与背景，实现精准提取或替换背景的操作。下面介绍即梦 AI 的局部消除功能的详细步骤。图 4-57 展示了自动抠图前的原始效果，图 4-58 则呈现了经过重绘处理后的效果。

图 4-57

图 4-58

01 打开即梦 AI 主页，进入"智能画布"页面，在页面上方工具栏中，单击"抠图"按钮，如图 4-59 所示。

02 执行该操作后，即梦 AI 自动对图片的主体进行抠图、创建选区，单击"抠图"按钮，如图 4-60 所示。

03 执行该操作后，即梦 AI 成功将香蕉与杯子从图片中抠出，单击"完成编辑"按钮，完成自动抠图，如图 4-61 所示。

图 4-59

图 4-60

图 4-61

第 5 章
即梦 AI 视频实操指南

即梦 AI 为视频创作者开辟了高效且富有创意的新路径。使用它进行视频创作，不需要深厚的专业技能，也不需要复杂的流程。其强大的算法和丰富的功能，能让你的创意迅速落地。无论是打造奇幻的科幻场景，还是营造温馨的生活片段，即梦 AI 都能出色完成。

5.1 即梦AI生成视频的方式

即梦 AI 生成视频的方式主要包括文生视频和图生视频两种。文生视频主要借助自然语言理解技术，剖析文字关键词，自动拆解为镜头运动、场景元素、人物动作等要素，进而生成完整的视频。图生视频则是基于上传的图片以及补充的细节描述，能更好地领会用户意图，将静态图片转化为精彩的视频。在创作过程中，用户可以持续调整和优化指令，以获得更优质的视频作品，轻松开启极富创意的视频创作之旅。

5.1.1 图片生成视频

图片生成视频是借助图像处理与序列学习技术，把多张静态图片按照逻辑顺序合成为动态视频，并且支持添加转场、运动效果和背景音乐。用户在运用图片生成视频功能时，可先通过文本生成合适的图片，再挑选一张满意的图片作为生成视频的底图，效果如图 5-1 所示。下面介绍具体的操作方法。

图 5-1

01　打开即梦 AI 主页，进入"图片生成"页面，单击页面左上方的文本框，输入描述"暗光氛围，蓝色氛围光，梦幻的时空，破旧的校园楼道，无数只蝴蝶飞舞，梦核风格，光照氛围感，迷雾，独特的视觉张力，增强作品的梦幻感，虚拟梦境，柔焦摄影，柔光朦胧光，情绪氛围感，低饱和马卡龙色调"，如图 5-2 所示。

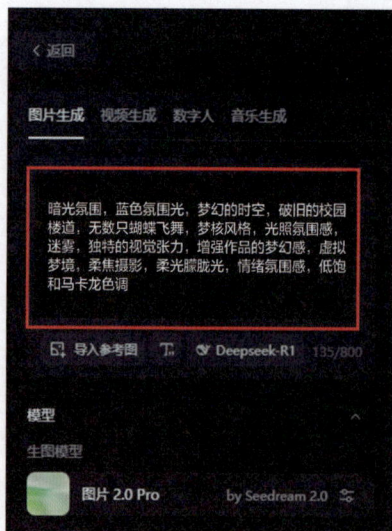

图 5-2

02　设置图片"比例"信息，选择比例"3∶4"，单击"立即生成"按钮，如图 5-3 所示。

03　执行操作后，即梦 AI 生成 4 张图片，选择满意的图片，下载对应的超清图即可，如图 5-4 所示。

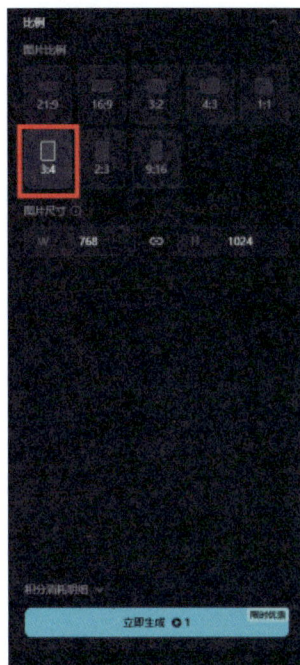

图 5-3

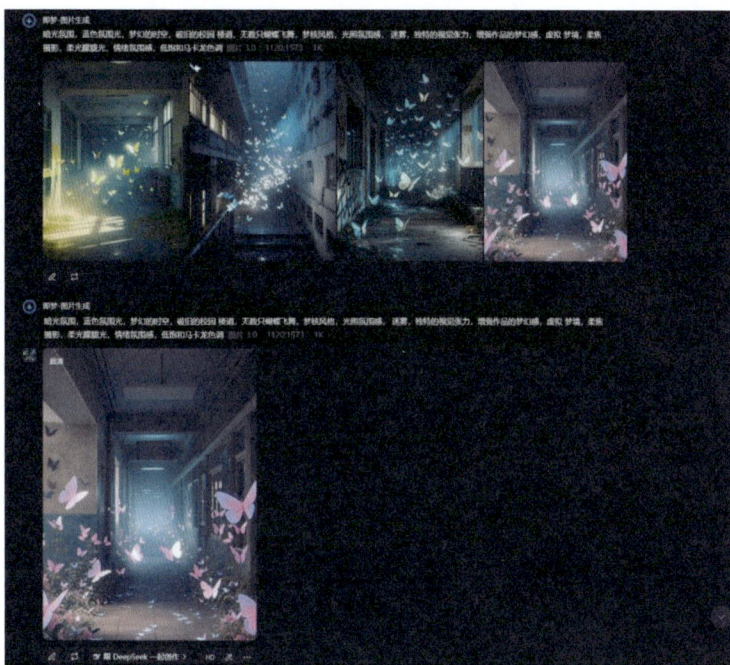

图 5-4

04　回到即梦 AI 首页，在"AI 视频"功能内，单击"视频生成"按钮，或者单击即梦 AI 主页左侧导航栏的"视频生成"选项，如图 5-5 所示。

05　进入"视频生成"页面，选择"图片生成视频"，单击"上传图片"，导入刚刚保存的图片，同时在文本框内输入描述"静谧，魔法画面，蝴蝶飞舞，镜头向前推进"，如图 5-6 所示。

图 5-5

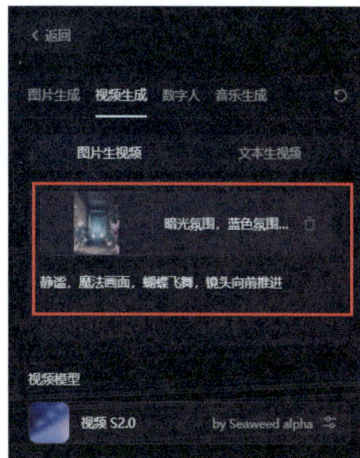

图 5-6

06　单击"立即生成"按钮，即梦 AI 即可生成对应的视频，如图 5-7 所示。

提示

若对生成视频不满意，可再次生成视频直至满意为止

图 5-7

5.1.2 文本生成视频

文本生成视频是将文字内容直接转化为动态视频的过程。即梦 AI 首先解析文本语义，生成对应的视觉元素（场景、角色、动作），再合成语音、配乐及特效，最终输出完整视频。即梦 AI 文生图和文本生成视频的生成原理基本一致，都以文字信息作为基础，效果如图 5-8 所示。下面介绍具体的操作方法。

图 5-8

01　打开即梦 AI 主页，在"AI 视频"功能内，单击"视频生成"按钮，进入"视频生成"页面，单击文本框并输入描述"非洲草原日落，狮群缓慢走过金色草丛，尘土随风扬起，BBC 地球画质，自然光渲染"，选择视频模型"视频 S2.0"，如图 5-9 所示。

02　设置视频比例为"16∶9"，单击"生成视频"按钮，如图 5-10 所示。

提示

大部分 AI 视频比例为 16∶9，用户可根据不同需求修改。

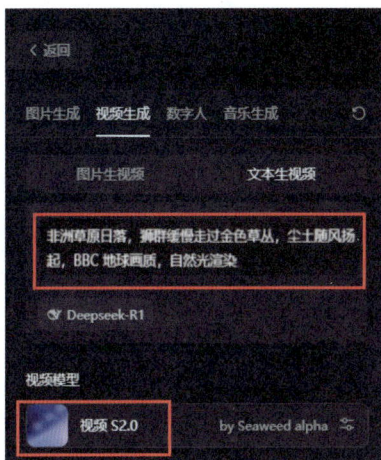

图 5-9

图 5-10

03　执行操作后，选择满意的视频下载即可，如图 5-11 所示。

图 5-11

5.1.3　制作数字人视频

数字人视频是借助人工智能技术打造的虚拟人物视频，这些虚拟人物拥有逼真的外貌、生动的表情以及自然的语音交互能力。其核心技术涵盖语音合成、3D 建模、唇形同步等，能够达成数字人的自然表达与动作呈现，效果如图 5-12 所示。下面介绍具体的操作方法。

图 5-12

01　打开即梦 AI 网页页面，在"数字人"功能模块内，单击"动作模仿"按钮，进入"数字人"页面，也可以点击即梦 AI 主页左侧导航栏的"动作模仿"选项，如图 5-13 所示。

02　进入"数字人"界面后，点击"导入人物图片"，导入图片"书本女孩 .jpg"，并选择"预设模板"中的第四个动作模板，如图 5-14 所示。

图 5-13

图 5-14

03　单击"立即生成"按钮，执行操作后，即梦 AI 即可生成数字人视频，如图 5-15 所示。

图 5-15

5.2　视频生成实操指南

经过对文本生成视频和图片生成视频两种方法的实践，读者已建立起对即梦 AI 视频生成系统的初步认知。为助力用户实现从基础操作到熟练应用的进阶，本章将基于几个典型应用场景，通过结构化案例演示，帮助用户系统地掌握相关操作。

5.2.1　生成风景视频

风景视频是运用人工智能技术生成、增强或修改的，以自然或城市景观为主要内容的动态视频，视频效果如图 5-16 所示。下面介绍生成此效果的操作方法。

01　打开即梦 AI 主页，进入"视频生成"页面，选择"图片生视频"，单击"上传图片"，如图 5-17 所示。

02　在文件中导入图片"湖泊 .jpg"，同时在文本框内输入描述"让湖面产生细微波纹，云层从左向右缓慢流动，镜头轻微顺时针旋转，保持富士胶片色调"，如图 5-18 所示。

图 5-16

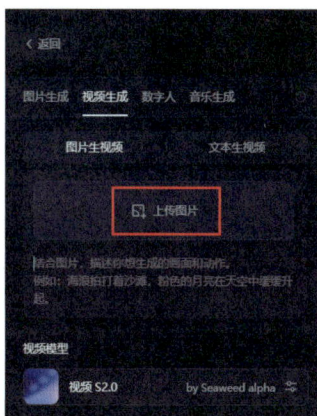

图 5-17

图 5-18

03　单击"立即生成"按钮，即梦 AI 即可生成视频，如图 5-19 所示。

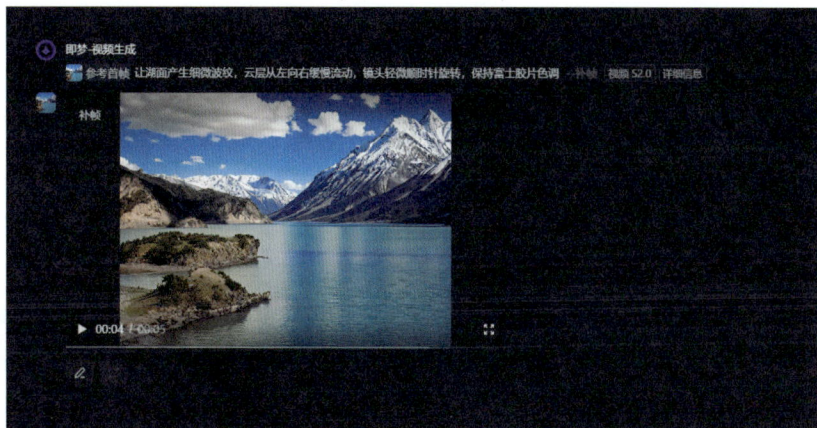

图 5-19

5.2.2 生成科幻视频

科幻视频是指以科幻元素为核心内容的动态视频。这类视频能够构建出超越现实、极富想象力的未来世界或科幻场景，为观众带来震撼的视觉体验，引发深刻的思考，视频效果如图 5-20 所示。下面介绍生成此效果的操作方法。

图 5-20

01 打开即梦 AI 主页，进入"视频生成"页面，单击文本框并输入描述"全息投影界面快速滚动数据流，蓝色激光文字浮现警告信息，手指滑动屏幕跟随操作，赛博朋克风格，未来世界、科幻"，如图 5-21 所示。

02 设置视频比例为"16∶9"，单击"立即生成"按钮，如图 5-22 所示。

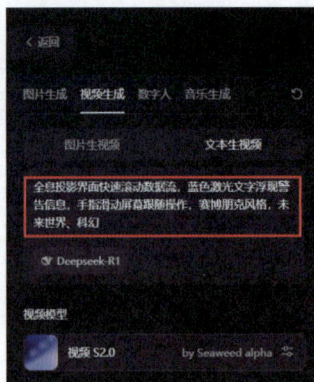 

图 5-21   图 5-22

03 执行操作后，选择满意的视频下载即可，如图 5-23 所示。

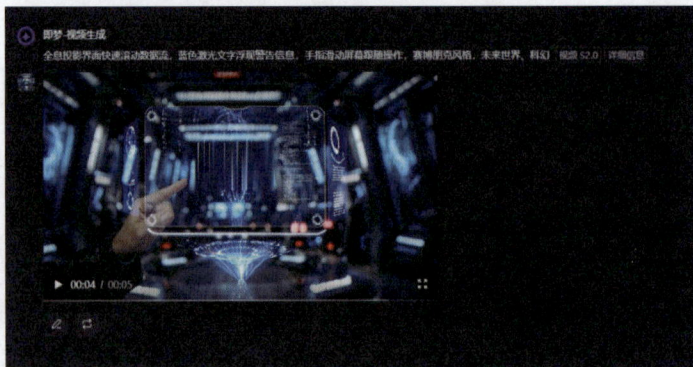

图 5-23

5.2.3　生成人像视频

人像视频是指以人物形象为核心的动态视频内容。这类视频能够创建出高度逼真、拥有丰富表情和动作的虚拟人物，或者对真实人物进行智能化处理，为观众带来沉浸式的视觉体验，视频效果如图 5-24 所示。下面介绍具体的操作方法。

图 5-24

01　打开即梦 AI 主页，进入"图片生成"页面，在文本框内输入描述"人像摄影，真实摄影，上半身戴着帽子装饰的女生拿着月饼，可爱的小裙子，面容精致而生动，肌肤有着细腻的光泽，背景有个圆形的月球灯，摄影棚灯光，蓬松柔软的地毯"，如图 5-25 所示。

02　设置图片"比例"，选择比例"3∶4"，单击"立即生成"按钮，如图 5-26 所示。

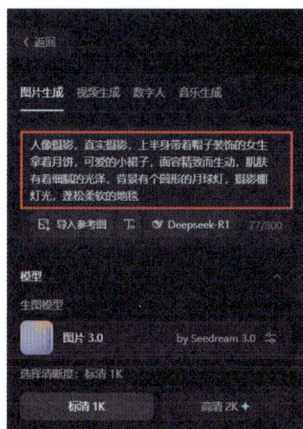

图 5-25　　　　　　　　　图 5-26

03　执行操作后，即梦 AI 会生成 4 张图片，选择满意的图片，下载对应的超清图即可，如图

5-27 所示。

图 5-27

04 保存图片后，进入"视频生成"页面，单击"上传图片"，导入刚刚保存的图片。同时在文本框内输入描述"吃好吃的月饼，写实，摄影"，如图 5-28 所示。

05 单击"立即生成"按钮，即梦 AI 即可生成视频，如图 5-29 所示。

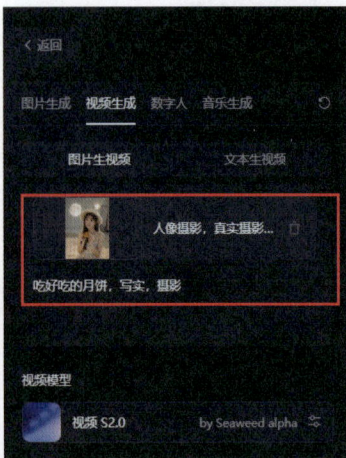

图 5-28

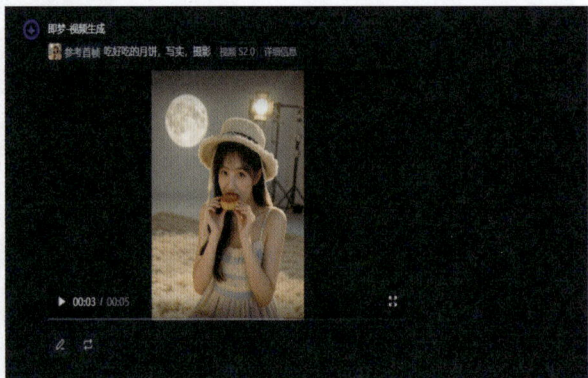

图 5-29

5.2.4 生成动漫视频

动漫视频是指以动漫风格为核心内容的动态视频。这类视频能够营造出具有鲜明动漫特色、丰富情节和生动角色的虚拟世界，为观众带来独特的视觉享受与情感体验，视频效果如图 5-30 所示。下面介绍生成此效果的操作方法。

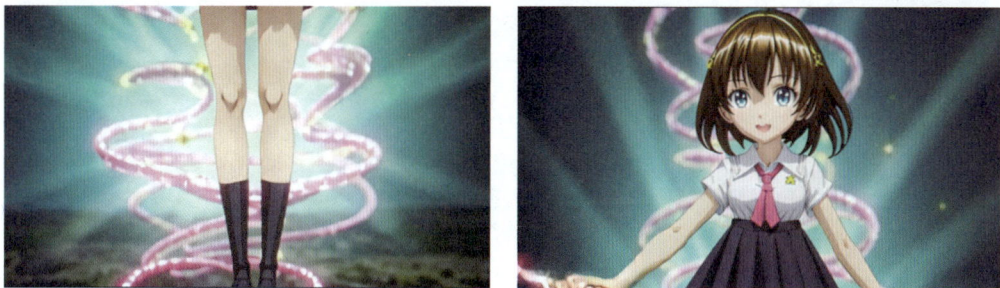

图 5-30

01　打开即梦 AI 主页，进入"视频生成"页面，在文本框内输入描述"粉色双螺旋光效环绕身体，服装从校服渐变成战斗裙装，镜头从脚部仰拍到面部特写，最终定格在魔杖发光瞬间，魔卡少女樱透明感画风风格"，如图 5-31 所示。

02　设置视频比例为"16∶9"，单击"立即生成"按钮，如图 5-32 所示。

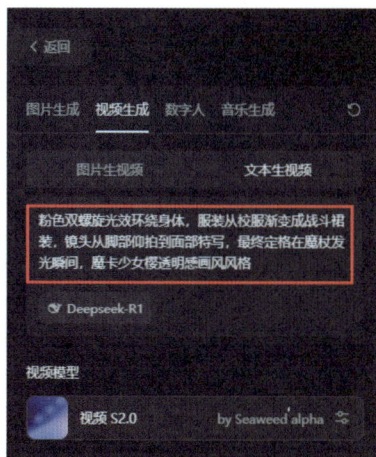

图 5-31

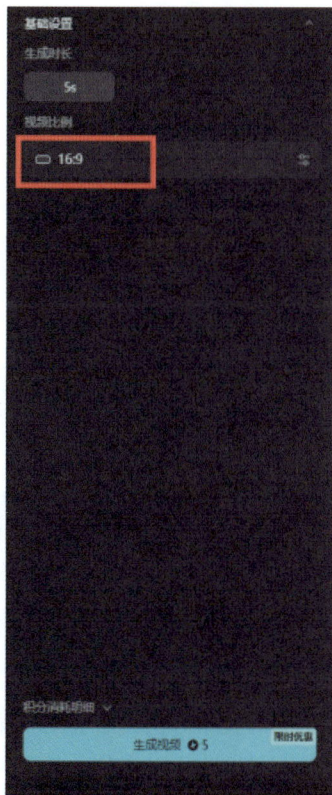

图 5-32

03　执行操作后，下载满意的视频即可，如图 5-33 所示。

图 5-33

5.3 AI视频创意玩法

简单有趣的实操案例让我们对使用即梦 AI 生成短视频有了基本的了解，接下来，将制作一些创意性十足的 AI 视频，让用户迅速成长为网感十足的 AI 视频大师。

5.3.1 动物秀场

动物秀场是指以拟人化动物形象为核心内容的动态视频。通过绘画工具生成拟人化的动物图片，再利用视频生成工具将静态图片转化为动态视频，进而完成整个视频的制作，视频效果如图 5-34 所示。下面介绍生成此效果的操作方法。

图 5-34

01 打开即梦 AI 主页，进入"图片生成"页面，在文本框内输入描述"一只拟人化机械狼、银灰色战术风衣、光电 LED 灯条、金属光泽、冷冽眼神、未来科技感、时尚先锋、T 台走秀、超高清、电影质感"，如图 5-35 所示。

02 设置图片"比例",选择比例"9:16",单击"立即生成"按钮,如图 5-36 所示。

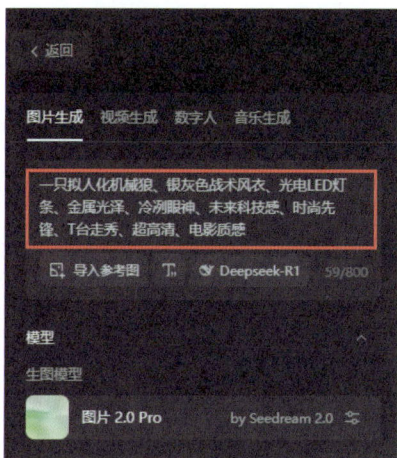

图 5-35   图 5-36

03 执行操作后,即梦 AI 会生成 4 张图片,选择一张效果满意的图片,下载对应的超清图即可,如图 5-37 所示。

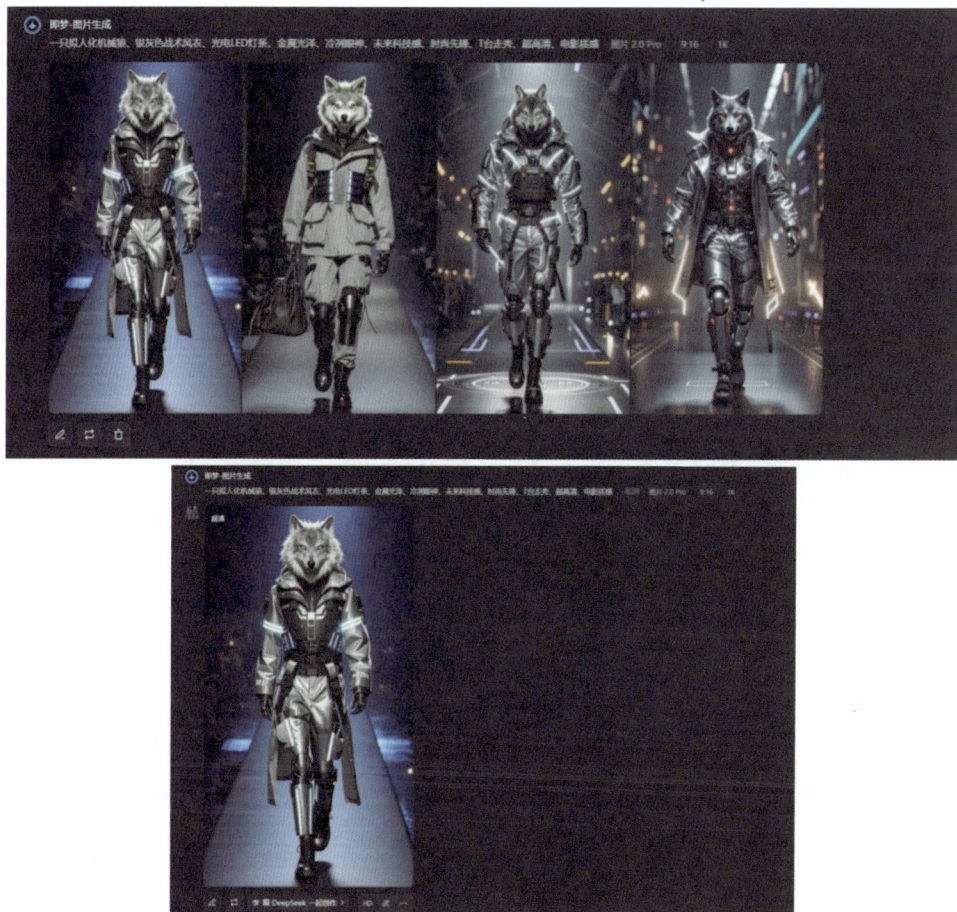

图 5-37

04 保存图片后，进入"视频生成"页面，单击"上传图片"，导入刚刚保存的图片。同时在文本框内输入描述"机械狼向前走秀，镜头不要移动，脚步幅度大"，如图 5-38 所示。

05 单击"立即生成"按钮，即梦 AI 会生成视频，如图 5-39 所示。

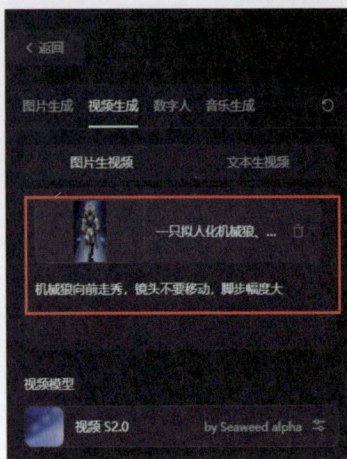

图 5-38

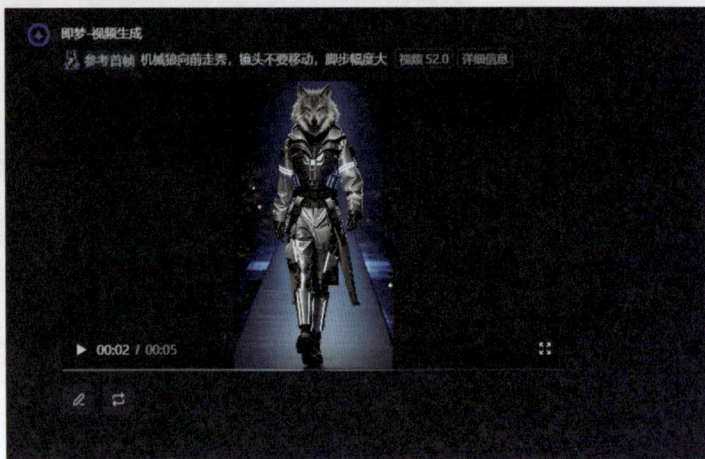

图 5-39

5.3.2 熊猫做饭

熊猫做饭是指以熊猫形象作为核心角色，模拟人类烹饪行为的动态视频或图像内容。这类内容能够营造出既具备熊猫可爱特质，又融入人类日常生活场景的趣味画面，为观众带来新颖的视觉体验，视频效果如图 5-40 所示。下面介绍生成此效果的操作方法。

图 5-40

01 打开即梦 AI 主页，进入"图片生成"页面，在文本框内输入描述"一只可爱的熊猫穿着厨师服在饭店厨房炒青椒肉丝的照片，厨房内热气腾腾，自然灯光，暖色调，忙碌气氛，广角镜头，垂直构图，摄影风格，专注的全身像"，并且选择模型"图片 3.0"，如图 5-41 所示。

02 设置图片"比例"，选择比例"3:4"，单击"立即生成"按钮，如图 5-42 所示。

03 执行操作后，即梦 AI 会生成 4 张图片，选择一张效果满意的图片，下载对应的超清图即可，如图 5-43 所示。

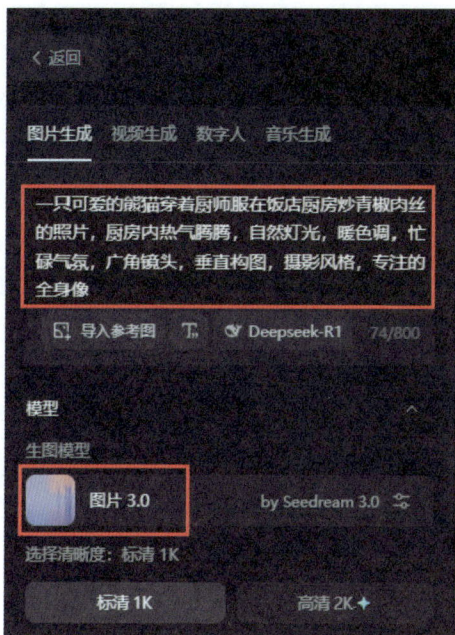

图 5-41

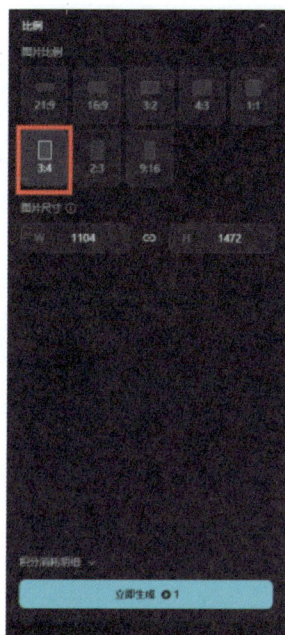

图 5-42

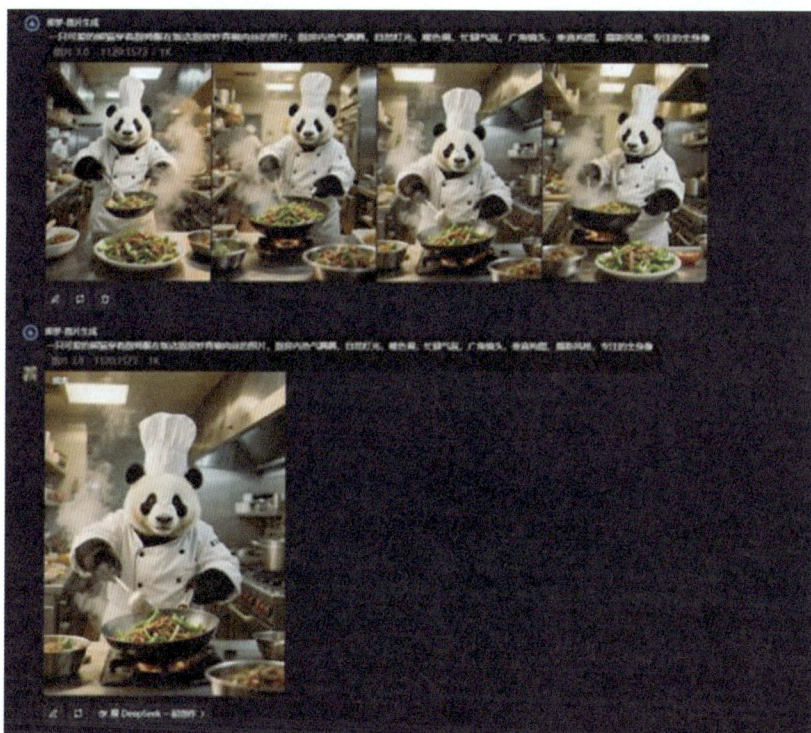

图 5-43

04　保存图片后，进入"视频生成"页面，单击"上传图片"，导入刚刚保存的图片。同时在文本框内输入描述"熊猫正在翻炒锅里的菜，眼睛跟随手部动作，自然，写实"，如图 5-44 所示。

05　单击"立即生成"按钮，即梦 AI 即可生成视频，如图 5-45 所示。

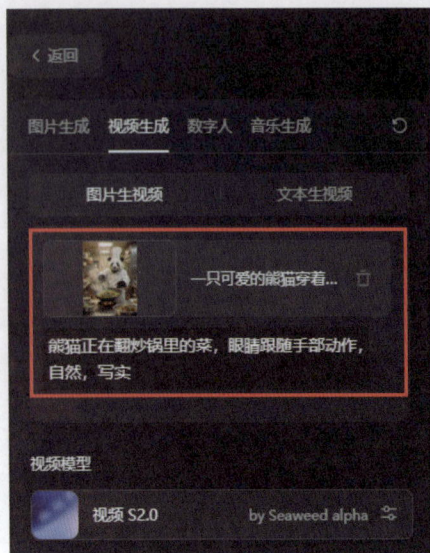

图 5-44

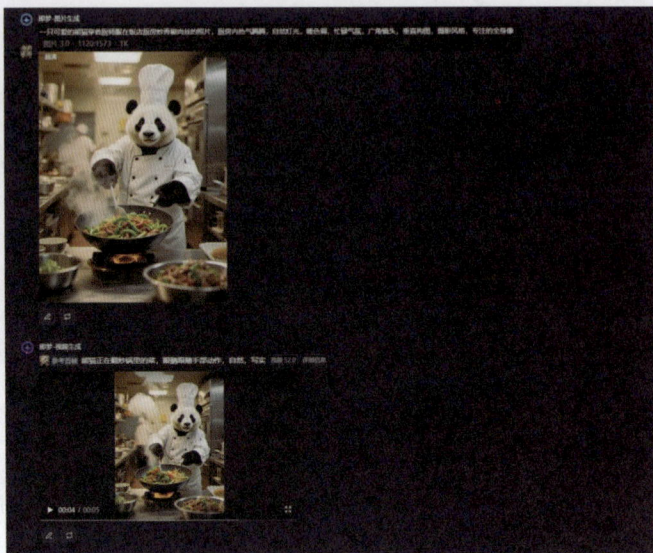

图 5-45

5.3.3 变身术玩法

变身术是一种实现视觉形象转换的视频技术，其核心在于通过对用户提供的图像或视频进行特征解析，并映射至目标风格或角色，最终生成具有"变身"效果的数字化内容，视频效果如图 5-46 所示。下面介绍生成此效果的操作方法。

图 5-46

01 打开即梦 AI 主页，进入"图片生成"页面，在文本框内输入描述"九尾狐，妖孽，高雅，高冷妖艳，蓝眼睛，长指甲，梦幻的尾巴，青丘白色九尾狐，32K 极致高清，绚丽，高级"，如图 5-47 所示。

02 设置图片"比例"，选择比例"1:1"，单击"立即生成"按钮，如图 5-48 所示。

03 执行操作后，即梦 AI 会生成 4 张图片，选择一张效果满意的图片，下载对应的超清图即可，如图 5-49 所示。

04 保存图片后，回到即梦 AI 首页，找到含有"参考首尾帧"的作品，单击"制作同款"，进入"视频生成"页面，选择"使用尾帧"，单击"上传图片"，首帧导入"狐狸 .jpg"，尾帧导入"人

形 .jpg"，同时在文本框内输入描述"狐狸慢慢变成美女"，如图 5-50 所示。

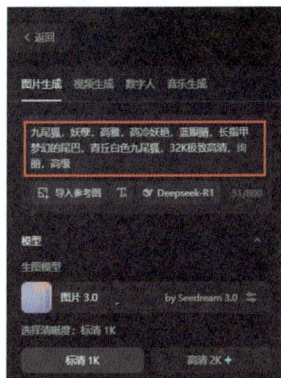

图 5-47　　　　　　　　　　　　　图 5-48

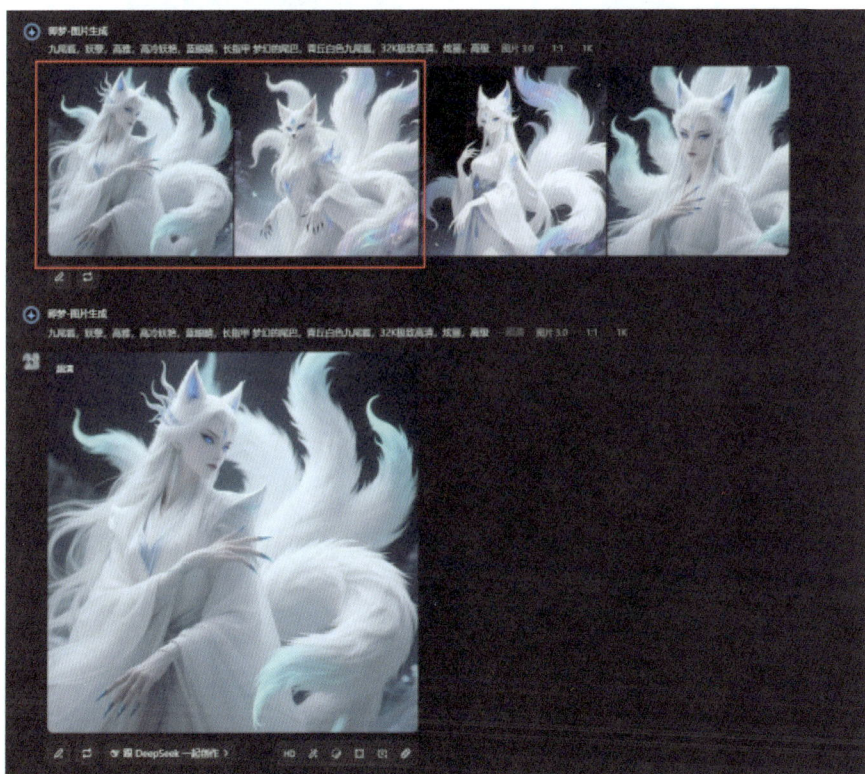

图 5-49

05　设置数值运动速度为"慢速"、视频时长为"6 s"，设置完成后，单击"立即生成"按钮，如图 5-51 所示。

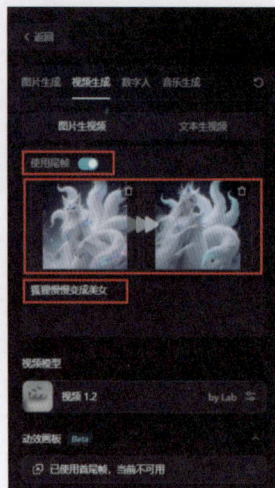

图 5-50　　　　　　　　　　图 5-51

06　执行操作后，即梦 AI 会生成视频，如图 5-52 所示。

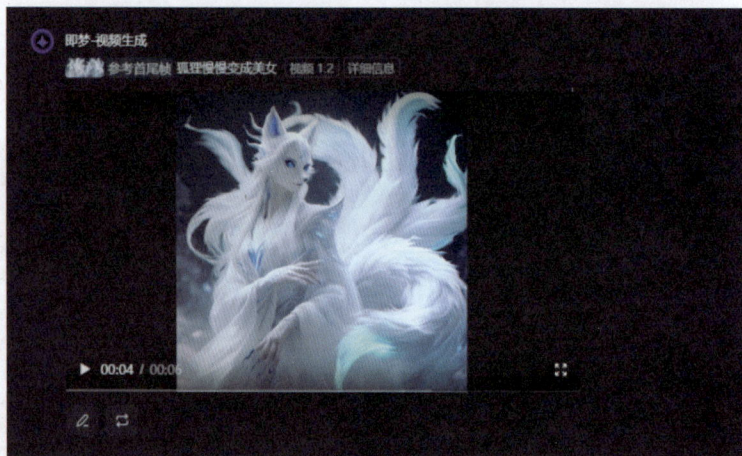

图 5-52

5.3.4　对口型玩法

对口型视频是一种静态图像或动态视频中人物口型与音频内容精准同步的创新技术。其核心在于通过 AI 分析语音特征，并驱动虚拟角色或真实人物的唇部动作，最终生成视觉与听觉高度融合的数字化内容，视频效果如图 5-53 所示。下面介绍生成此效果的操作方法。

图 5-53

01 打开即梦 AI 主页，进入"图片生成"页面，在文本框内输入描述"林黛玉，正面照，身穿白色古装，红色飘带和发带，人像摄影，纤纤玉手，苗条身材，面带微笑"，如图 5-54 所示。

02 设置图片"比例"信息，选择比例"9:16"，单击"立即生成"按钮，如图 5-55 所示。

03 执行操作后，即梦 AI 生成 4 张图片，选择满意的图片，下载对应的超清图即可，如图 5-56 所示。

04 保存图片后，进入"数字人"页面，选择"对口型"功能，单击"导入角色图片"，导入刚刚保存的图片，同时选择生成效果为"生动"，如图 5-57 所示。

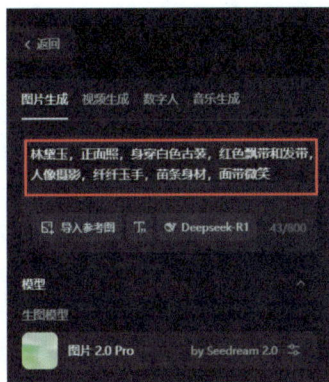

图 5-54   图 5-55

图 5-56

05 在对口型文本朗读的文本框内输入描述"奴家姓林，名黛玉，姑苏人氏。自幼失怙，寄居荣国府。身子怯弱，常以药为伴，幸得外祖母怜惜，与姊妹们一处教养"。完成后单击"生成视频"按钮，如图 5-58 所示。

图 5-57

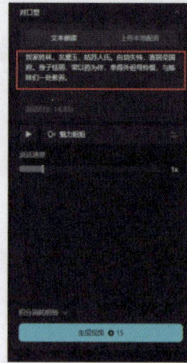

图 5-58

06 即梦 AI 即可生成视频，如图 5-59 所示。

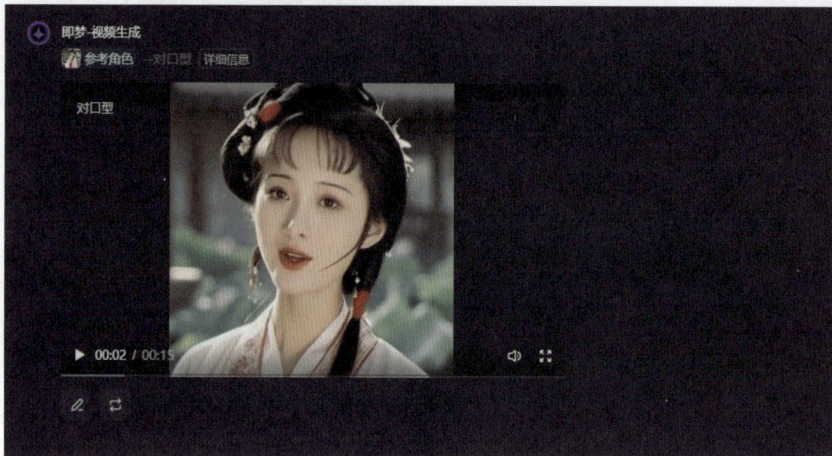

图 5-59

第6章

可灵AI绘画实操指南

作为AI绘画创作引擎，可灵AI通过文生图与图生图双模驱动，实现从概念到画面的智能转化。本章将通过案例实操带领读者系统掌握可灵AI绘画的操作技巧，学习山水、人像、苏绣等多元风格的生成技法，并解锁写真、扩图、换装等创意玩法，全面释放AI绘画的视觉生产力。

6.1 可灵AI的生图方式

可灵 AI 的图片生成功能支持两种生图方式：一是通过文本描述直接生成图片，二是通过上传参考图或结合参考图与文本描述生成图片。本节将详细介绍这两种图片生成方式。

6.1.1 通过描述生成图片

打开可灵 AI 主页，点击界面左侧导航栏的"图片生成"选项，如图 6-1 所示。进入功能页面后，在左侧文本框中输入画面描述，左下角可调整图片比例和单次生成数量，如图 6-2 和图 6-3 所示。页面左上角提供图片模型切换功能，如图 6-4 所示。

图 6-1

图 6-2

图 6-3

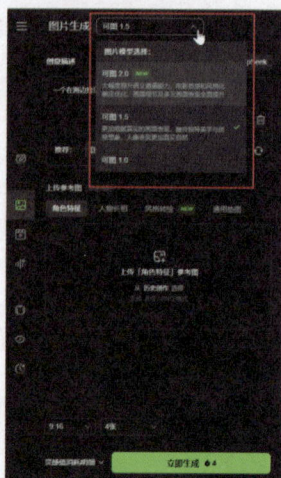

图 6-4

输入提示词（与画面描述）后，按需选择图片比例与图片模型，单击左下角的"立即生成"按钮 立即生成 ，等待片刻，即可在页面右侧查看生成结果，如图 6-5 所示。

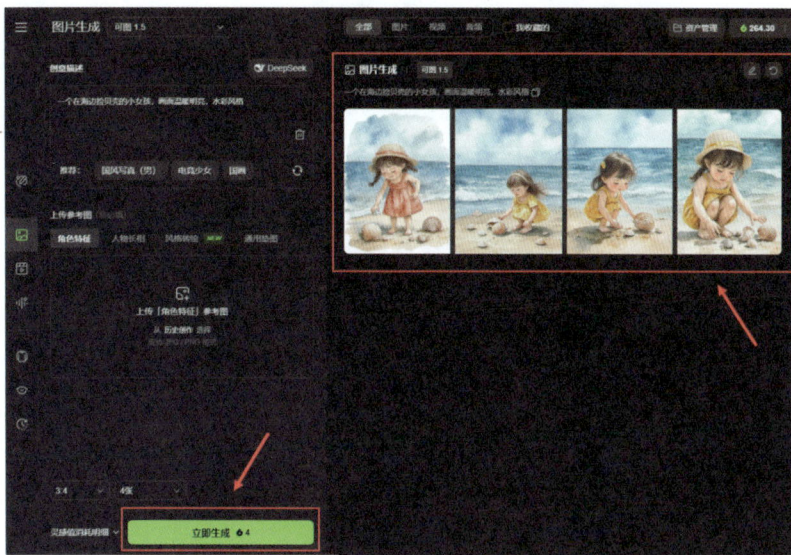

图 6-5

6.1.2　通过参考图生成图片

可灵 AI 支持用户上传参考图片，可基于图片提取角色特征、人物长相，或进行风格转绘，也可作为通用垫图使用。在"图片生成"页面的左侧，"上传参考图"功能区域有"角色特征""人物长相""风格转绘""通用垫图"4 个选项，用户单击对应的选项可以选择 AI 参考的部分，如图 6-6 所示。选择"风格转绘"功能后，系统会显示预置风格类型供用户选择，如图 6-7 所示。单击"换一换"按钮 可切换不同的风格选项，如图 6-8 所示。

图 6-6

图 6-7

图 6-8

选择完成后，单击上传参考图按钮 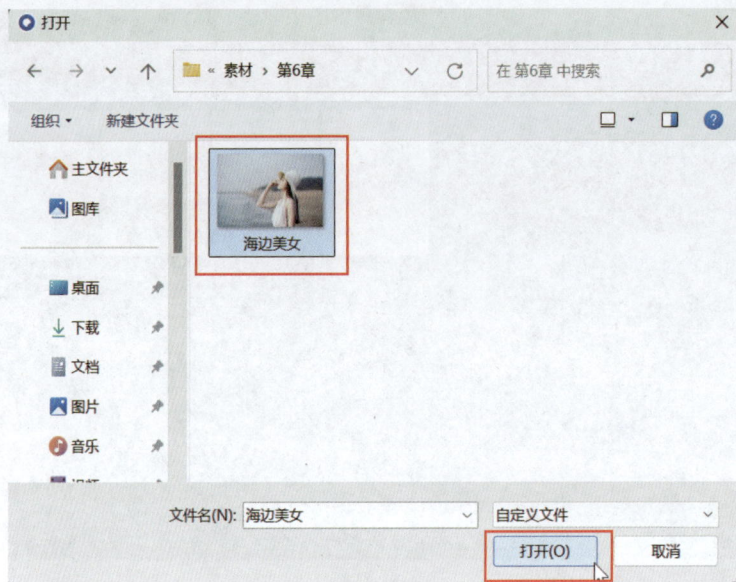，在打开的对话框里选择参考图，并单击"打开"按钮，如图 6-9 所示。

图 6-9

图片上传完成后，在图片下方调整对应的参考强度或选择转绘风格，如图 6-10 ～图 6-13 所示。

图 6-10

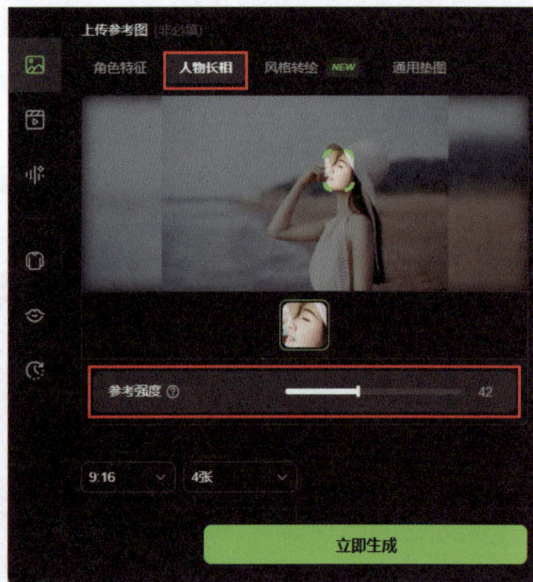

图 6-11

在文本框里输入需要参考的部分或想要的效果，完成后单击"立即生成"按钮 立即生成 即可生成图片，如图 6-14 所示。

图 6-12

图 6-13

图 6-14

6.2　可灵AI生图实操指南

本节通过参数配置与提示词设计实战教学，聚焦山水意境、人像刻画、静物质感等五大场景，手把手指导读者在实操中掌握可灵 AI 图像生成方法，创作符合专业标准的艺术作品。

6.2.1　生成山水画

本节带领读者使用通过描述生图的方式，生成一幅山水画，效果如图 6-15 ～图 6-17 所示，具体步骤如下。

图 6-15

图 6-16

图 6-17

01　打开可灵 AI 的"图片生成"功能页，在文本框输入提示词"北宋深远构图，马远斧劈皴山石，泼墨雪雾，孤舟蓑笠翁独坐冰裂江心，青绿冷色调，枯笔蓑衣，60%留白，飞白技法表现千山鸟飞绝"，并切换图片比例为"9：16"，单击"立即生成"按钮 立即生成 ，如图 6-18 所示。

图 6-18

02　等待片刻，在界面右侧查看生成结果，如图 6-19 所示。

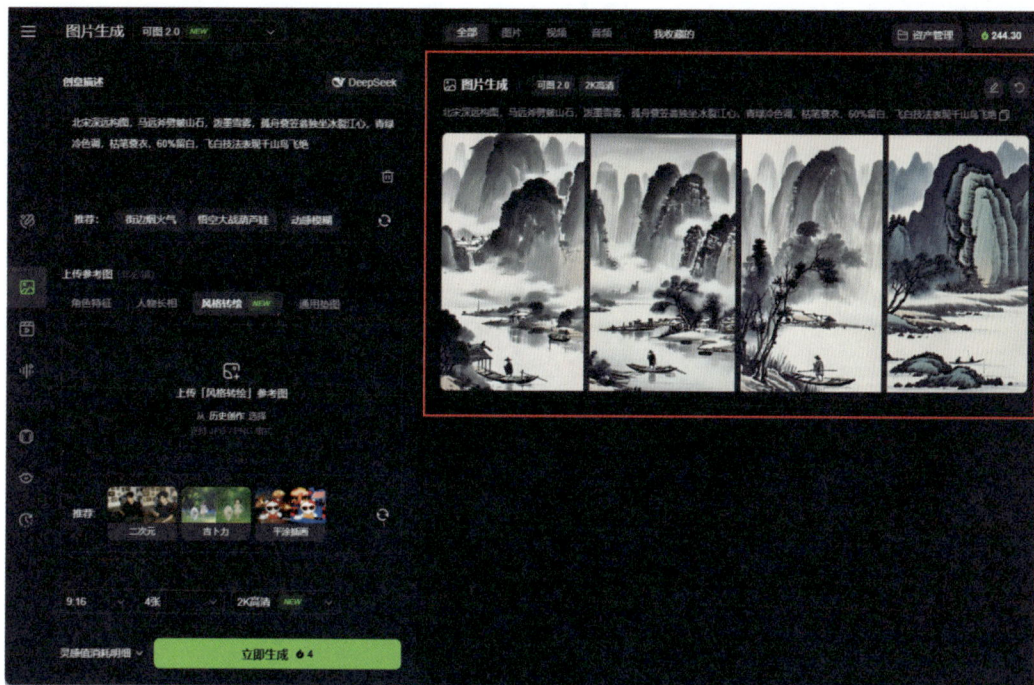

图 6-19

03　将鼠标悬停在需要保存的图片上，单击图片上方的下载按钮 ⬇，将图片保存在指定位置，如图 6-20 所示。

图 6-20

04　如果对生成的结果不满意，可以单击生成结果右上角的再次生成按钮 ↻，重新生成图片，如图 6-21 和图 6-22 所示。

图 6-21

图 6-22

6.2.2 生成人像画作

本节将指导读者运用参考图生成技术创作人像画作，效果如图 6-23 ～图 6-25 所示，具体操作步骤如下。

图6-23

图6-24

图6-25

01　打开可灵 AI 的"图片生成"功能页，在界面左侧的"上传参考图"功能区域单击"角色特征"选项，然后单击上传参考图按钮，如图6-26所示。在弹出的对话框中选择参考图，单击"打开"按钮，如图6-27所示。

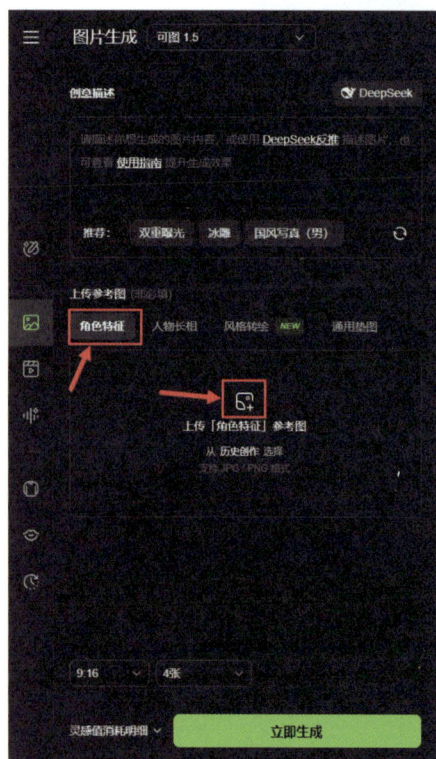
图6-26

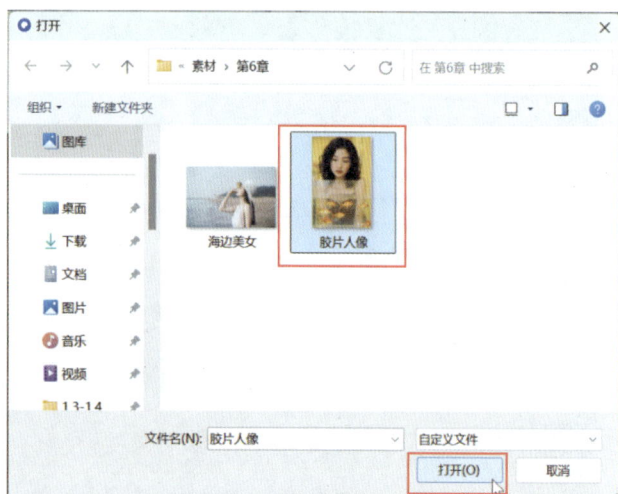
图6-27

02　上传完成后，在文本框输入"参考图片里人物的长相与神态，生成一张她在春天的公园里靠在树上的图片，写实人像，画面明亮"，并在"上传参考图"功能区域适当调整参考强度，图片比例选择"9∶16"，随后单击"立即生成"按钮，如图6-28所示。

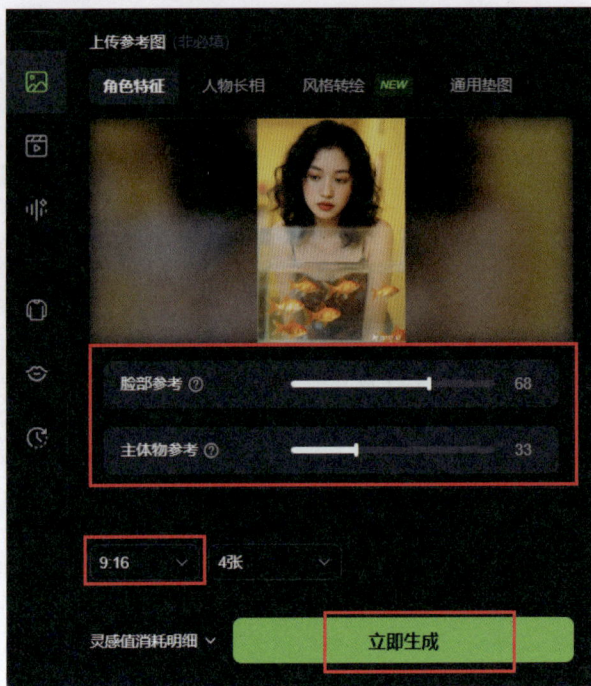

图 6-28

03 等待片刻，在界面右侧查看生成结果，如图 6-29 所示。

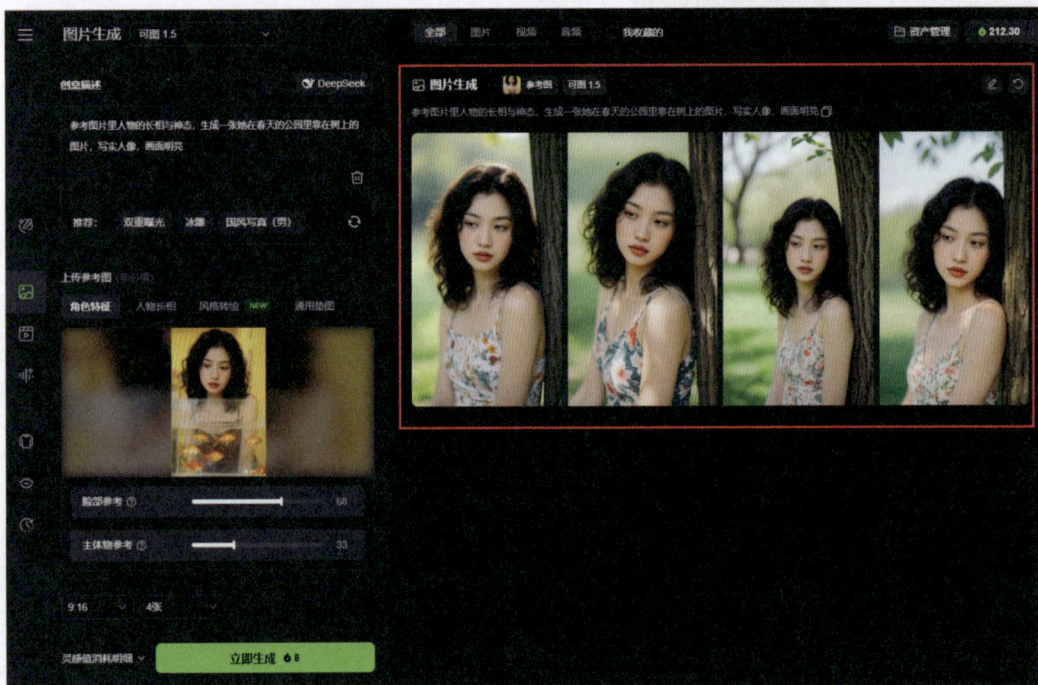

图 6-29

04 将鼠标悬停在需要保存的图片上，单击图片上方的下载按钮，将图片保存在指定位置，如图 6-30 所示。

图 6-30

6.2.3　生成静物画

本节将指导读者运用"风格转绘"技术生成手办风格的静物画作品，效果如图 6-31～图 6-33 所示，具体操作步骤如下。

图 6-31

图 6-32

图 6-33

01　打开可灵 AI 的"图片生成"功能页，在界面左侧的"上传参考图"功能区域单击"风格转绘"选项，并上传参考图按钮，如图 6-34 所示。在弹出的窗口中选择参考图，单击"打开"按钮，如图 6-35 所示。

图 6-34

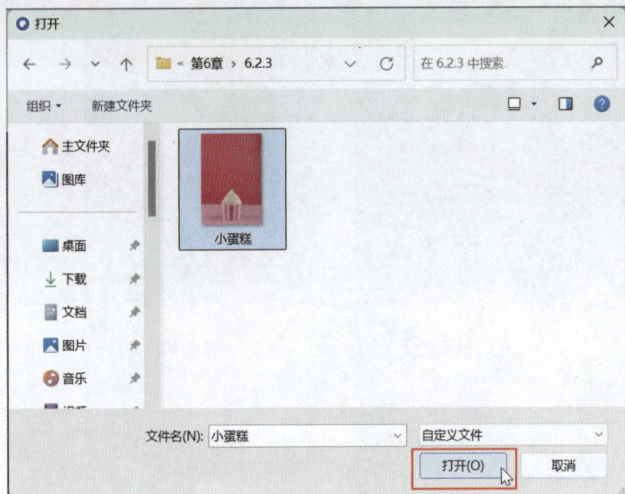

图 6-35

02　上传完成后，在"上传参考图"功能区域选择"手办"风格，在文本框输入"变成盲盒手办风格，放在透明盒子包装里，背景是做甜品的厨房"，随后单击"立即生成"按钮 立即生成 ，如图 6-36 所示。

图 6-36

03　等待片刻，在界面右侧查看生成结果，如图 6-37 所示。

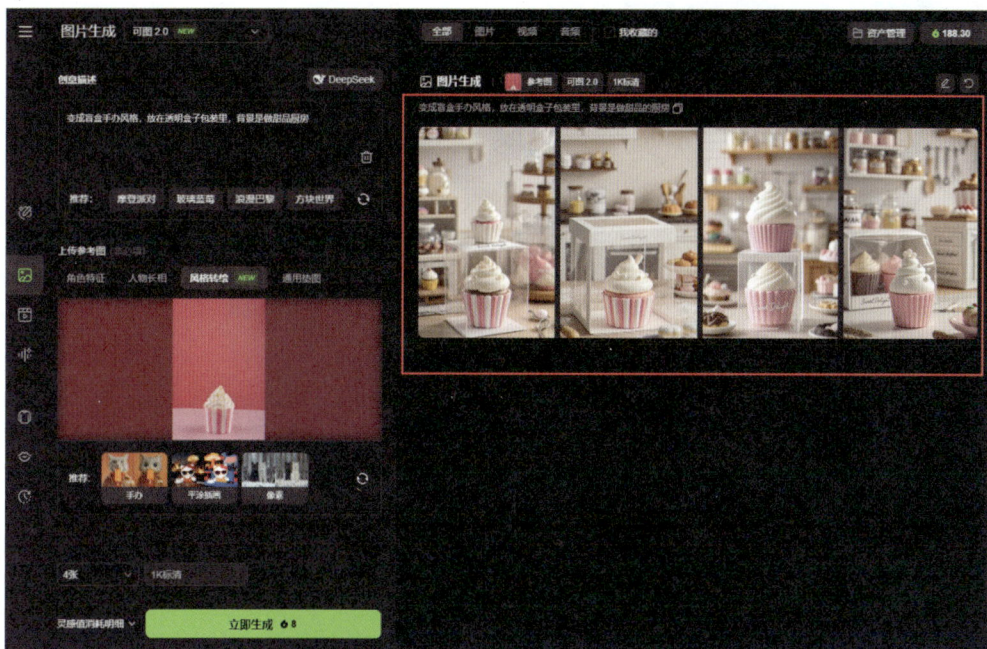

图 6-37

04　将鼠标悬停在需要保存的图片上，单击图片上方的下载按钮，将图片保存在指定位置，如图 6-38 所示。

图 6-38

6.2.4　生成抽象画

本节将指导读者通过文本描述生成图像的方式，创作不同比例的抽象人物形象，效果如图 6-39 ～图 6-42 所示，具体操作步骤如下。

图 6-39　　　　　　　图 6-40　　　　　　　　　图 6-41　　　　　　　　　图 6-42

01　进入可灵 AI 的"图片生成"功能页，在文本框输入提示词"抽象艺术风格，矢量抽象几何图案，立体派，女性形象，闭眼姿态，高饱和度的色彩，大胆丰富的图形，追求装饰性和色彩的多样性，孟菲斯风格，图案多样，有条纹、网格、圆点等"，并切换图片比例为"9∶16"，单击"立即生成"按钮 立即生成 ，如图 6-43 所示。

图 6-43

02　等待片刻，在界面右侧查看生成结果，如图 6-44 所示。

03　将鼠标悬停在需要保存的图片上，单击图片上方的下载按钮 ，将图片保存在指定位置，如图 6-45 所示。

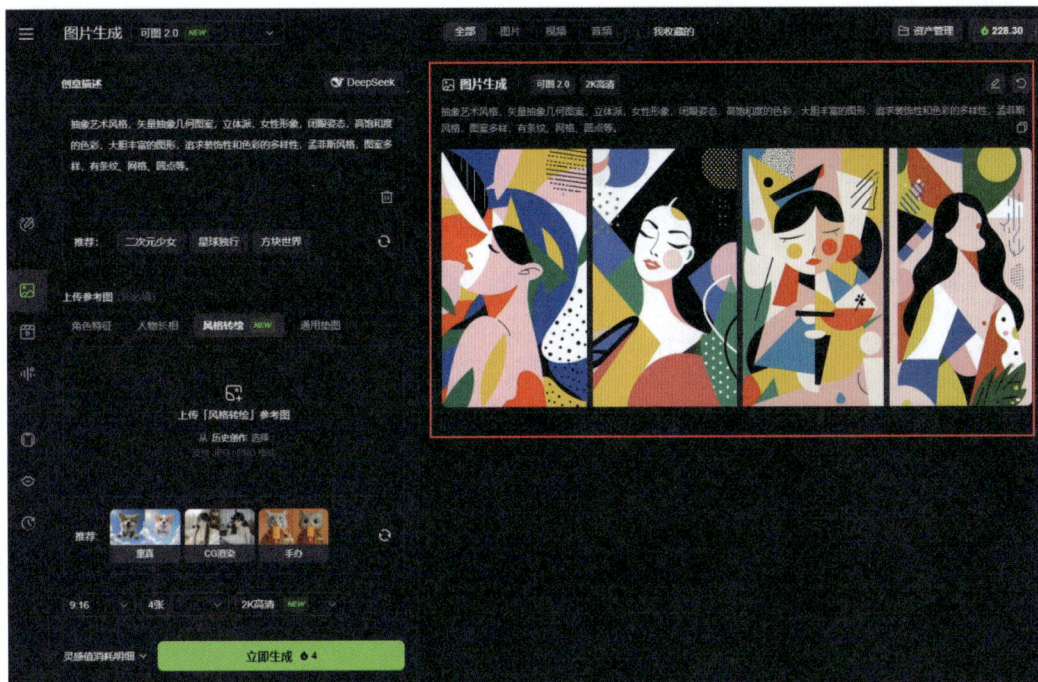

图6-44

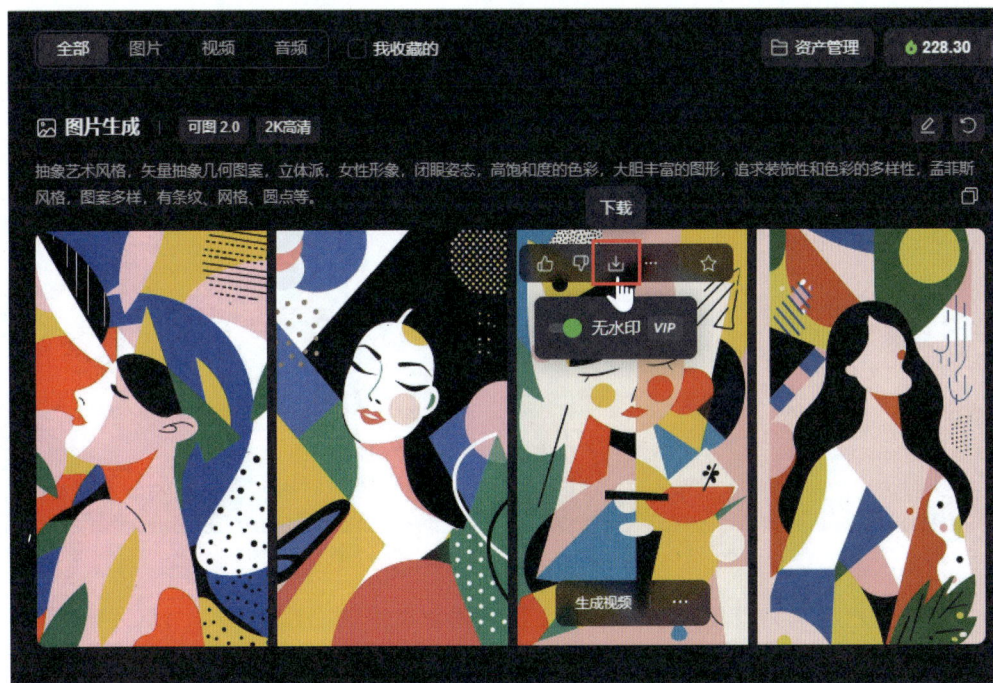

图6-45

04 在界面左下角切换图片比例为"3：4"，再次单击"立即生成"按钮 立即生成 ，等待片刻后在界面右侧查看生成结果。将鼠标悬停在需要保存的图片上，单击图片上方的下载按钮 ，将图片保存在指定位置，如图6-46所示。

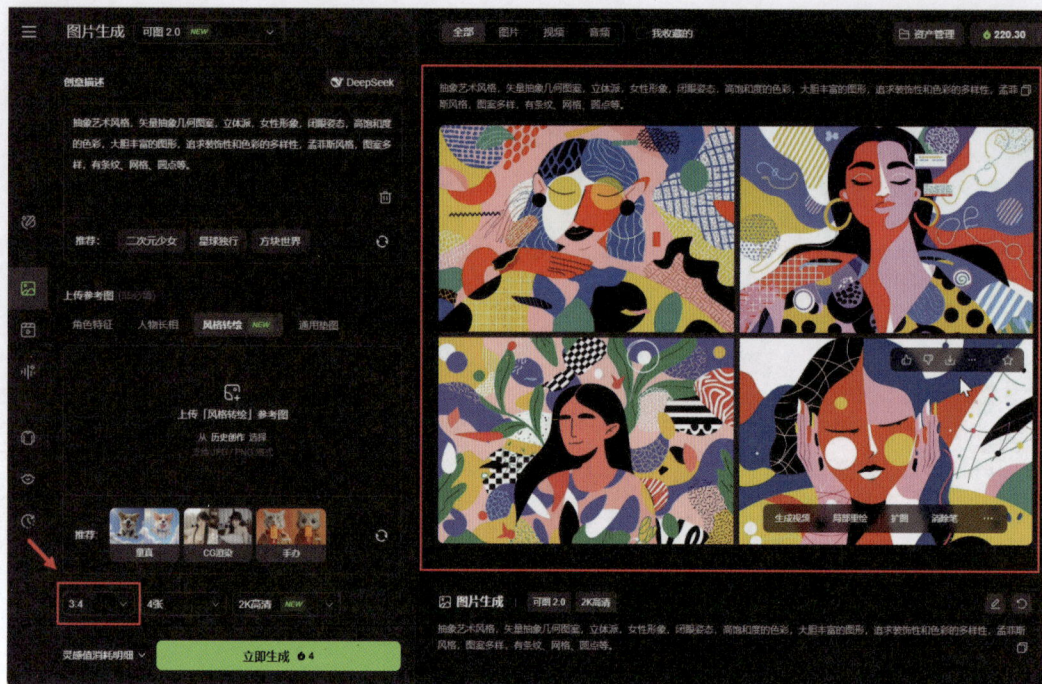

图 6-46

6.2.5　生成苏绣图

本节将指导读者运用"风格转绘"技术生成猫咪苏绣图，具体效果如图 6-47 和图 6-48 所示，操作步骤如下。

图 6-47

图 6-48

01　打开可灵 AI 的"图片生成"功能页，在界面左侧的"上传参考图"功能区域选择"风格转绘"选项，并单击上传参考图按钮，如图 6-49 所示。在弹出的对话框中选择参考图，单击"打开"按钮，如图 6-50 所示。

02　上传完成后，在"上传参考图"功能区域选择"手办"风格，在文本框输入"变成苏绣风格，绣在团扇扇面上，扇面上的猫咪毛发呈现苏绣特有的丝光质感，绣的内容是这只小猫，小猫的背景是江南水乡"，随后单击"立即生成"按钮 立即生成 ，如图 6-51 所示。

图 6-49

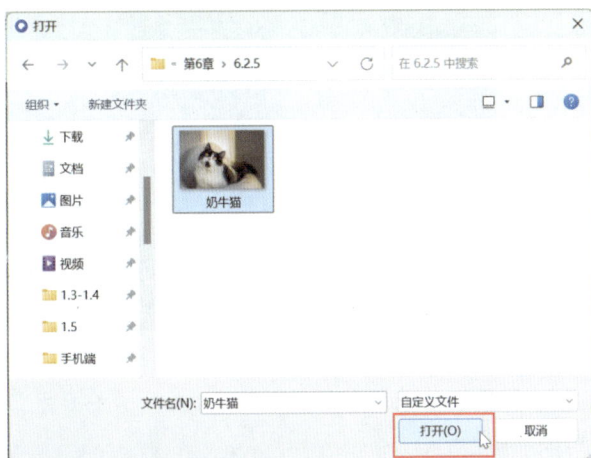

图 6-50

图 6-51

03　等待片刻，在界面右侧查看生成结果，如图 6-52 所示。

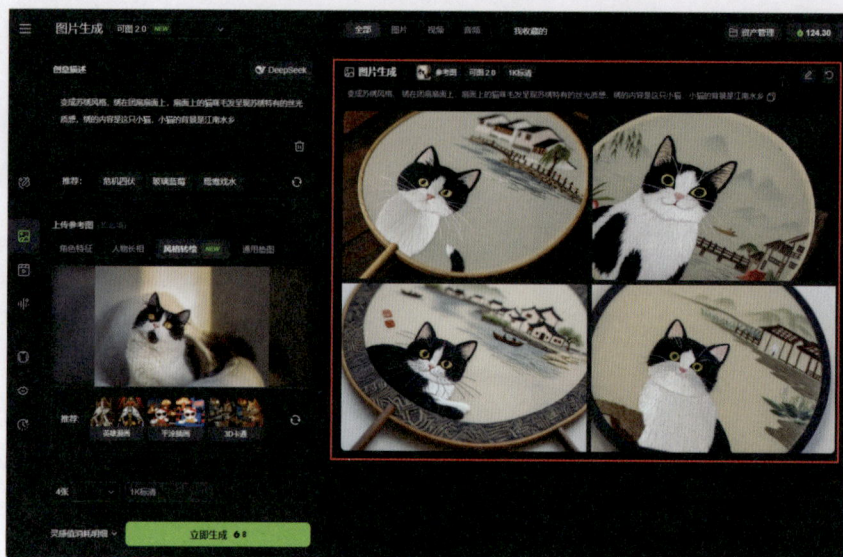

图 6-52

04　将鼠标悬停在需要保存的图片上，单击图片上方的下载按钮 ![download]，将图片保存在指定位置，如图 6-53 所示。

图 6-53

6.3　可灵AI绘画的高级玩法

通过可灵 AI 内置的 AI 工具，用户不仅能够对已有图片进行画面扩展，还可以通过定制 AI 模特功能，一键预览衣物上身效果，使 AI 绘画技术更好地服务于日常生活。本节将带领读者深入了解可灵 AI 绘画的高级应用技巧。

6.3.1 AI写真

使用可灵 AI 生成图片时，通过"风格转绘"功能，可以将照片转绘成多种艺术风格的作品，如复古童话风格、少女漫画风格等。

打开可灵 AI 的"图片生成"功能页，在界面左侧的"上传参考图"功能区域单击"风格转绘"选项，并单击上传参考图按钮，如图 6-54 所示。上传人物照片后，在照片下方选择图片风格，单击换一换按钮可切换风格选项，选择风格后可灵 AI 会自动填写提示词，如图 6-55 所示。选择完成后，单击"立即生成"按钮，等待片刻即可在界面右侧查看生成结果，如图 6-56 所示。

图 6-54

图 6-55

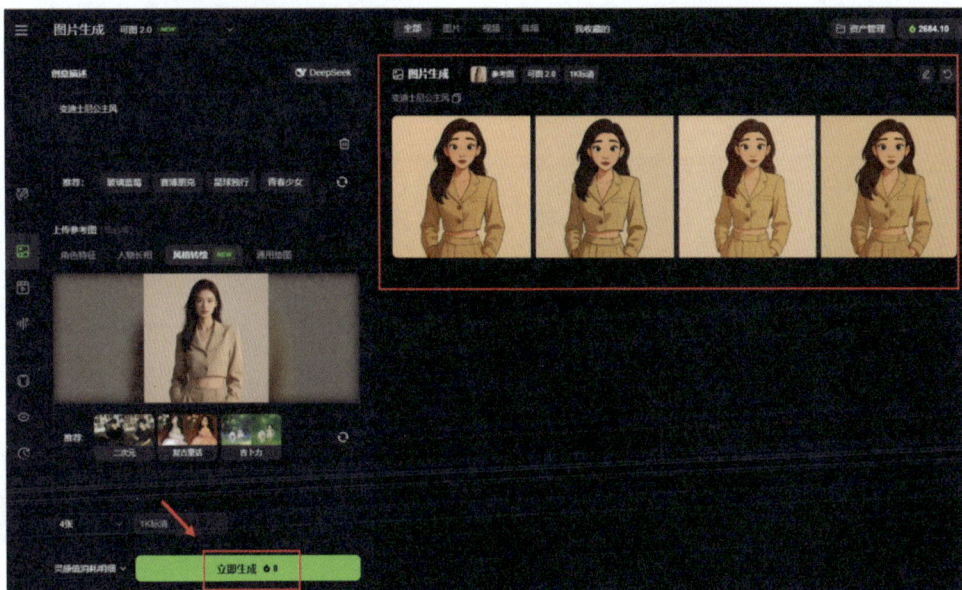

图 6-56

6.3.2　AI扩图

使用可灵 AI 的"扩图"功能可以对已有的图片进行扩展。

打开可灵 AI 首页，单击左侧导航栏的"全部工具"选项，在切换后的界面选择"图片编辑"功能，如图 6-57 所示。在"图片编辑"功能页右侧选择"扩图"选项，单击上传图片 按钮可以上传本地图片进行创作。执行操作后，在打开的窗口中选择需要扩图的图片，单击"确定"按钮，如图 6-58 所示。也可以单击上传图片按钮下方的"历史创作"字样，从创作记录中选择图片上传，如图 6-59 所示。

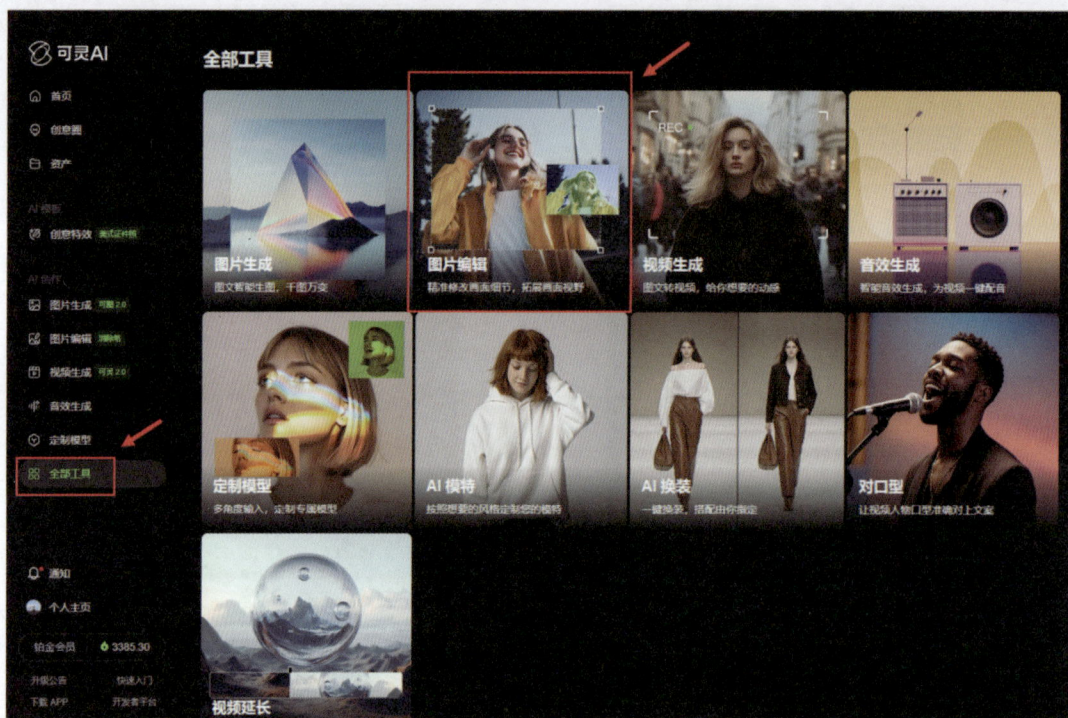

图 6-57

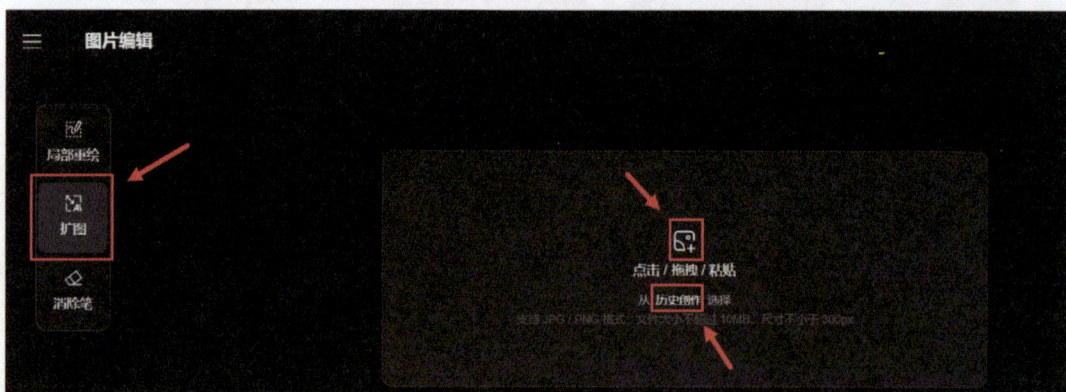

图 6-58

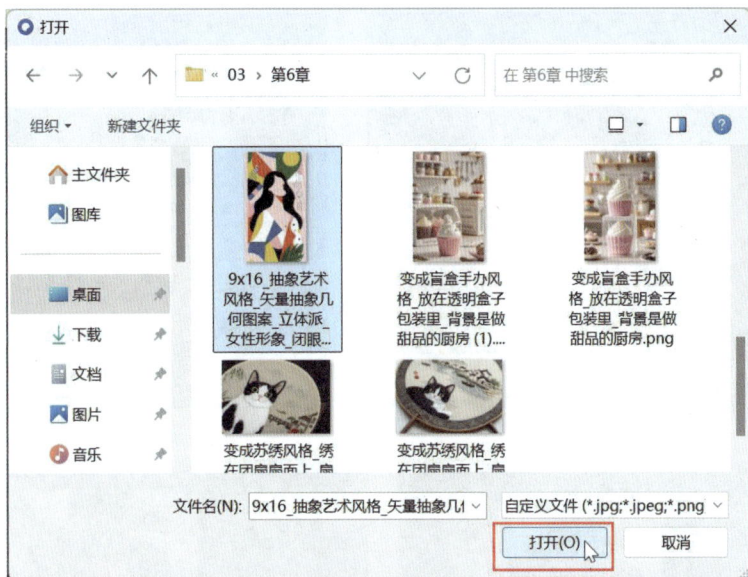

图 6-58（续）

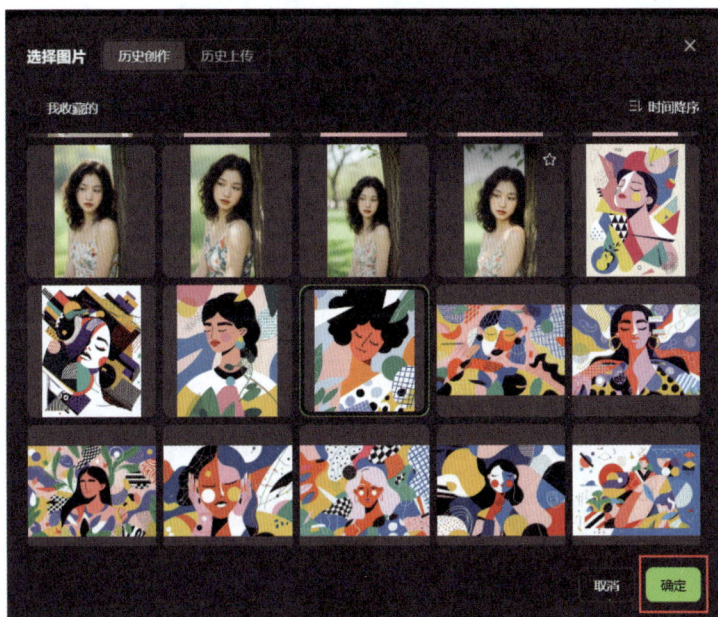

图 6-59

　　上传图片后，在图片下方可以选择图片扩展比例。比例选项下方的文本框用于填写需要增加的画面内容描述，如不填写，可灵 AI 将基于原图内容自行扩展，如图 6-60 所示。

　　若选择原比例扩展，可选扩展倍数为 1.5、2.0 或 3.0，如图 6-61 所示。选择自由比例时，可通过拖动画布边缘的 8 个控制点自由调整画布尺寸，如图 6-62 所示。按住图片可以拖动图片，调整原图内容在扩展后画面中的位置，右下角选项框可设置生成的图片数量，单击右下角的"开始扩图"按钮 开始扩图 即可生成图片，如图 6-63 所示。

117

图 6-60

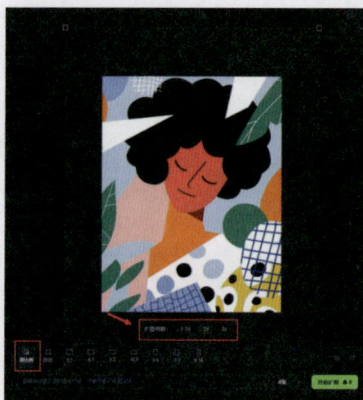

图 6-61

图 6-62

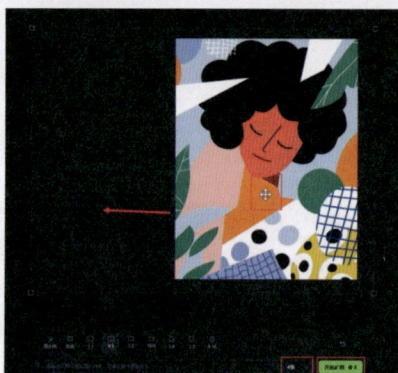

图 6-63

　　等待片刻，即可查看扩展后的图片效果。单击右侧缩略图可以切换查看其他生成结果，如图 6-64 所示。选择需要保存的图片，单击右上角的"导出"按钮 导出 ，即可将图片下载保存在指定位置，如图 6-65 所示。

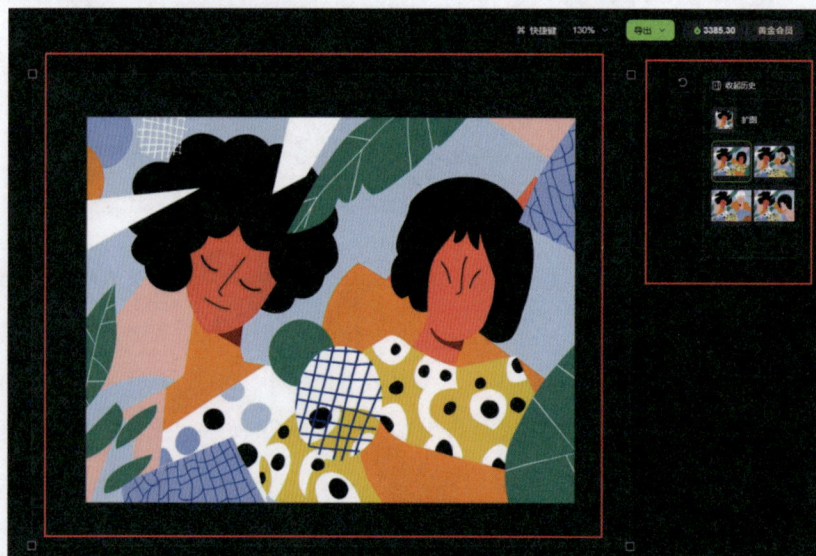

图 6-64

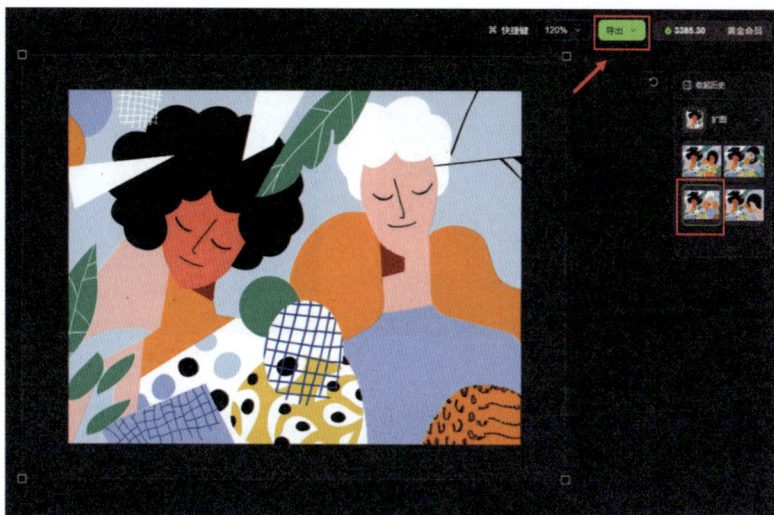

图 6-65

6.3.3　AI模特

使用可灵 AI 的"AI 模特"功能可以根据用户偏好的风格定制专属模特形象。打开可灵 AI 首页，单击左侧导航栏的"全部工具"选项，在跳转后的界面中选择"AI 模特"功能，如图 6-66 所示。

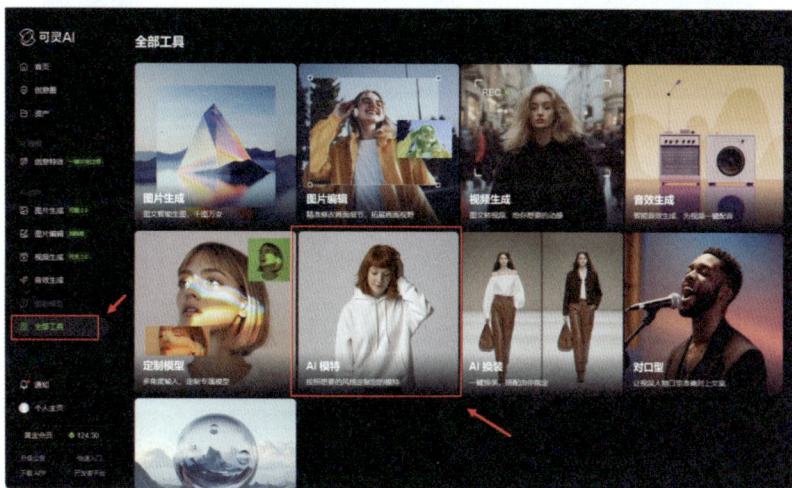

图 6-66

执行操作后，在打开的功能页左侧区域，可以设置模特的性别、年龄和肤色参数，如图 6-67 所示。在左侧下方的文本输入框中，可填写对模特的详细描述，包括发型特征、服装款式、姿势动作及背景环境等要素，从而确保生成效果更符合预期需求。文本框下方提供推荐提示词功能，可直接点击使用。左下角的选项框支持调整图片比例参数及单次生成图片数量设置，如图 6-68 所示。

单击左下角的"立即生成"按钮 立即生成 ，等待片刻，即可在页面右侧查看生成结果，如图 6-69 所示。

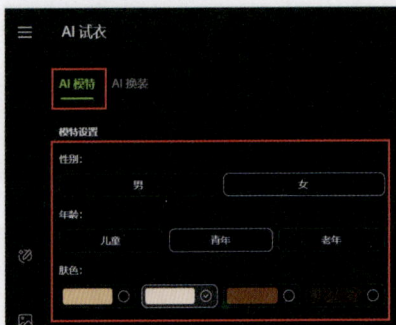

图 6-67

图 6-68

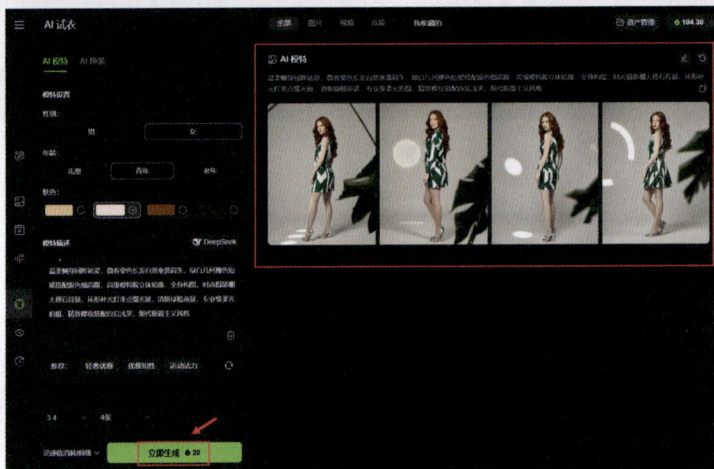

图 6-69

6.3.4　AI换装

使用可灵 AI 的"AI 换装"功能可以通过人工智能技术预览指定服装的虚拟试穿效果。首先访问可灵 AI 首页，在左侧导航栏选择"全部工具"选项，然后在功能界面中单击"AI 换装"功能入口，如图 6-70 所示。

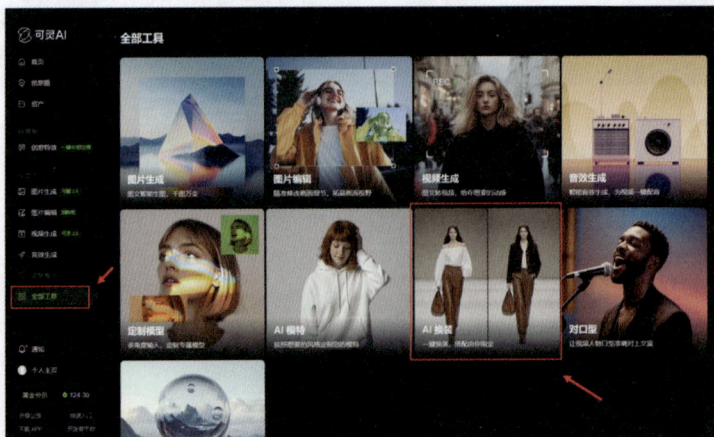

图 6-70

执行操作后，在打开的功能页左侧可以选择模特，用户可以选择自己之前生成的模特或生成新的模特，如图 6-71 所示；也可以选择官方模特，如图 6-72 所示。用户还可以选择自定义模特，上传自己的照片作为模特来试衣，如图 6-73 所示。

执行操作后，在打开的功能页面左侧可以选择模特。用户可以选择以下 3 种方式：（1）使用之前生成的模特；（2）生成新的 AI 模特（如图 6-71 所示）；（3）选择官方提供的模特（如图 6-72 所示）。此外，用户还可以选择自定义模特功能，通过上传个人照片作为模特进行试衣（如图 6-73 所示）。

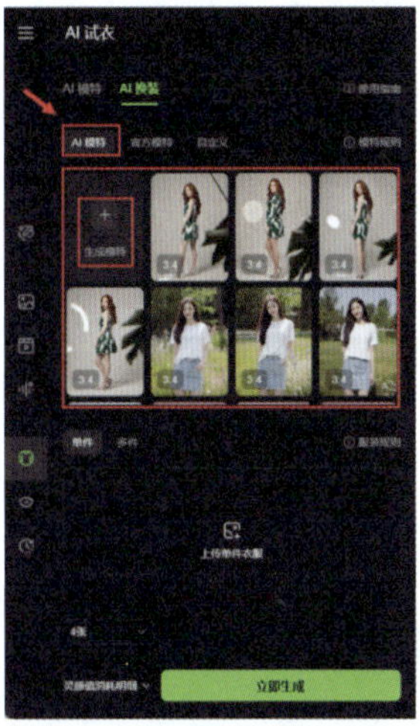

图 6-71

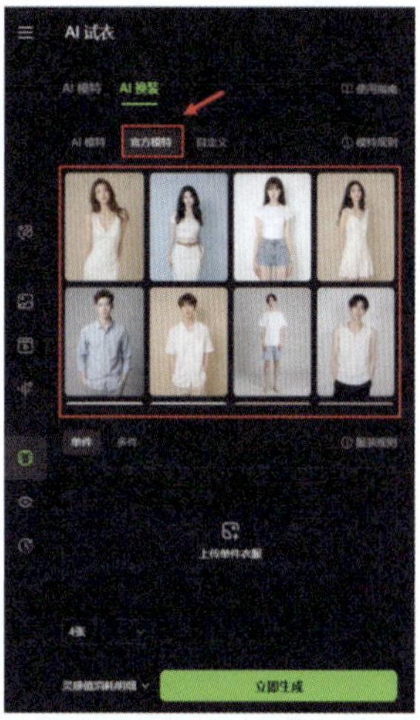

图 6-72

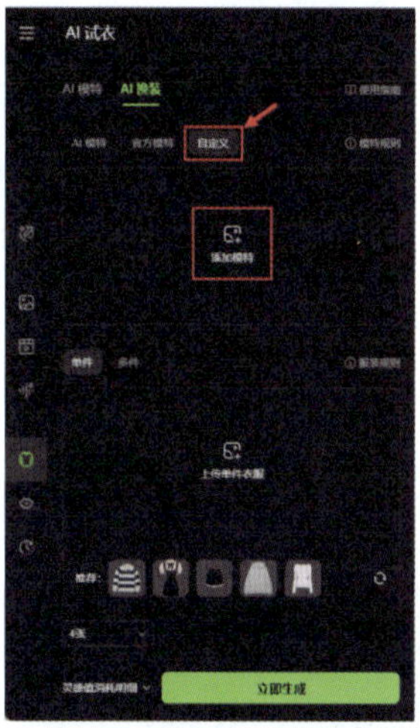

图 6-73

在模特选择区域下方单击上传按钮，上传需要 AI 模特试衣的服装图片，如图 6-74～图 6-76 所示。如果需要试穿的衣服不是套装或连衣裙，则单击多件按钮，分别上传上装和下装图片，如图 6-77 所示。

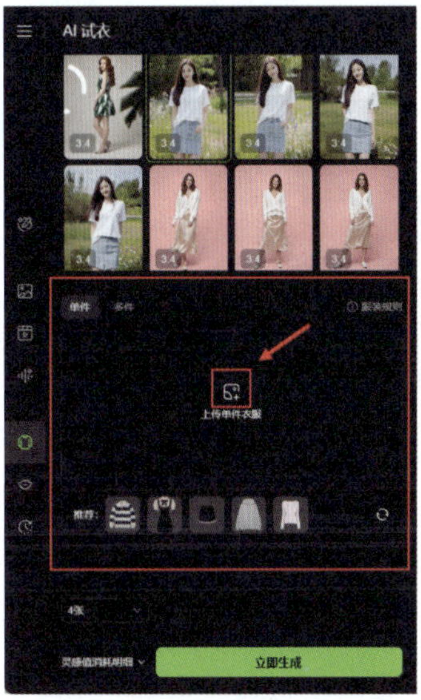

图 6-74

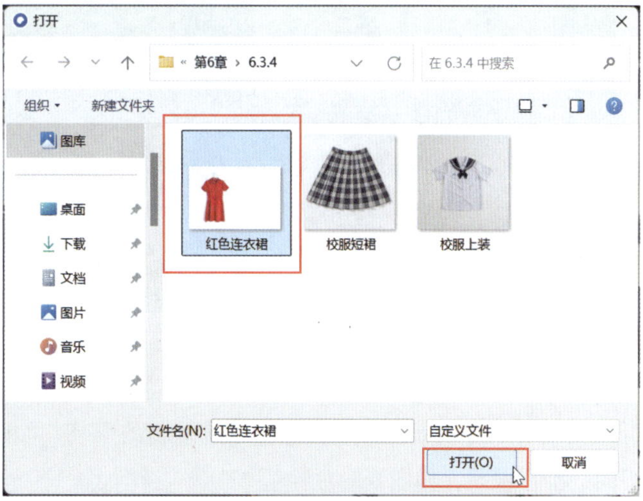

图 6-75

图 6-76

图 6-77

选择好模特并上传服装图片后，单击左下角的"立即生成"按钮 立即生成 ，等待片刻，即可在页面右侧查看生成结果，如图 6-78 所示。

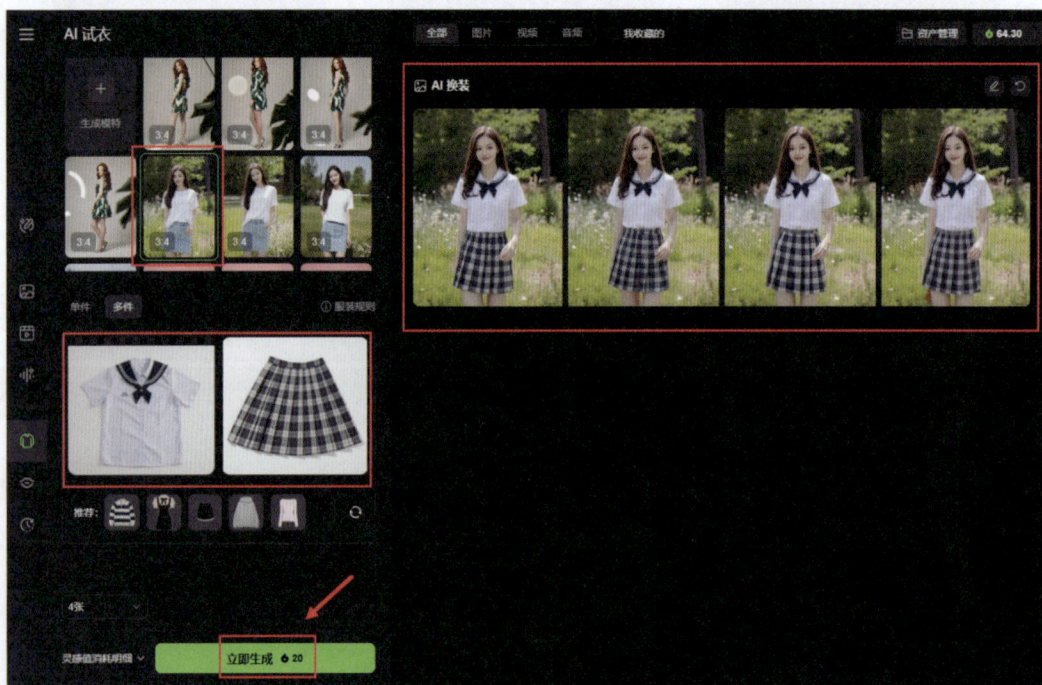

图 6-78

上传的服装图片最好选择白底平铺图，服装主体清晰，细节简洁。如果没有合适的服装图片，可以在服装上传区域底部直接选择系统推荐的服装，如图 6-79 所示。单击换一换按钮 可切换不同的推荐服装，如图 6-80 所示。

图 6-79

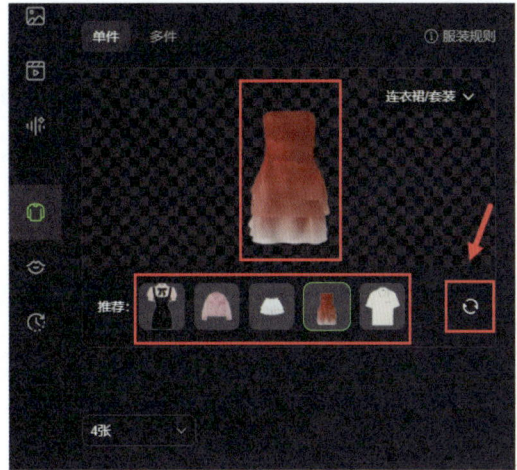

图 6-80

第7章

可灵AI视频实操指南

本章将带领读者探索可灵 AI 视频创作的完整流程，从基础操作到创意拓展。通过文本描述或图片输入即可生成视频，掌握古风、航拍、高速镜头等多元风格的制作技巧，还能体验"花花世界""万物膨胀"等五大趣味特效，让 AI 技术成为创意助推器，实现从静态到动态、从常规到奇幻的视觉转换。

7.1 可灵AI生成视频的方式

可灵 AI 的视频生成功能支持文本生成视频和图片生成视频两种模式，本节将详细介绍这两种视频生成方式。

7.1.1 通过文本生成视频

打开可灵 AI 主页，单击界面左侧导航栏的"视频生成"选项，如图 7-1 所示。进入功能页面后，选择"文生视频"选项，在页面左侧的"创意描述"文本框中输入视频画面描述内容。文本框底部提供推荐词功能，可直接选用预设提示词。用户可在"不希望呈现的内容"文本框中填写负面提示词，并通过左下角选项设置视频时长、画面比例及单次生成数量，如图 7-2 ～图 7-4 所示。左上角提供视频模型切换功能，如图 7-5 所示。

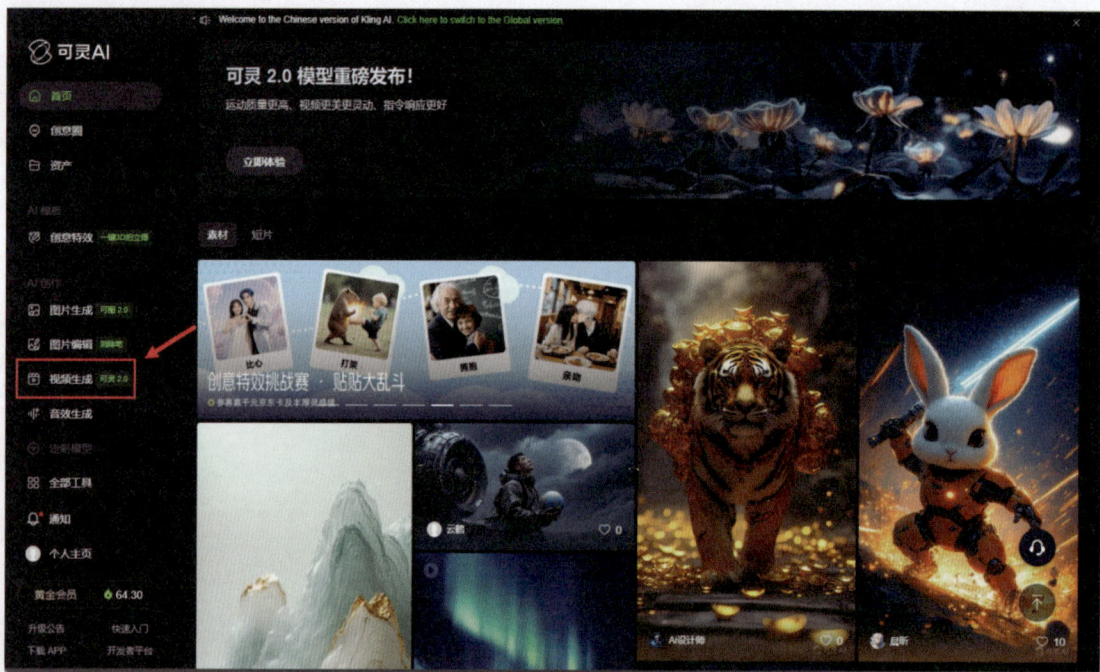

图 7-1

输入画面描述后，按需输入负面提示词，选择视频时长、画面比例与视频模型，单击左下角的"立即生成"按钮 立即生成 ，等待片刻，即可在页面右侧查看生成结果。单击视频下方的下载按钮 就可以将生成的视频保存到本地，如图 7-6 所示。

图 7-2

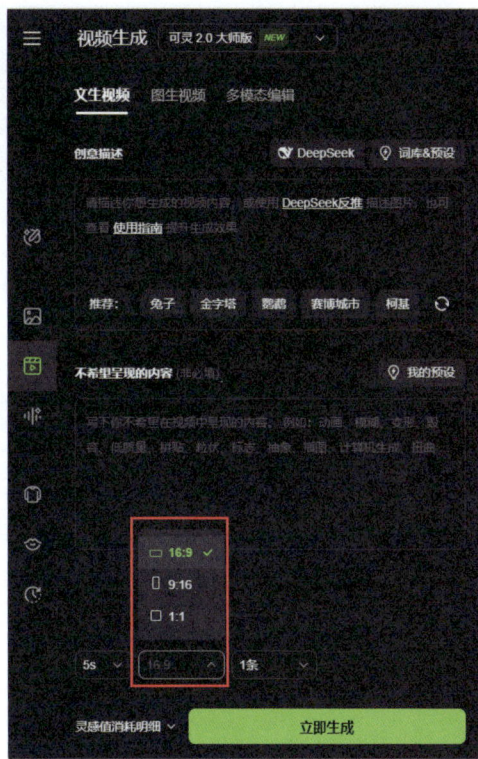

图 7-3

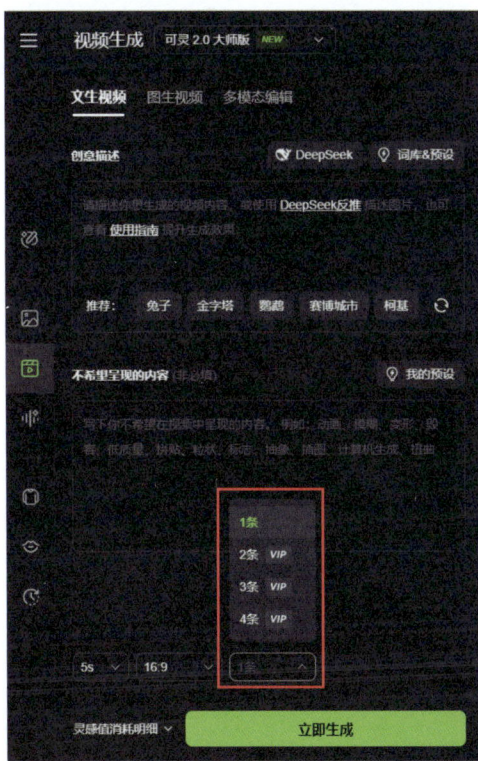

图 7-4

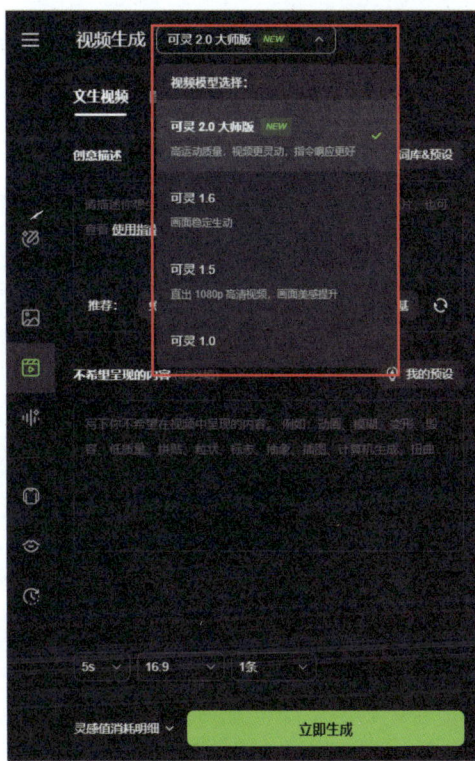

图 7-5

图 7-6

7.1.2　通过图片生成视频

在可灵 AI 平台，用户可选择"首尾帧"与"多图参考"两种模式，通过图片生成视频。

1. 首尾帧

首尾帧指视频的第一个画面与最后一个画面。在"视频生成"功能页选择"图生视频"选项后，单击"首尾帧"选项按钮，在下方的功能区域单击上传参考图按钮，上传首帧图与尾帧图，或直接单击应用图片上传功能区域底部的推荐图片，如图 7-7 所示。还可以单击上传参考图按钮下方的"历史创作"字样，在弹出窗口中选择历史生成的图片进行应用，如图 7-8 所示。

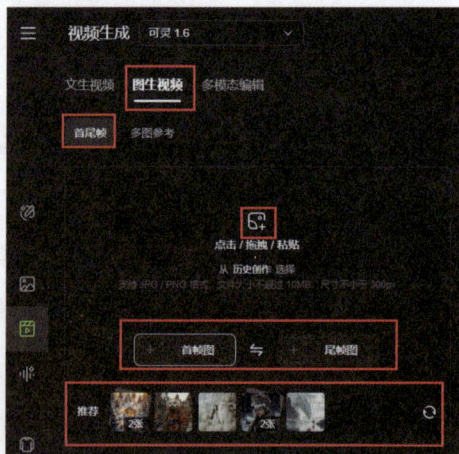

图 7-7

选定首尾帧后，在功能区下滑，在"创意描述"文本框里输入关于想要生成的视频内容，在"不希望呈现的内容"文本框输入负面提示词，如图 7-9 所示。单击"创意描述"文本框上方的词库&预设按钮，从展开的列表中可单击选择运镜方式直接添加到提示词中，如图 7-10 所示。

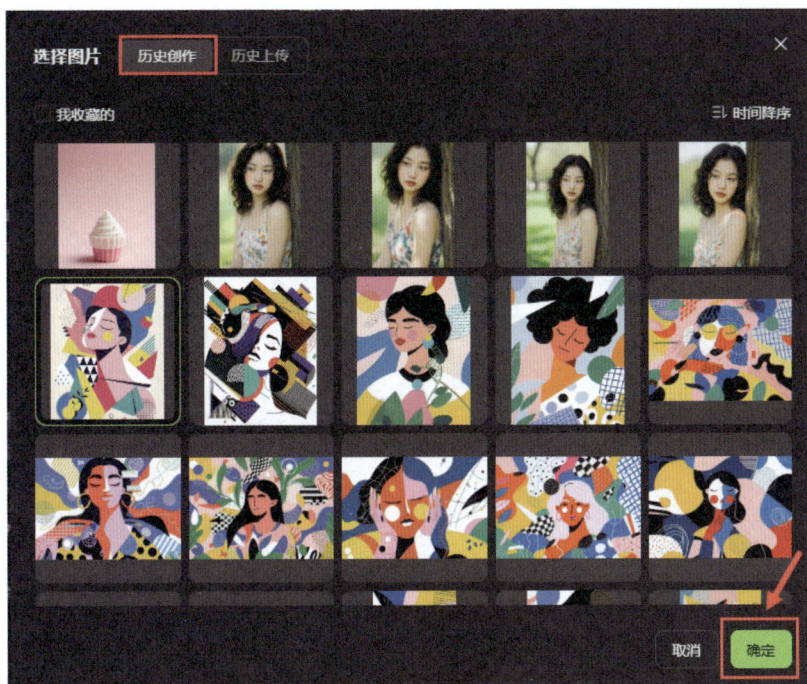

图 7-8

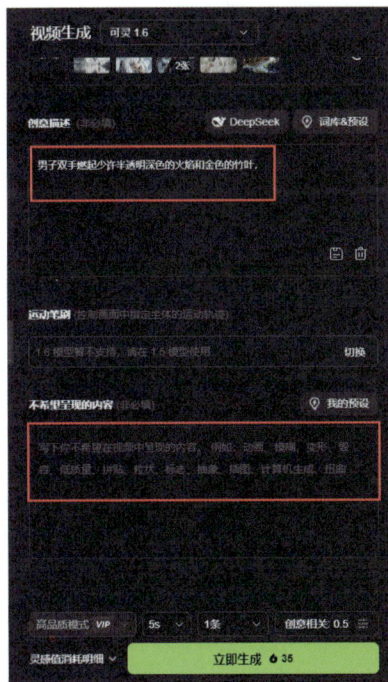

图 7-9

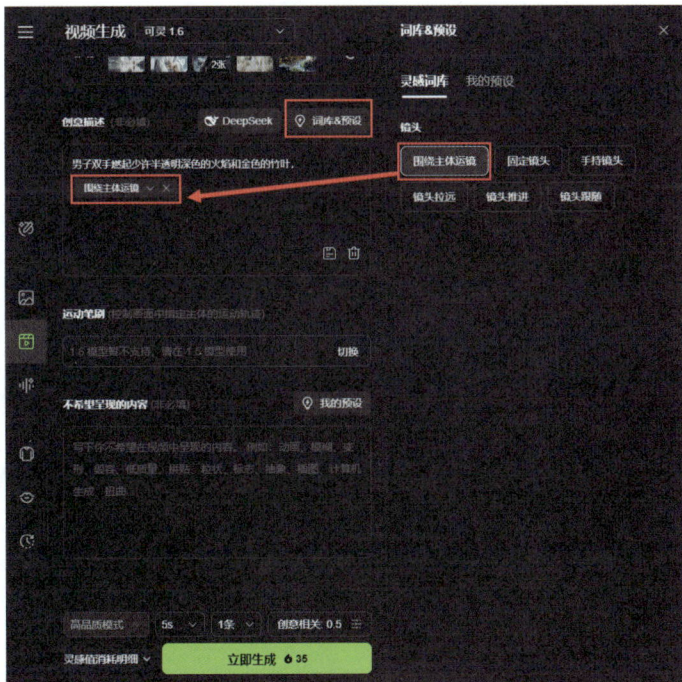

图 7-10

　　输入画面描述后，按需输入负面提示词，选择视频时长、画面比例与视频模型，单击左下角的"立即生成"按钮 立即生成 ，等待片刻，即可在页面右侧查看生成结果。单击视频下方的下载按钮 ，即可将生成的视频保存到本地，如图 7-11 所示。

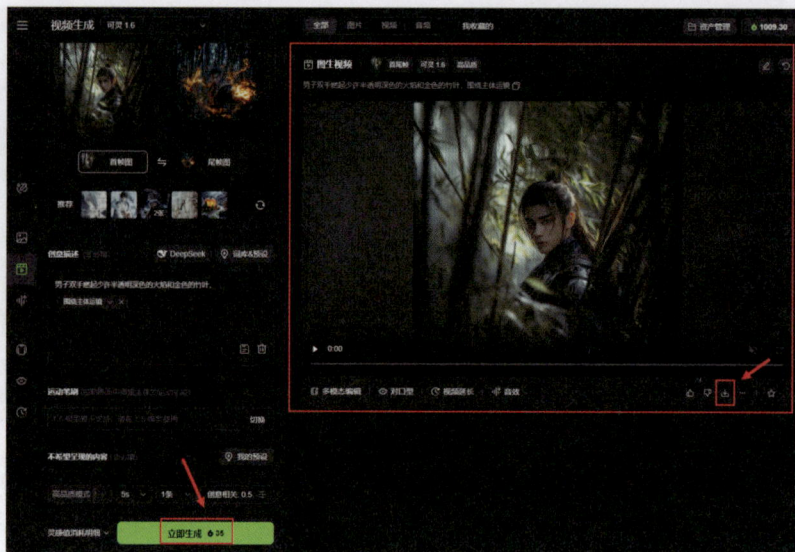

图 7-11

2. 多图参考

在多图参考模式下，用户可以上传 1 ～ 4 张参考图，并框选图片中的人物、物品、道具或场景，用文字描述它们之间的变化或互动关系。模型将综合所有参考内容，进行创造性视频生成。

在"视频生成"功能页选择"图生视频"选项后，单击"多图参考"选项按钮，在下方功能区域单击上传参考图按钮，上传参考图；或直接单击应用图片上传功能区域底部的推荐图片，如图 7-12 所示；用户也可以单击上传参考图按钮下方的"历史创作"选项，在弹出的窗口中选择曾经生成的图片进行应用。

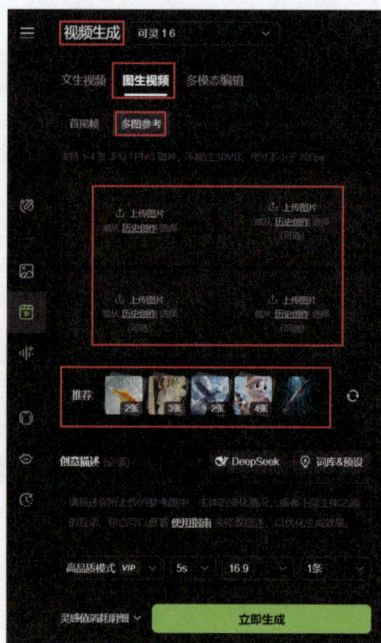

图 7-12

上传图片后，将鼠标悬停在图片上，单击编辑按钮，在弹出的窗口中可以框选图片中需要参考的部分，如图 7-13 和图 7-14 所示。

图 7-13

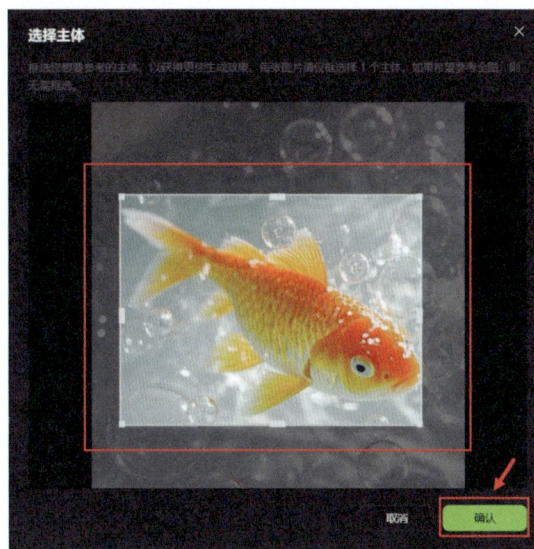

图 7-14

选定参考内容后，在功能区下滑，在"创意描述"文本框内输入关于想要生成的视频内容描述，在"不希望呈现的内容"文本框输入负面提示词。单击"创意描述"文本框上方的 词库&预设 按钮，在展开的列表里可以选择运镜方式。选择视频时长、画面比例与视频模型，单击左下角的"立即生成"按钮 立即生成，稍等片刻，即可在页面右侧查看生成结果，如图 7-15 所示。

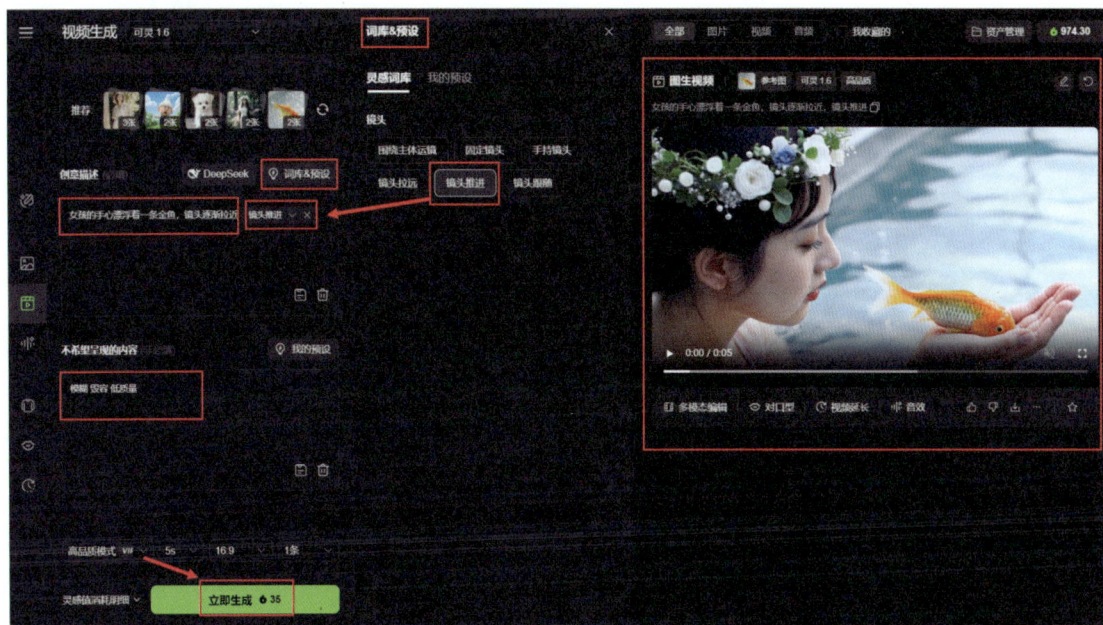

图 7-15

7.2 视频生成实操指南

本节通过带领读者使用可灵 AI 生成"古风""航拍""高速镜头""特效"等不同类型视频，帮助读者熟练掌握使用可灵 AI 的不同模式生成视频，轻松打造专业级视觉内容。

7.2.1 生成古风视频

本节带领读者通过图生视频方式创作古风视频，效果如图 7-16 和图 7-17 所示。首先用可灵 AI 生成一张古风女子图像，随后运用图生视频功能生成视频，具体步骤如下。

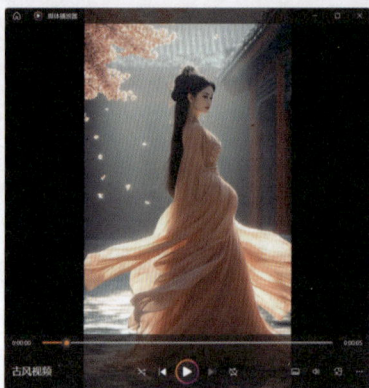

图 7-16

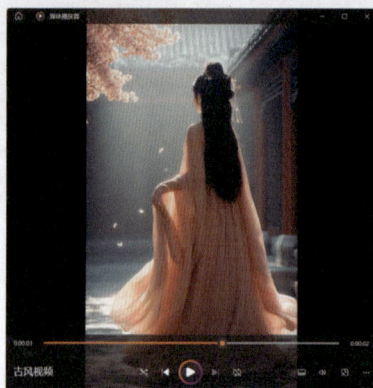

图 7-17

01 打开可灵 AI 的"图片生成"功能页，在文本框输入提示词"古风佳人，身着精致唐制汉服，宽大飘逸的云袖随风舞动，丝绸质感的衣摆呈现流动波纹，全身像构图，正面微侧视角，柔和的逆光晕染，背景是江南庭院，花瓣纷飞，晨雾朦胧，眼眸含情凝睇，衣袂翩跹的动态捕捉，8K 超清渲染"，并设置图片比例为"9∶16"，单击"立即生成"按钮 立即生成 ，在界面右侧查看生成结果，如图 7-18 所示。

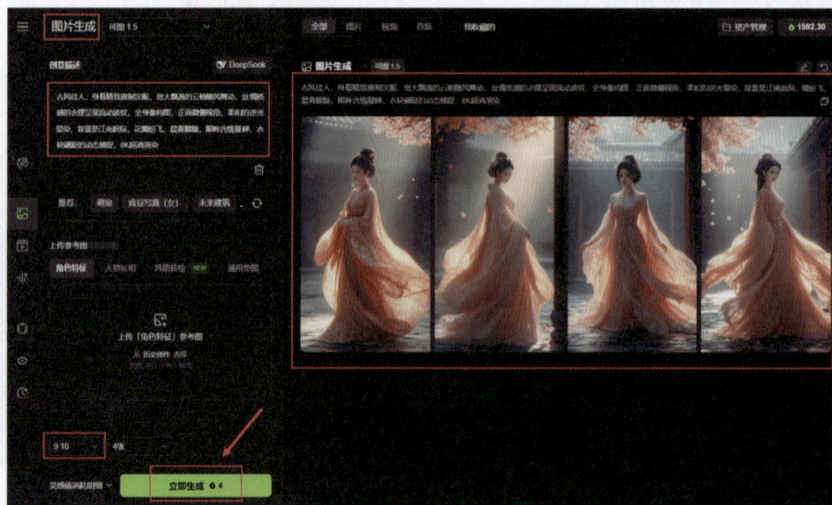

图 7-18

02 单击想要用来生成视频的照片，打开图片详情页面，在详情页单击右下角的"生成视频"选项，如图 7-19 所示。执行操作后，将切换到可灵 AI 的"视频生成"模块的"图生视频"页面，并将图片设置为视频首帧画面。

图 7-19

03 在"创意描述"文本框输入视频描述："画面中的女子由正面转身，直到背对镜头，衣摆在空中随人物转身的动作甩动，动态感强，画面前景有花瓣落下，人物不出框"。单击"创意描述"文本框上方的 词库&预设 按钮，在展开的列表选择"固定镜头"，并在"不希望呈现的内容"文本框内填写负面提示词"模糊 变形 背景错位 毁容 人物移位"，选择视频时长为"5 s"，如图 7-20 所示。

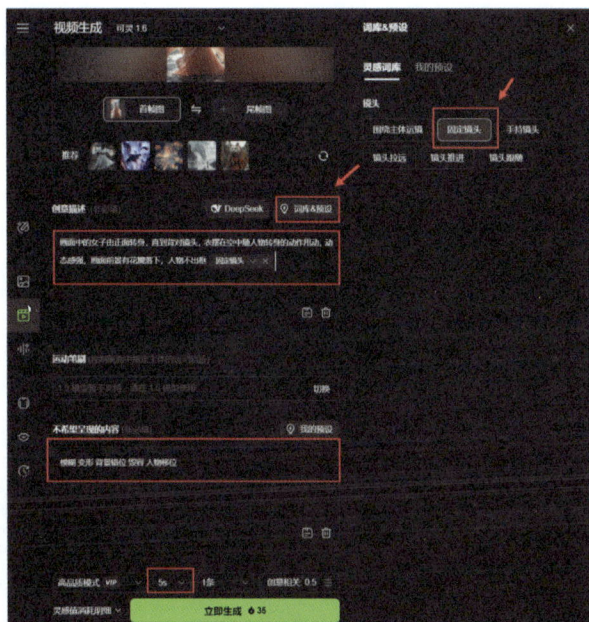

图 7-20

04 单击"立即生成"按钮 立即生成 ，稍等片刻，在界面右侧查看生成结果，单击视频下方的下载按钮 ，将视频保存到指定位置，如图 7-21 所示。

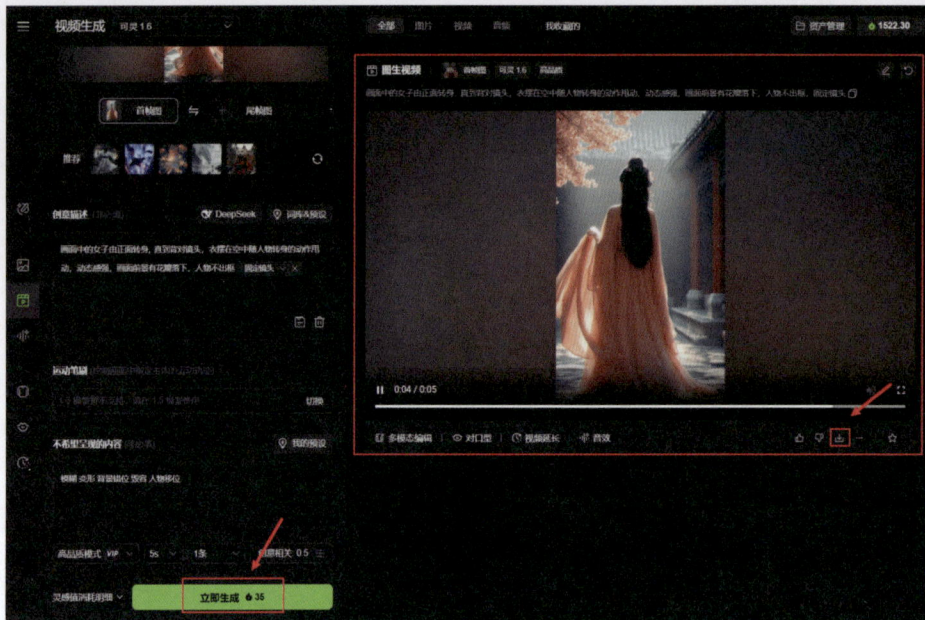

图 7-21

7.2.2　生成航拍视频

本节将指导读者使用文生视频技术生成一段航拍视频，效果如图 7-22 所示。具体操作步骤如下。

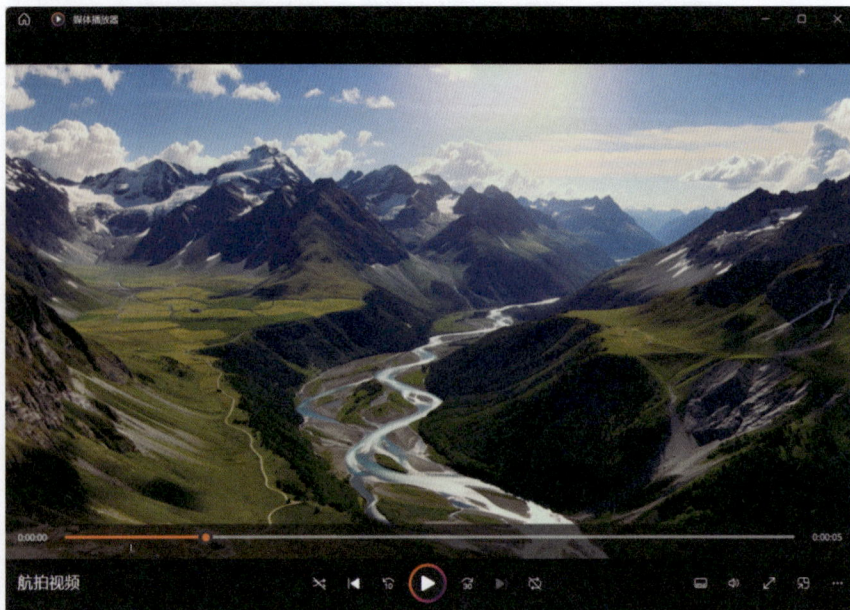

图 7-22

01　打开可灵 AI 的"视频生成"功能页，在界面左上方切换视频模型为"可灵 2.0 大师版"，如图 7-23 所示。该模型生成的视频运动质量更高，画面更灵动。

02　选择"文生视频"模式，在"创意描述"文本框输入提示词"高空俯瞰壮丽的山脉群，航拍视角，阳光明媚，蓝天白云，山间流淌清澈河流，缓慢平移镜头展现全景，4K 超高清，电影质感，色彩饱和，画面稳定流畅"，并在"不希望呈现的内容"文本框填写负面提示词"低质量，模糊，扭曲，变形"，选择视频时长为"5 s"，视频比例为"16：9"，如图 7-24 所示。

图 7-23

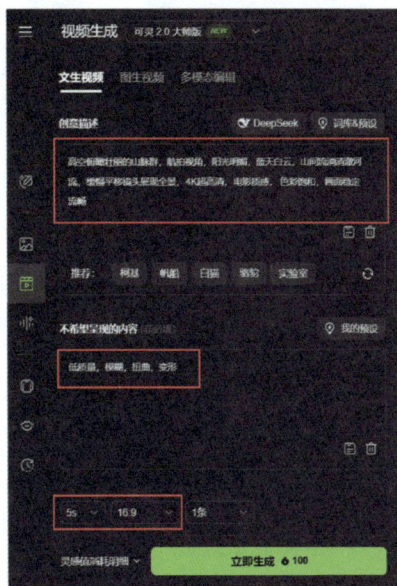

图 7-24

03　单击"立即生成"按钮 立即生成 ，等待片刻，在界面右侧查看生成结果，单击视频下方的下载按钮 ，将视频保存到指定位置，如图 7-25 所示。

图 7-25

7.2.3 生成高速镜头

本节带领读者使用文生视频技术生成一段滑雪高速运动视频，效果如图7-26～图7-28所示。具体步骤如下。

  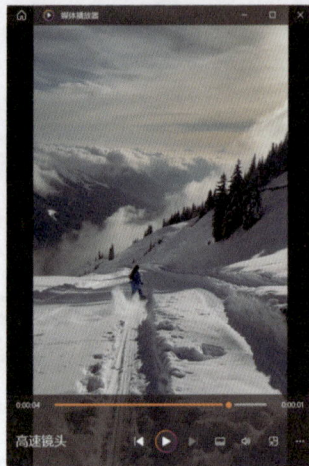

图7-26 图7-27 图7-28

01 打开可灵AI的"视频生成"功能页，选择"文生视频"模式，在"创意描述"文本框输入提示词"电影级动态场景，高速镜头，一位身穿蓝色飘逸汉服的女生在雪山之巅高速滑行，单板滑雪。快速跟踪镜头移动，一个高速梦境序列。高速惊险刺激的感觉。远处蔚蓝的天空下，雪山雾气缭绕。偶尔掠过的雾气或者雪坡，强化空间层次与叙事张力。相机从略高位置的俯视角度紧密跟踪从左后方向右后方移动，保持对高速滑雪的持续视角，随着角色迅速穿越场景"。

02 在"不希望呈现的内容"文本框填写负面提示词"模糊，画面变形，低质量，慢速"，选择视频时长为"5 s"，视频比例为"9∶16"，如图7-29所示。

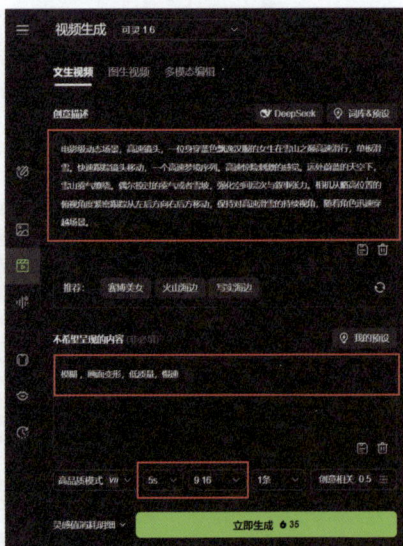

图7-29

03　单击"立即生成"按钮 立即生成 ，等待片刻，在界面右侧查看生成结果，单击视频下方的下载按钮 ，将视频保存到指定位置，如图 7-30 所示。

图 7-30

7.2.4　生成特效视频

本节带领读者使用图生视频方式让图片动起来，生成一段猫咪吃面的特效视频，效果如图 7-31 和图 7-32 所示。具体步骤如下。

图 7-31

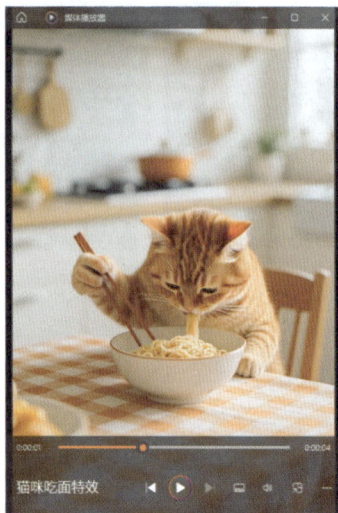

图 7-32

01　打开可灵 AI 的"视频生成"功能页，选择"图生视频"模式，单击上传参考图按钮 ，将猫咪吃面图片上传，如图 7-33 和图 7-34 所示。

图 7-33

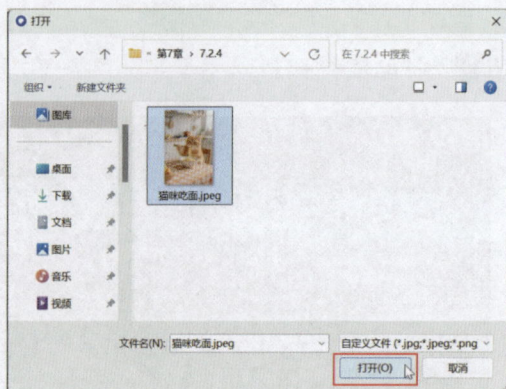

图 7-34

02　图片上传完成后，在"创意描述"文本框里填写提示词"猫张嘴吃面，吃完一口又夹起一口，固定镜头"，在"不希望呈现的内容"文本框填写负面提示词"模糊，画面变形，低质量"，选择视频时长为"5s"，如图 7-35 所示。

03　单击"立即生成"按钮 立即生成 ，等待片刻，在界面右侧查看生成结果，单击视频下方的下载按钮 ，将视频保存到指定位置，如图 7-36 所示。

图 7-35

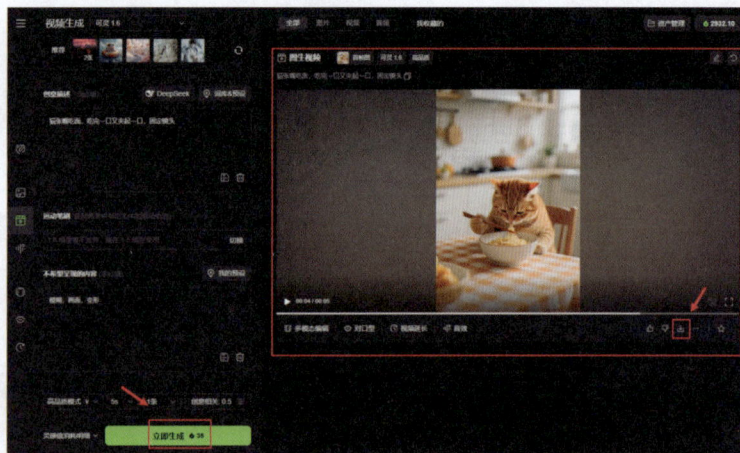

图 7-36

7.3 可灵AI视频的创意玩法

在可灵 AI 的"创意特效"页面，系统提供了丰富的视频特效模板，用户只需要上传图片，不需要填写任何提示词，即可一键生成同款特效视频。本节将指导读者运用可灵 AI 的"创意特效"功能，一键生成"花花世界""魔力转圈圈"等热门 AI 特效视频。

7.3.1　花花世界玩法

本节将指导读者使用可灵 AI 的"花花世界"创意特效生成建筑开花视频特效，效果如图 7-37

和图 7-38 所示。具体步骤如下。

图 7-37 　　　　　　　　　　 图 7-38

01　打开可灵 AI 主页，选择界面左侧导航栏的"创意特效"选项，在切换后的界面选择"花花世界"功能，如图 7-39 所示。

图 7-39

02　可灵 AI 会打开相应的功能页面，在左侧功能区单击上传按钮，如图 7-40 所示。在"打开"对话框里选择一张建筑物图片，单击"打开"按钮，如图 7-41 所示。

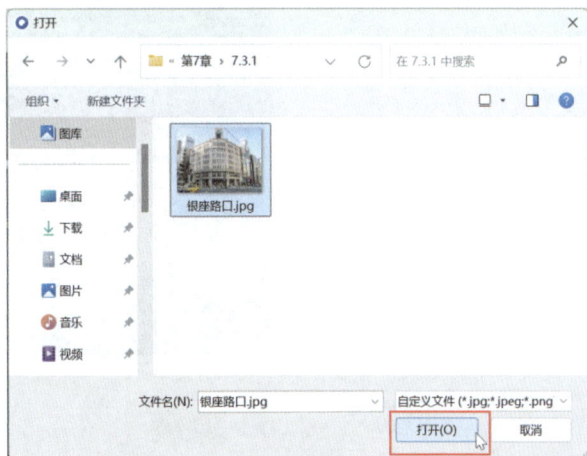

图 7-40 　　　　　　　　　　 图 7-41

03 上传完成后将打开"创作开花图片效果"弹窗，单击"生成开花图片"按钮，如图 7-42 所示。等待片刻即可查看开花效果，单击"确认使用"按钮，如图 7-43 所示。

图 7-42

图 7-43

04 执行操作后，可灵 AI 会将生成的图片上传并自动填写提示词，如图 7-44 所示。

图 7-44

05 单击"立即生成"按钮 立即生成 ，等待片刻，在界面右侧查看生成结果，将鼠标悬停在视频上，单击视频下方的下载按钮 回 ，将视频保存到指定位置，如图 7-45 所示。

图 7-45

7.3.2 魔力转圈圈

本节带领读者使用可灵 AI 的"魔力转圈圈"创意特效制作一段猫咪转圈的视频, 效果如图 7-46 和图 7-47 所示。具体步骤如下。

图 7-46

图 7-47

01 打开可灵 AI 主页, 点击界面左侧导航栏的"创意特效"选项, 在切换后的界面选择"魔力转圈圈"功能, 如图 7-48 所示。

02 可灵 AI 打开相应的功能页面, 在左侧功能区单击上传按钮 🔲, 如图 7-49 所示。在"打开"对话框里选择一张猫咪图片, 单击"打开"按钮, 如图 7-50 所示。

图 7-48

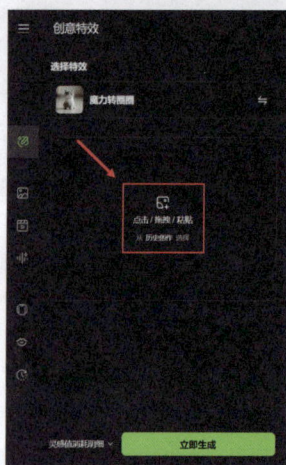

图 7-49

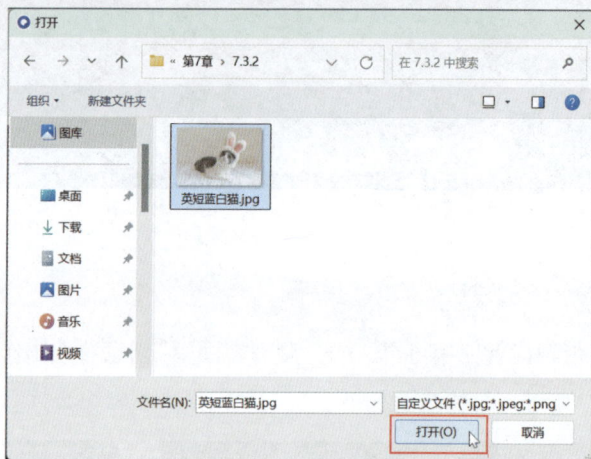

图 7-50

03　图片上传完成后，无须填写提示词，单击"立即生成"按钮 立即生成 ，等待片刻，在界面右侧查看生成结果。单击视频下方的下载按钮 ，将视频保存到指定位置，如图 7-51 所示。

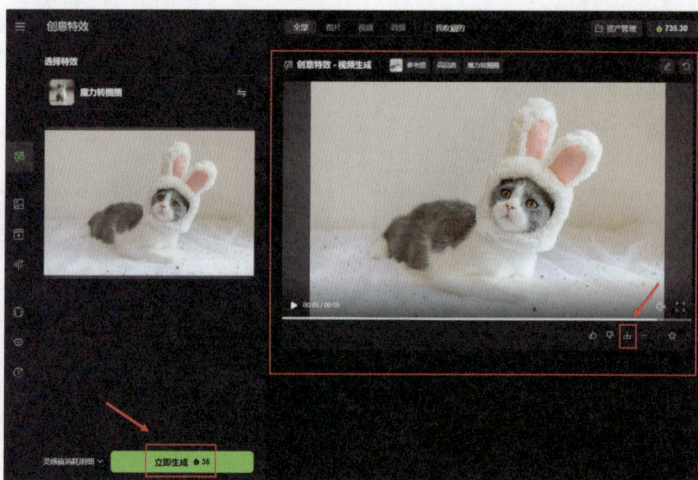

图 7-51

7.3.3 杯子变玩偶

使用可灵 AI 的"快来惹毛我"创意特效可以制作杯子变成毛绒玩偶的视频，效果如图 7-52 和图 7-53 所示。具体步骤如下。

图 7-52

图 7-53

01 打开可灵 AI 主页，单击界面左侧导航栏的"创意特效"选项，在切换后的界面选择"快来惹毛我"功能，如图 7-54 所示。

图 7-54

02 可灵 AI 会打开相应的功能页面，在左侧功能区单击上传按钮 ⬛，如图 7-55 所示。在"打开"对话框里选择一张咖啡图片，单击"打开"按钮，如图 7-56 所示。

图 7-55

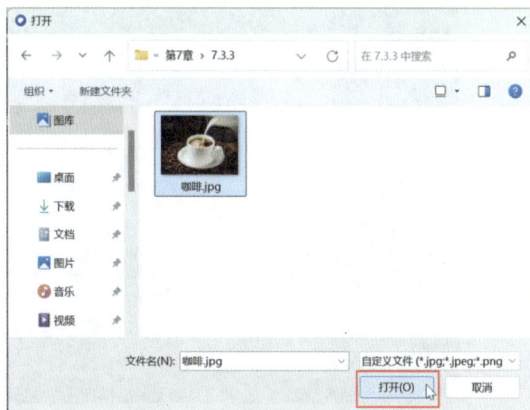
图 7-56

03　上传完成后，无须填写提示词，单击"立即生成"按钮 立即生成 ，等待片刻，在界面右侧查看生成结果。单击视频下方的下载按钮 ，将视频保存到指定位置，如图 7-57 所示。

图 7-57

7.3.4　捏捏乐玩法

本节带领读者使用可灵 AI 的"捏捏乐"创意特效制作一段人物捏捏乐的视频，效果如图 7-58 和图 7-59 所示。具体步骤如下。

图 7-58　　　　　　　　　　　　图 7-59

01　打开可灵 AI 主页，单击界面左侧导航栏的"创意特效"选项，在切换后的界面选择"捏捏乐"功能，如图 7-60 所示。

图 7-60

02　打开相应的功能页面，在左侧功能区单击上传按钮，如图 7-61 所示。在"打开"对话框里选择一张人物图片，单击"打开"按钮，如图 7-62 所示。

图 7-61

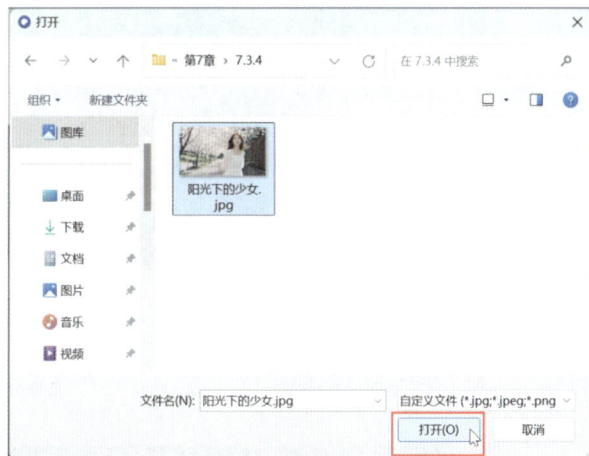

图 7-62

03　上传完成后，无须填写提示词，单击"立即生成"按钮，等待片刻，在界面右侧查看生成结果。单击视频下方的下载按钮，将视频保存到指定位置，如图 7-63 所示。

图 7-63

7.3.5　万物膨胀玩法

本节带领读者使用可灵 AI 的"万物膨胀"创意特效制作一段蛋糕膨胀的视频，效果如图 7-64 和图 7-65 所示。具体步骤如下。

图 7-64　　　　　　　　　　　　　　图 7-65

01　打开可灵 AI 主页，单击界面左侧导航栏的"创意特效"选项，在切换后的界面选择"万物膨胀"特效，如图 7-66 所示。

图 7-66

02　可灵 AI 打开相应的功能页面，在左侧功能区单击上传按钮 ，如图 7-67 所示。在"打开"对话框里选择一张图片，单击"打开"按钮，如图 7-68 所示。

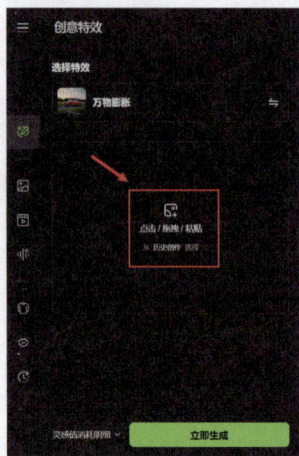
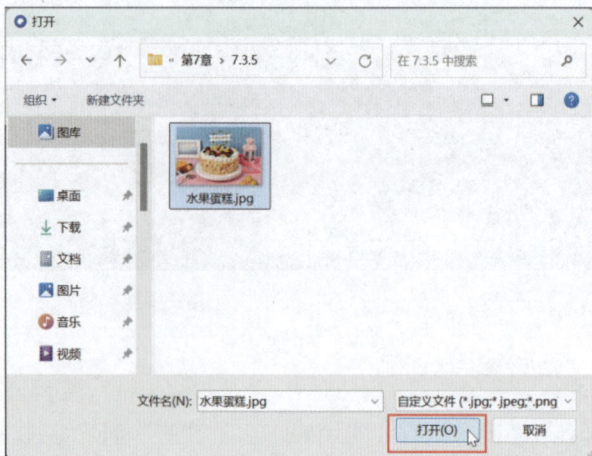

图 7-67　　　　　　　　　　　　　　图 7-68

03　上传完成后，无须填写提示词，单击"立即生成"按钮 立即生成 ，等待片刻，在界面右侧查看生成结果。单击视频下方的下载按钮 ⬇ ，将视频保存到指定位置，如图 7-69 所示。

图 7-69

第8章

剪映AI绘画实操指南

作为视频创作生态的延伸，剪映AI绘画功能打通了从图片生成到视频制作的创意链路。本章将系统解析其AI作图、商品图优化等五大核心功能，并通过卡通、人像、产品等全场景实操教学，帮助读者用同一工具完成视觉内容的生成与优化。

8.1 剪映的图片生成功能

本节深入解析剪映 AI 的多维度图像生成能力矩阵，涵盖从 AI 绘画基础创作、AI 商品图商业应用，到超清图像、智能抠图、AI 特效等后期增强功能，帮助读者运用剪映 AI 全面满足个人创意表达与专业商业需求。

8.1.1 AI作图

打开剪映专业版，单击首页的"开始创作"按钮 ⊕ 开始创作，进入编辑器页面，单击"素材"按钮 ▣，在"AI 生成"|"图片生成"中，用户可以选择导入参考图生成图片，也可以在文本框输入文字描述生成图片，如图 8-1 所示。单击"模型设置"参数后的下拉按钮 ⌄，可切换 AI 模型，如图 8-2 所示。"通用 v2.1"模型提升了画面真实感和清晰度，支持中、英文字体的生成。"通用 v2.0"模型擅长写实风格，适用于摄影、营销等场景。"通用 v1.4"模型更适合剧情短片、动漫、插画等场景。"通用 XL"模型具备较强的文字生成能力，适合制作文字海报。

图 8-1

图 8-2

单击"画幅比例"参数后的下拉按钮 ⌄，可以修改生成的图片的比例，如图 8-3 所示。确定好参考画面、模型和画幅比例后，单击"开始生成"按钮 ● 开始生成，如图 8-4 所示。

剪映 AI 会根据用户提供的参考信息生成素材图片，并自动添加到时间轴。用户在播放器区域可以预览图片效果，在素材调整区域的"生成记录"列表里可以切换其他版本图片，如图 8-5 所示。

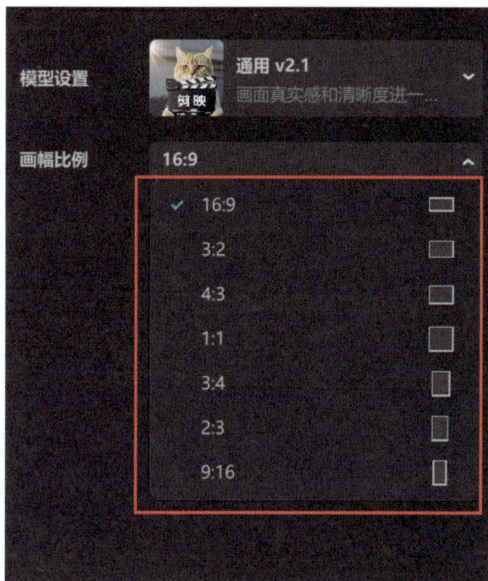

图 8-3

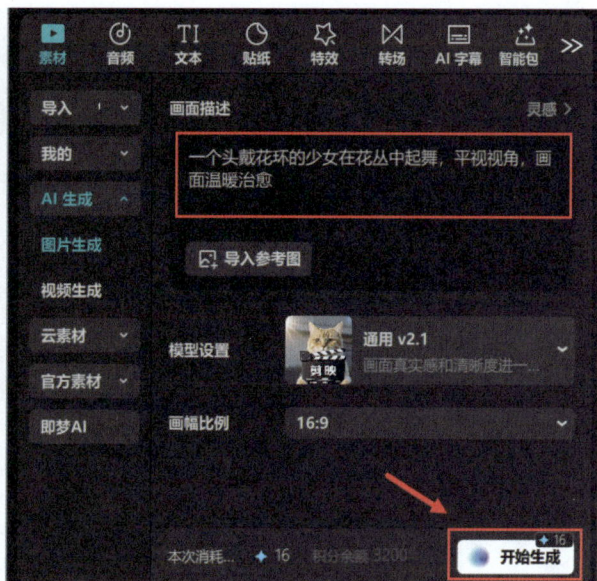

图 8-4

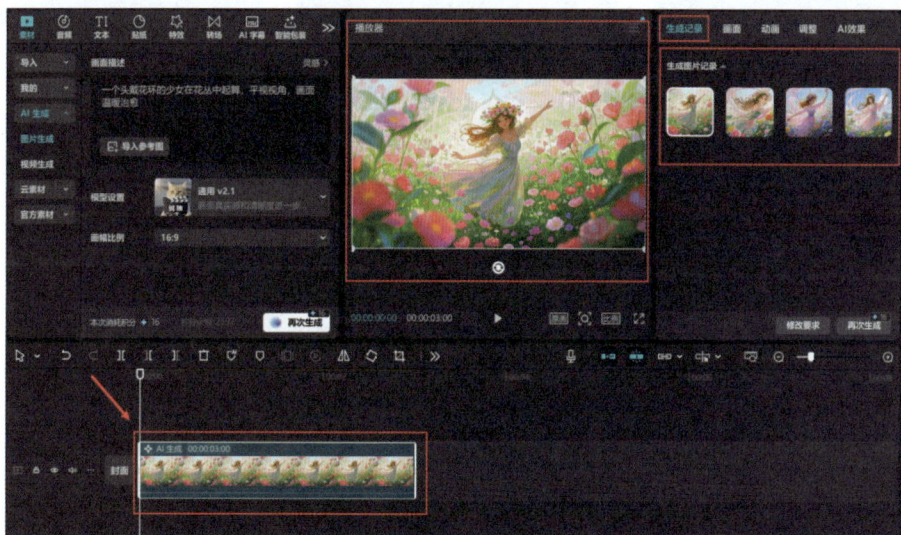

图 8-5

8.1.2　AI商品图

打开剪映 App，在"剪辑"页面点击"AI 图片编辑"按钮，如图 8-6 所示。在跳转后的界面选择"AI 商品图"功能，如图 8-7 所示。执行操作后，在照片选择界面选择需要处理的图片素材，并单击"编辑"按钮，如图 8-8 所示。执行操作后，剪映 AI 将会自动抠出商品主体，如图 8-9 所示。在跳转后的界面中，用户可以为商品设置纯色背景或利用 AI 生成多种丰富的预设背景，如图 8-10 所示。确认效果后单击界面右上角的"导出"按钮，即可将图片保存在手机相册中。

图 8-6

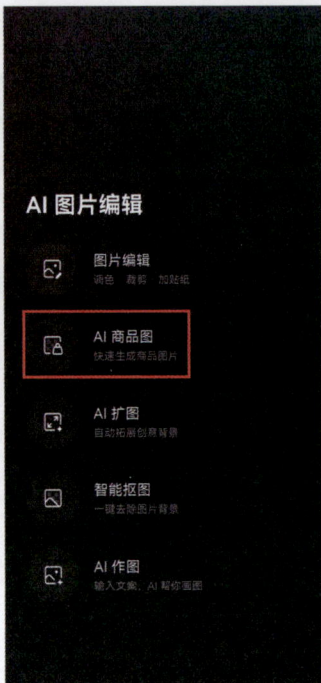
图 8-7

图 8-8

图 8-9

图 8-10

8.1.3　智能抠图

剪映依托强大的 AI 功能，为用户提供了"智能抠图"功能，省去了在第三方图像处理软件中预处理素材的步骤，实现一站式剪辑。在剪映专业版中导入素材并添加到时间轴，随后便可在素材调整区域执行智能抠图。

在剪映专业版中，选中时间轴上的素材，在素材调整区域单击"抠像"选项，勾选"智能抠像"，剪映 AI 便会自动识别画面主体并抠图，如图 8-11 所示。单击反转按钮 ⬚，则会移除画面主体，保留背景，如图 8-12 所示。

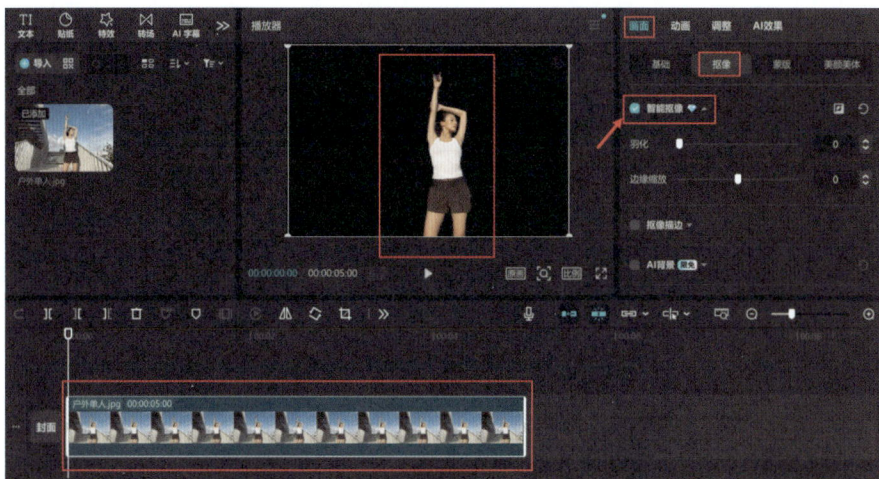

图 8-11

图 8-12

剪映 AI 不仅可以对图片素材进行智能抠图，还能处理视频素材，如图 8-13 ～图 8-15 所示。

图 8-13　　　　　　　　　　　图 8-14　　　　　　　　　　　图 8-15

8.1.4 超清图片

利用剪映的超清图片功能可以对分辨率较低的模糊图片进行处理，有效提升素材的清晰度。

打开剪映 App，在"剪辑"页面点击"画质提升"按钮，如图 8-16 所示。在跳转后的界面选择"超清图片"功能，如图 8-17 所示。在照片选择界面选择需要处理的图片素材，并点击"编辑"按钮，如图 8-18 所示。等待图片处理完成，在跳转后的界面中，用户可以切换"标准高清"与"无损超清"两种清晰度，确认效果后点击界面右上角的"导出"按钮，即可将处理后的图片保存在手机相册中，如图 8-19 所示。

 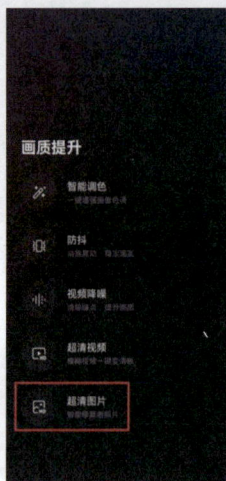  

| 图 8-16 | 图 8-17 | 图 8-18 | 图 8-19 |

如果需要在使用剪映专业版剪辑的过程中直接处理模糊素材，可在将素材添加到时间轴后选中素材，在素材调整区域下滑，勾选"补分辨率"选项，如图 8-20 所示。在剪映专业版中可以选择的分辨率有"1080P""2K""4K"。

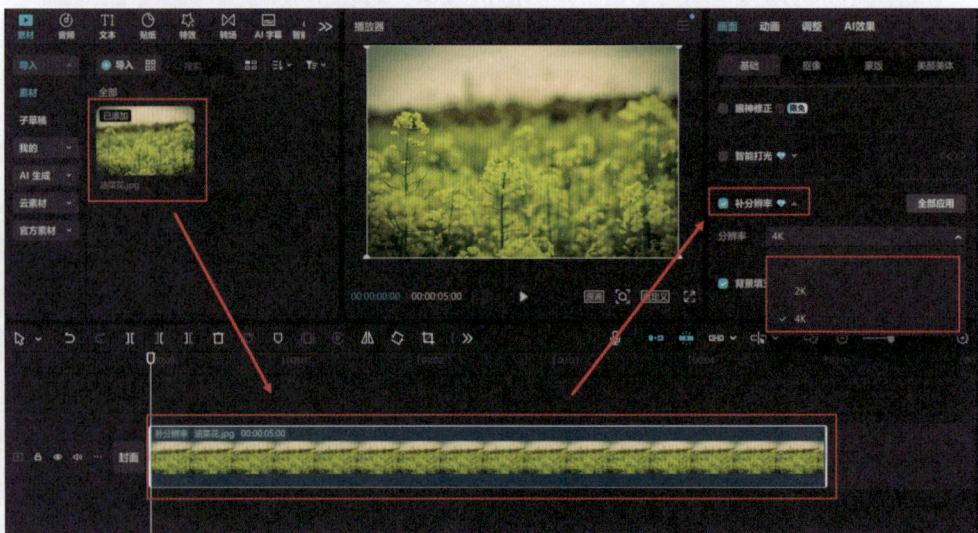

图 8-20

8.1.5　AI特效

剪映将炫酷的 AI 效果内置在软件内，用户可以方便地一键调用。

剪映专业版 AI 特效入口位于"特效"|"画面特效"选项列表里的"创意 AI"，如图 8-21 所示。选中时间轴上的图片素材，单击所需的特效即可一键应用，如图 8-22 所示。

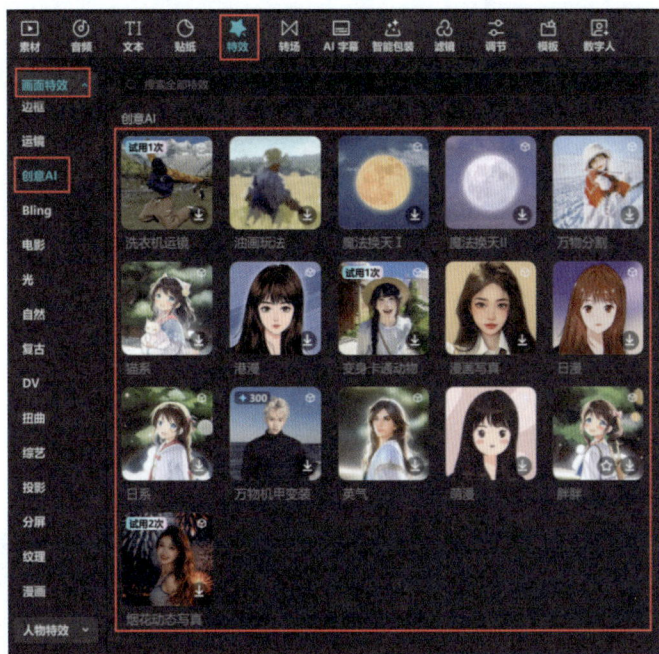

图 8-21

图 8-22

剪映 App 的 AI 特效入口有两个。在剪映 App 中打开剪辑项目，进入剪辑工程界面后，选中想要应用特效的素材，依次点击"特效"－"画面特效"－"创意 AI"，打开进入 AI 特效页面，点击想要的特效即可应用，如图 8-23 所示。上下滑动可以浏览更多特效效果。

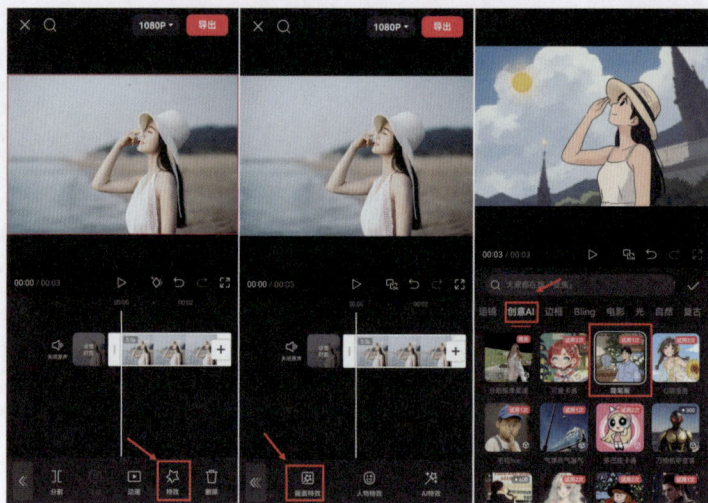

图 8-23

　　在剪辑工程界面，选中想要应用特效的素材，依次点击"特效"－"AI 特效"，即可打开另一个 AI 特效页面，如图 8-24 所示。在"灵感"页面，用户选择喜欢的特效并点击"生成"按钮，即可一键生成同款特效，如图 8-25 所示。在"自定义"页面，用户可以在选择效果模型后输入效果描述文本，定制 AI 特效，如图 8-26 所示。

图 8-24

图 8-25

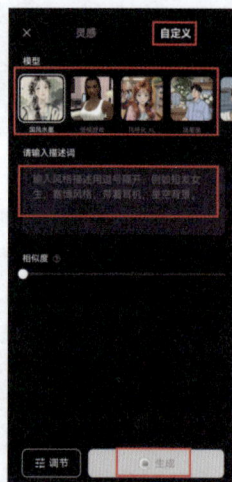

图 8-26

8.2 剪映生图实操指南

　　本节将通过卡通图片生成、风景图片生成等 5 个典型案例，指导读者熟练掌握在剪映专业版与剪映 App 中运用 AI 生图功能的方法与技巧，快速制作可直接投入使用的视觉素材。

8.2.1 生成卡通图片

　　本节带领读者使用剪映 App 的 AI 作图功能生成卡通图片，具体步骤如下。

01　打开剪映 App，在"剪辑"页面点击"AI 图片编辑"按钮，如图 8-27 所示。

02　在跳转后的界面选择"AI 作图"功能，如图 8-28 所示。

03　在文本框输入描述文案"在铺着竹席的和室中，扎着丸子头的小女孩抱着剖开的冰镇西瓜，老式电风扇摇头时吹起她额前的碎发。阳光透过木格窗在榻榻米上投下摇曳的树影，窗外可见连绵的翠绿山坡与浮动的积雨云，风扇金属网罩上的反光与西瓜表面凝结的水珠共同营造出夏日午后的清凉感"，如图 8-29 所示。

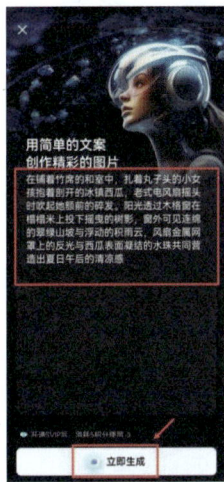

图 8-27　　　　　　　　　　图 8-28　　　　　　　　　　图 8-29

04　等待片刻即可在跳转后的界面看到生成的结果，如图 8-30 所示。

05　由于生成的结果是写实风格，所以需要切换 AI 模型再次生成。点击界面右下角的设置按钮，选择"动漫"模型，并选择比例为"4:3"，选择完成后点击按钮☑返回，如图 8-31 所示。

06　返回后，点击界面右下角的"立即生成"按钮，如图 8-32 所示。

图 8-30　　　　　　　　　　图 8-31　　　　　　　　　　图 8-32

07 等待片刻即可查看第二次生成的结果，如图 8-33 所示。

08 选中想要保存的图片，在下方点击"下载"按钮⬇，即可将图片保存至手机相册，如图 8-34 所示。图片效果如图 8-35 所示。

图 8-33

图 8-34

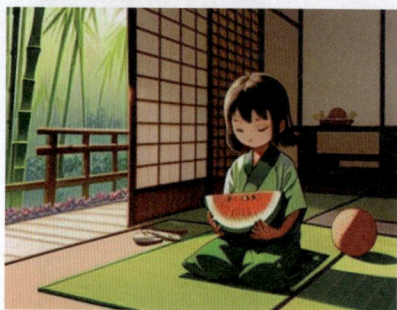

图 8-35

8.2.2 生成风景图片

本节带领读者使用剪映专业版，通过"添加参考图"的方式并结合画面文字描述，生成风景图片，具体步骤如下。

01 打开剪映专业版，单击首页的"开始创作"按钮 ➕ 开始创作，进入编辑器页面，单击"素材"按钮 ▶，在"AI 生成"|"图片生成"选项中，单击"导入参考图"按钮 导入参考图，如图 8-36 所示。在弹出的"请选择媒体资源"对话框中，选择素材文件，单击"打开"按钮，如图 8-37 所示。

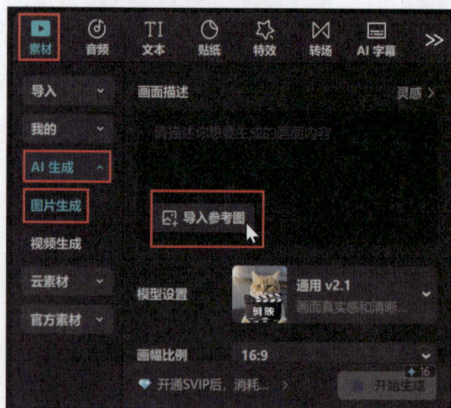

图 8-36

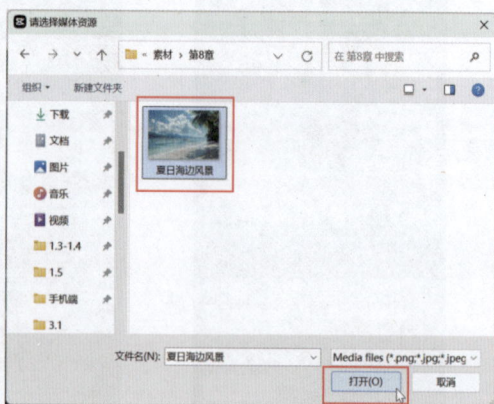

图 8-37

02　执行操作后，在"参考图"对话框中选择参考这张图的"场景"并单击"保存"按钮，如图 8-38 所示。

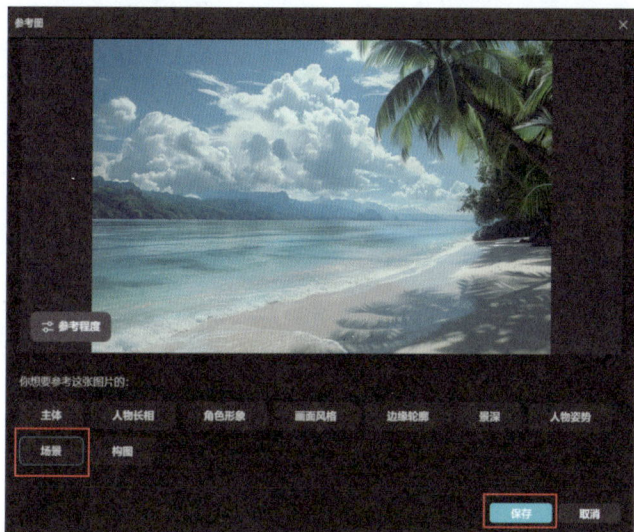

图 8-38

03　在文本框输入文字描述"参考这张图，生成一张海滩风景图，丝绸般柔滑的海浪轻抚着点缀着礁石的沙滩，近景处两棵椰树的剪影打破水平构图，粉橙色渐变的天空中飘浮着羽毛状卷云，海水倒映出天空的暖色调，与深蓝色礁石的冷色调形成细腻对比"，如图 8-39 所示。

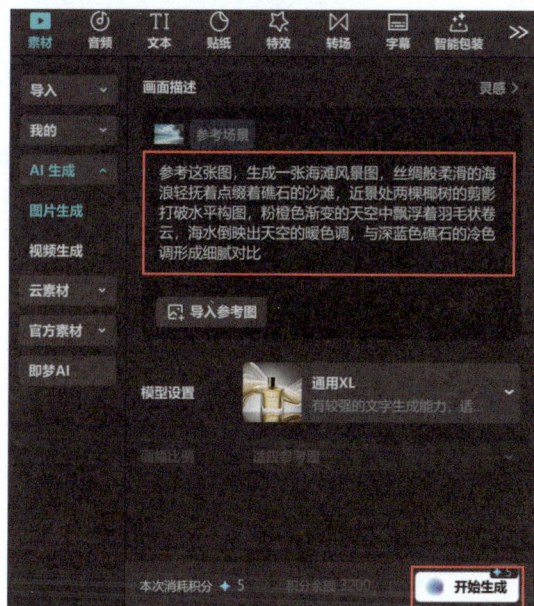

图 8-39

04　单击"开始生成"按钮 **开始生成**，等待 AI 生成图片并自动添加到时间轴。在播放器区域可以查看图片效果，在素材调整区域的"生成记录"列表里，可以切换其他版本图片。如果对生成的图片不满意，可以单击"再次生成"按钮 **再次生成** 重新生成，如图 8-40 所示。

图 8-40

05 在"生成图片记录"列表选中需要保存的图片，将鼠标悬停在图片上，单击图片右下角的 按钮，在弹出的列表中选择"下载到本地"选项，如图 8-41 所示。

图 8-41

06 执行操作后，在"另存为"对话选择文件夹，将图片保存到指定位置，如图 8-42 和图 8-43 所示。

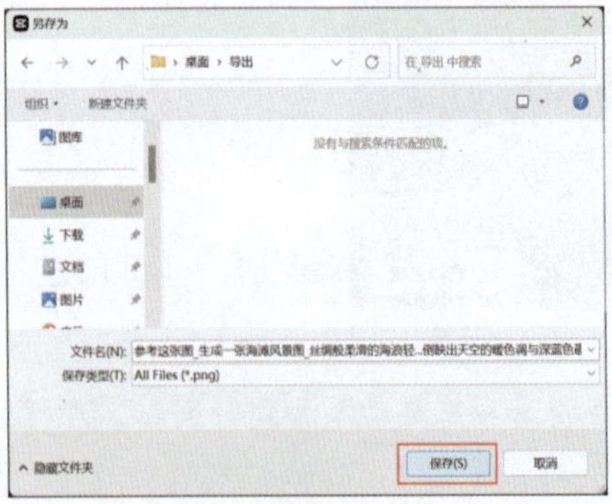

图 8-42

图 8-43

8.2.3　生成人像图片

本节带领读者使用剪映专业版通过"文生图"的方式功能生成一张海边少女人像图片，具体步骤如下。

01　打开剪映专业版，单击首页的"开始创作"按钮 ⊞ 开始创作，进入编辑器页面，单击"素材"按钮 ▣，在"AI 生成"|"图片生成"选项的文本框输入文字描述"一位身着白色纱裙的少女赤足站在沙滩上，海风轻拂她的长发与裙摆，黄昏时分的金色阳光洒在海面泛起粼粼波光，远处有椰林与帆影，画面为写实人像风格，充满电影级的氛围感"，如图 8-44 所示。

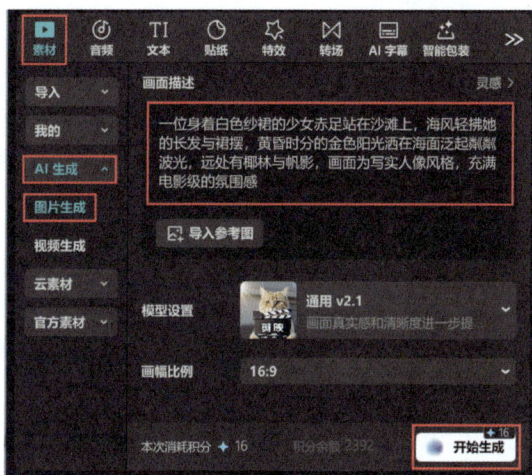

图 8-44

02　单击"模型设置"参数后的下拉按钮 ⌄，切换 AI 模型为"通用 v2.0"，如图 8-45 所示。

03　单击"画幅比例"参数后的下拉按钮 ⌄，可以修改生成的图片画幅比例，如图 8-46 所示。

图 8-45

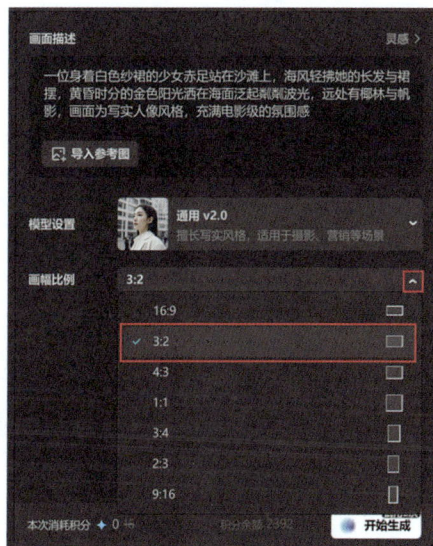

图 8-46

04　单击"开始生成"按钮 🔵 **开始生成**，等待 AI 生成图片并自动添加到时间轴上。在播放器区域可以查看图片效果，在素材调整区域的"生成图片记录"列表可以切换其他版本图片。如果对生成的图片不满意，可以单击"再次生成"按钮 🔵 **再次生成** 重新生成，如图 8-47 所示。

图 8-47

05　在"生成图片记录"列表选中需要保存的图片，将鼠标悬停在图片上，单击图片右下角的 按钮，在弹出的列表中选择"下载到本地"选项，如图 8-48 所示。

图 8-48

06　执行操作后，在"另存为"对话选择路径文件夹，将图片保存到指定位置，如图 8-49 和图 8-50 所示。

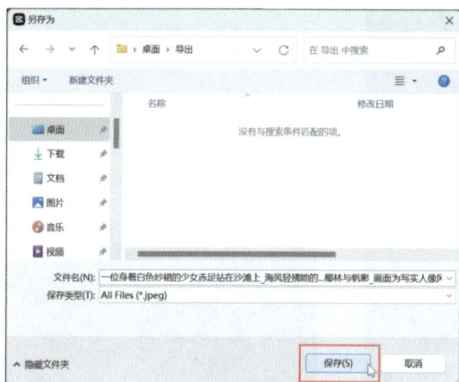

图 8-49

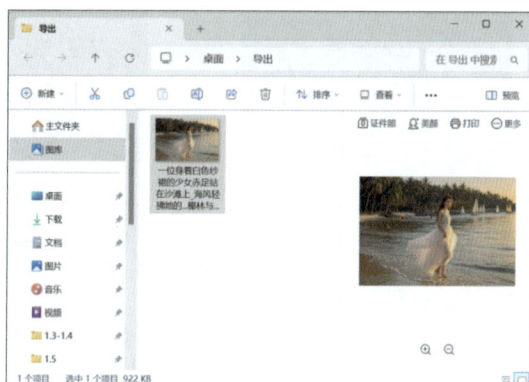

图 8-50

8.2.4　生成动物图片

本节带领读者使用剪映 App 的 AI 作图功能生成猫咪图片，具体步骤如下。

01　打开剪映 App，在"剪辑"页面点击"AI 图片编辑"按钮，如图 8-51 所示。

02　在跳转后的界面选择"AI 作图"功能，如图 8-52 所示。

03　在文本框输入描述文本"一只蓝眼睛的布偶幼猫正用前爪扑抓散落的毛线团，逆光下的绒毛泛着金色光晕，粉色鼻头微微湿润，背景虚化的窗台可见朦胧的绿植，整体呈现专业宠物写真的温暖质感"。输入完成后点击"立即生成"按钮 立即生成 ，如图 8-53 所示。

图 8-51

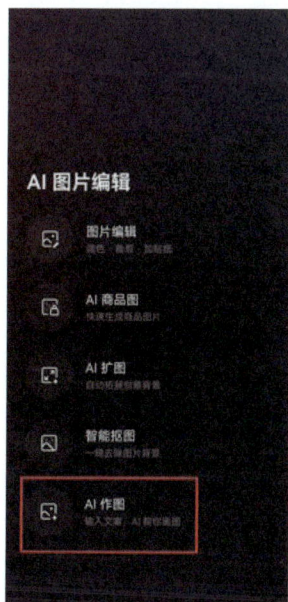

图 8-52

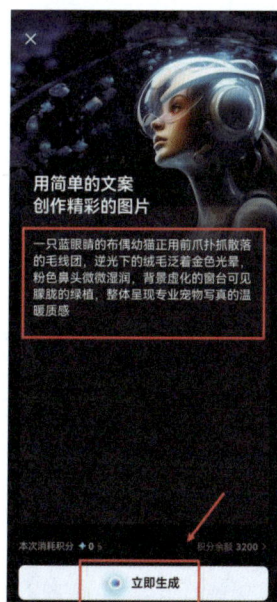

图 8-53

04　等待片刻即可在跳转后的界面看到生成结果，如图 8-54 所示。

05　点击想要保存的图片，在界面下方点击"下载"按钮 ，即可将图片保存至手机相册，如图 8-55 所示。图片效果如图 8-56 所示。

图 8-54

图 8-55

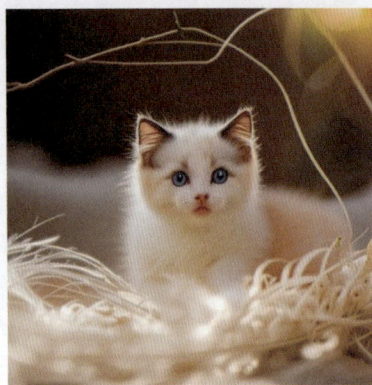

图 8-56

8.2.5 生成产品图片

本节带领读者使用剪映 App 的 AI 商品图功能生成产品图片，具体步骤如下。

01 打开剪映 App，在"剪辑"页面点击"AI 图片编辑"按钮，如图 8-57 所示。

02 在跳转后的界面选择"AI 商品图"功能，如图 8-58 所示。

03 执行操作后，在照片选择界面选择需要处理的图片素材，并点击"编辑"按钮，如图 8-59 所示。

图 8-57

图 8-58

图 8-59

04 执行操作后，剪映 AI 将会自动抠出商品主体，如图 8-60 所示。

05　在跳转后的界面，点击"预设背景"下的"食品饮料"分类，点击"野餐垫"类型，为商品生成一个野餐垫背景，如图 8-61 所示。

06　如果对生成的背景效果不满意，可再次点击"野餐垫"类型，重新生成一个野餐垫背景，如图 8-62 所示。点击其他类型背景可生成其他类型的背景并更换，如图 8-63 所示。

图 8-60　　　　　　图 8-61　　　　　　图 8-62　　　　　　图 8-63

07　确认效果后点击界面右上角的"导出"按钮，即可将图片保存在手机相册中，如图 8-64 所示。生成的图片效果如图 8-65 所示。

图 8-64　　　　　　　　　　　　　　图 8-65

第9章

剪映AI成片实操指南

在短视频创作全民化的时代，剪映凭借其强大的AI功能已成为内容创作者的必备工具。本章将为使用剪映的视频创作者提供全面且实用的操作指引，重点介绍剪映AI的各项功能及其在短视频制作中的具体应用。

9.1 剪映的AI成片功能

剪映的 AI 成片功能通过智能技术实现"文案到视频"的自动化创作。用户输入文字脚本后，系统会自动匹配素材库中的视频片段、图片及音乐，生成完整视频。主要功能包括 AI 剪视频、图文成片、AI 故事成片、营销视频、数字人等。本节将帮助用户更了解并使用剪映 AI 成片的各项功能。

9.1.1 AI剪视频

剪映的 AI 视频剪辑功能通过智能化技术大幅简化了视频制作流程，用户只需上传素材或输入文案，即可自动完成剪辑。

打开剪映 App，在"剪辑"页面的工具中选择"AI 剪视频"按钮，如图 9-1 所示。进入"AI剪视频"界面，在视频选择界面选择需要的视频素材，并点击"下一步"按钮，如图 9-2 所示。

图 9-1

图 9-2

执行操作后，在"描述视频主题"输入框内，输入用户想要表达的视频主题，也可以参考 AI 根据视频内容自动生成的主题建议。根据视频主题和内容选择适合的视频风格（可根据不同视频主题选择不同视频风格），同时勾选"智能剪辑"选项，点击"开始剪辑"按钮，如图 9-3 所示。剪映 AI 将会自动生成几个不同的视频，用户可对视频的内容及样式进行比较，确认效果后点击界面右上角的"导出"按钮，即可将视频保存在手机相册中，如图 9-4 所示。

> **提示**
>
> 若对生成的视频都不满意，可点击"重新生成"按钮。

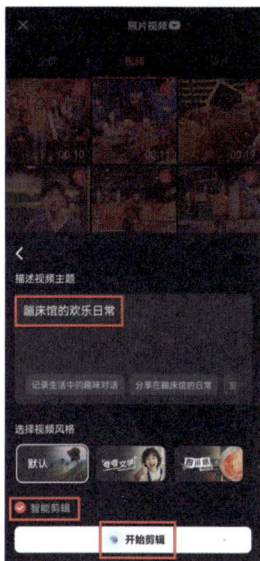

图 9-3　　　　　　　　　　　　　　图 9-4

9.1.2　图文成片

剪映的图文成片功能可将文字内容转化为视频。用户输入文案后，AI 会自动匹配相关素材库视频或图片资源，并智能添加转场、背景音乐和字幕，生成完整的短视频。

打开剪映 App，在"剪辑"页面的工具中点击"图文成片"按钮，如图 9-5 所示。进入"图文成片"页面，此页面提供了"自定义主题"和系统预设主题，包括情感关系、励志鸡汤、美食教程、美食推荐等，用户可根据实际需求自行选择主题，如图 9-6 所示。选择"励志鸡汤"主题进入操作页面，在"主题"文本框内输入"成功"，在"话题"文本框内输入"努力一定会有回报"，不限视频时长，点击"生成文案"按钮，如图 9-7 所示。

图 9-5　　　　　　　　　　图 9-6　　　　　　　　　　图 9-7

系统将自动生成一段文本，若用户对生成的文本不满意，可点击"再次生成"；若符合要求，即可点击"生成视频"按钮，并选择"智能匹配素材"（也可点击"使用本地素材"或者"智能匹配表情包"选项），如图9-8所示。

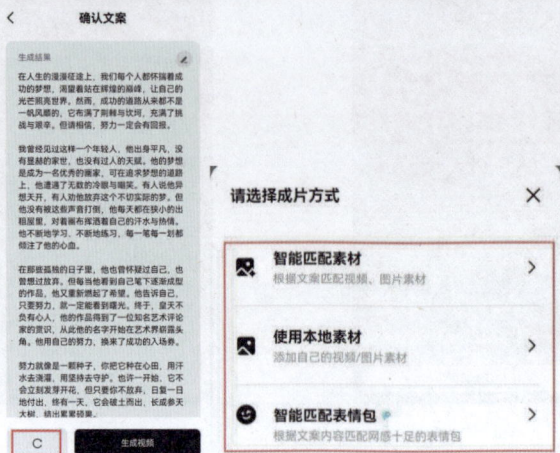

图 9-8

执行操作后，剪映 AI 自动生成视频和字幕并配上音乐。用户可以在下方工具栏中点击"主题模板"按钮更换视频风格，确认后点击"导出"按钮即可，如图9-9所示（下方工具栏内的所有选项，供用户根据对视频的要求自行调整）。

图 9-9

9.1.3　AI故事成片

剪映的 AI 故事成片功能通过智能分析用户输入的文案，自动将文字内容转化为结构化视频叙事。系统会智能拆分故事段落，匹配对应的素材，同步添加剧情化转场、情感适配的背景音乐及动态字幕。

打开剪映 App，在"剪辑"页面的热门工具中，点击"AI 故事成片"按钮，如图 9-10 所示。进入"AI 故事成片"界面，在"添加文案"文本框内输入文案或使用 AI 生成文案，如图 9-11 所示。在 AI 文案生成界面输入故事主题及故事核心要点，点击"生成文案"按钮，如图 9-12 所示。

图 9-10

图 9-11

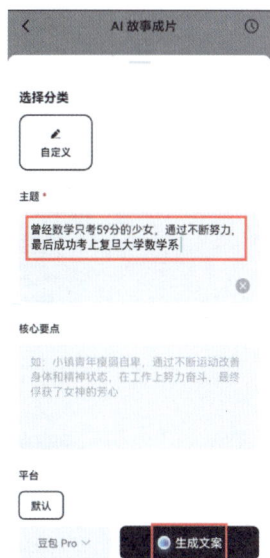

图 9-12

执行操作后，AI 系统会自动生成一个主题明确的故事内容。用户可根据创作需求决定是否使用当前文案或重新生成。确认无误后点击"使用"按钮（如图 9-13 所示）。返回 AI 故事成片页面，需选择与内容匹配的画面风格，根据画面风格的封面情况初步了解样式风格，同时选择"智能推荐"配音选项（如图 9-14 所示）。

图 9-13

图 9-14

继续设置配音语速和背景音乐，并根据画面选择视频比例，设置完成后点击"生成视频"按钮，如图 9-15 所示。执行操作后，视频的画面、字体、配音、配乐均会显示在剪辑轨道中，检查无误后即可点击"导出"按钮，如图 9-16 所示。

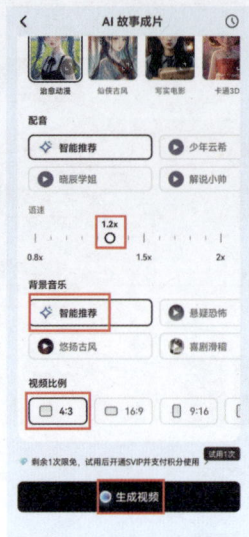

图 9-15

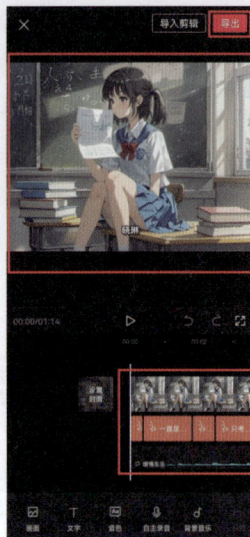

图 9-16

9.1.4　营销视频

剪映 AI 营销视频功能专为商业推广设计。用户只需输入商品卖点或视频文案，剪映 AI 即可自动匹配产品展示动画、真人演示素材和促销字幕特效，智能生成 15 ～ 60 s 的营销短视频。

打开剪映 App，在"剪辑"页面的热门工具中，点击"营销视频"按钮，如图 9-17 所示。进入"营销推广视频"界面，点击"添加素材"，从手机相册中选择需要上传的商品图片或视频，如图 9-18 所示。

图 9-17

图 9-18

素材选择完成后，视频文案的"AI 生文案"功能可根据用户上传的商品图片或视频生成"商品名称""商品卖点"等信息，点击"生成视频"按钮，如图 9-19 所示，剪映 AI 将会自动生成几个不同的视频，用户可对几个视频的内容进行比较，确认效果后点击界面右上角的"导出"按钮，即可将视频保存在手机相册中，如图 9-20 所示。

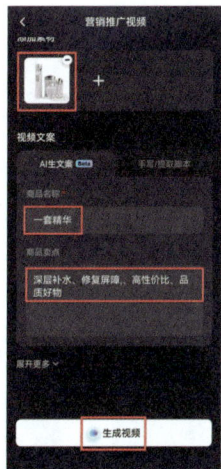

图 9-19

图 9-20

9.1.5　数字人

数字人功能可生成超写实虚拟主播，用户输入文案后自动生成口型、表情和动作完全匹配的 AI 讲解视频。

打开剪映专业版，进入编辑器页面，单击"数字人"按钮，进入数字人功能界面。单击"形象"下拉按钮，可以切换 AI 数字人形象。剪映提供 20 多种数字人形象，不同形象的表达效果和适配度各有不同，如图 9-21 所示。单击"景别"下拉按钮，可以调整人物景别，包括"远景""中景""近景""特写"4 种景别，如图 9-22 所示。单击"背景"下拉按钮，可以设置人物背景，包括纯色背景和图片背景两种，可根据不同用途选择合适的人物背景。设置完成后，单击"下一步"按钮，如图 9-23 所示。

图 9-21

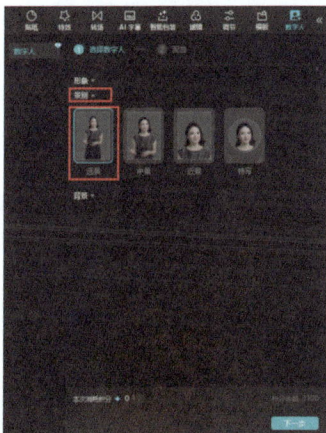

图 9-22

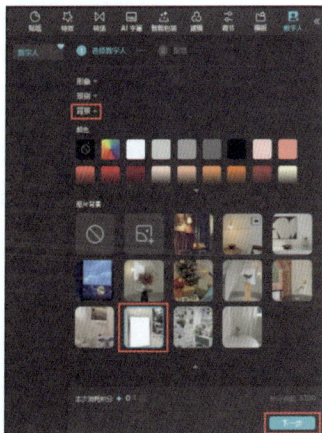

图 9-23

进入"配音"操作页面，用户可以直接在文本框内输入文案，也可以选择 AI 智能生成文案。在"智能文案"中输入内容主题，单击 按钮，如图 9-24 所示。执行操作后，AI 将自动生成多个主题文案，可以单击"上一个"或"下一个"按钮对文案进行比较，选定文案后单击"确认"按钮，如图 9-25 所示。单击"音色"下拉按钮 ，根据文案内容和数字人形象选择适配度高的音色，并勾选"同时生成字幕"，单击"生成"按钮，如图 9-26 所示。

图 9-24

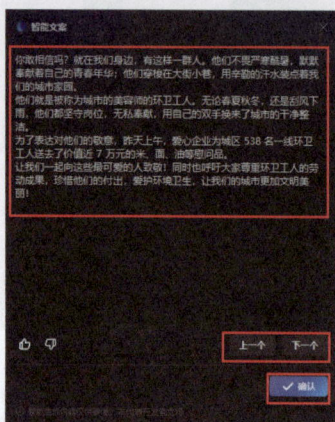
图 9-25

图 9-26

剪映 AI 会根据用户设置的参数生成视频，并自动添加到时间轴上。用户可在播放器区域查看视频效果，在素材调整区域对文字的字体及样式进行调整，调整完成后单击"导出"按钮，如图 9-27 所示。

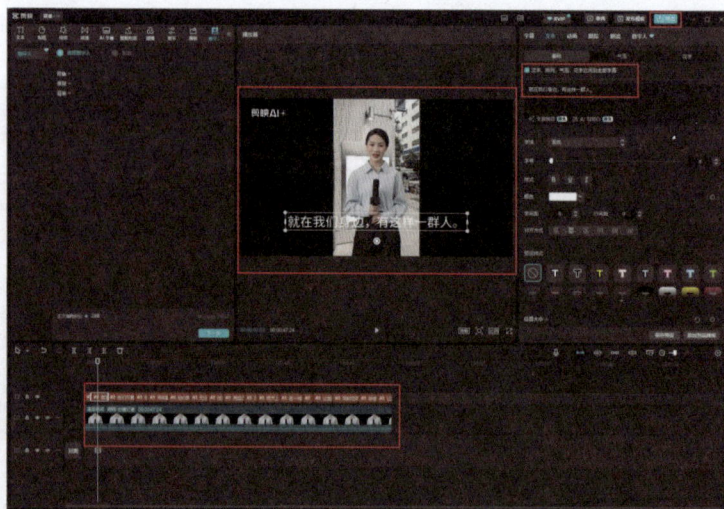
图 9-27

9.2 剪映AI成片实操指南

在创意构思阶段，剪映 AI 可根据用户输入的主题和关键词，快速生成视频创意方向与脚本框

架，为创作提供灵感来源。在素材处理环节，该系统能够
自动分析素材库，精准筛选出与主题匹配的视频和图片素
材，并对素材进行智能裁剪和调色处理，显著提升素材质量。
在成片制作过程中，剪映 AI 基于脚本与素材，自动完成剪
辑、转场特效添加及字幕生成等工作，最终输出风格多样
的视频作品。

图 9-28

9.2.1　生成美食教学视频

本节带领读者使用剪映 App 的图文成片功能生成美食
教学视频，效果如图 9-28 所示，具体步骤如下。

01　打开剪映 App，在"剪辑"页面的热门工具中，
点击"图文成片"按钮，如图 9-29 所示。

02　进入"图文成片"主题页面，选择"美食教程"主题，如图 9-30 所示。

03　进入"美食教程"主题页面，输入美食名称"糖醋排骨"，在"美食做法"的文本框内输
入描述"预处理排骨，冷水浸泡排骨 20 min 去血水，沥干后用厨房纸吸干水分。煎制排骨，冷锅
倒少量油，放入排骨，中小火慢煎至两面金黄（约 6 min）。炒糖色，倒出多余油，留底油加 1 勺
白糖，小火熬至琥珀色，立即倒入排骨翻炒裹色。炖煮入味，加生姜、葱段爆香，倒入调好的糖
醋汁，加热水没过排骨，大火煮沸转小火焖 30 min。收汁亮色，开盖转大火收汁，不断翻炒至汤
汁黏稠裹肋排，临出锅沿锅边淋半勺香醋。装盘点睛，撒白芝麻 + 葱花，搭配柠檬片解腻"。选择"不
限时长"，点击"生成文案"按钮，如图 9-31 所示。

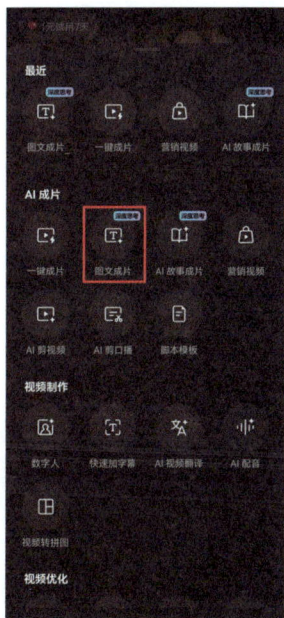

图 9-29

图 9-30

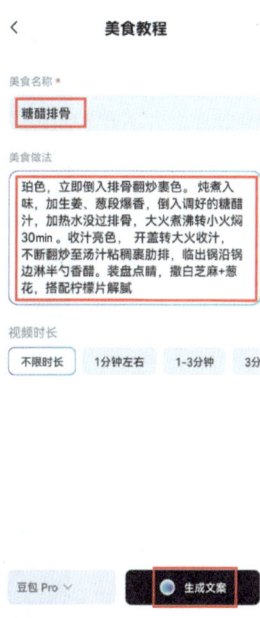

图 9-31

04 执行操作后，剪映 AI 生成糖醋排骨做法的文案，用户检查完毕后可点击"再次生成"按钮 C 或者"生成视频"按钮，如图 9-32 所示。

05 选择"智能匹配素材"成片方式，此方式可根据剪映 App 内的素材自动匹配文本内容，用户也可以选择"使用本地素材"生成视频，如图 9-33 所示。

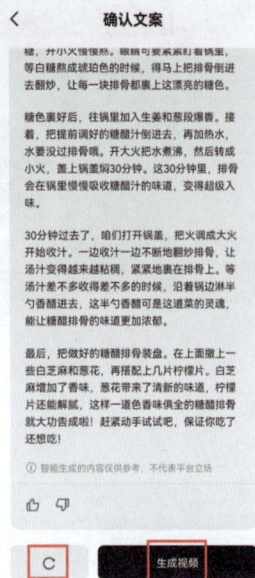

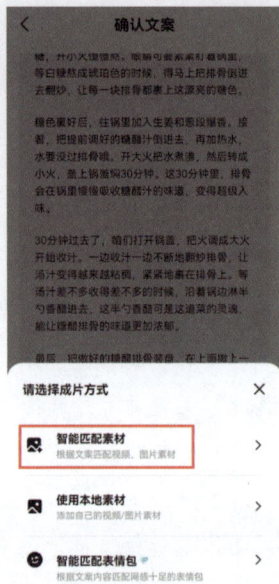

图 9-32   图 9-33

06 执行操作后，生成的视频会出现在视频剪辑轨道中，如图 9-34 所示。

07 移动时间轴进行初步检查，若发现某些文本与画面内容不同步，可选中此画面素材，点击"替换"按钮，如图 9-35 所示。

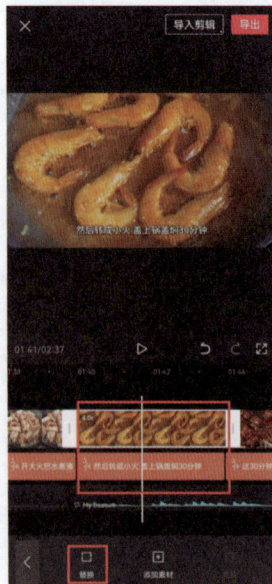

图 9-34   图 9-35

08　在剪映 App 素材库中，选择视频素材，搜索素材"焖煮"，选择符合此主题并与文本叙述一致的素材，如图 9-36 所示。

09　按此步骤检查所有画面素材，确保所有文本内容与画面一致，点击"导出"按钮，即可保存至手机相册，如图 9-37 所示。

 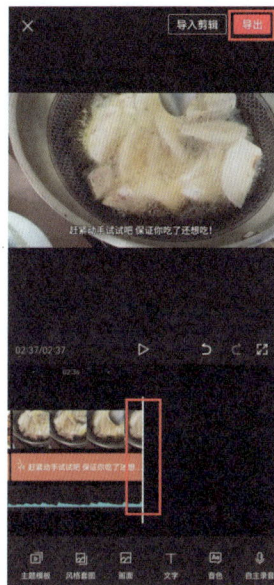

图 9-36　　　　　　　　　　　图 9-37

9.2.2　生成数字人口播视频

本节将带领读者使用剪映专业版的数字人功能生成数字人口播视频，效果如图 9-38 所示，具体步骤如下。

图 9-38

01　打开剪映专业版，进入编辑器页面，单击"数字人"按钮，进入数字人功能界面，单击"形象"下拉按钮，选择数字人形象"营销"板块内的"汤汤 – 零食分享"，如图 9-39 所示。

02　选择数字人景别为"远景"，单击"下一步"按钮，如图 9-40 所示。

图 9-39

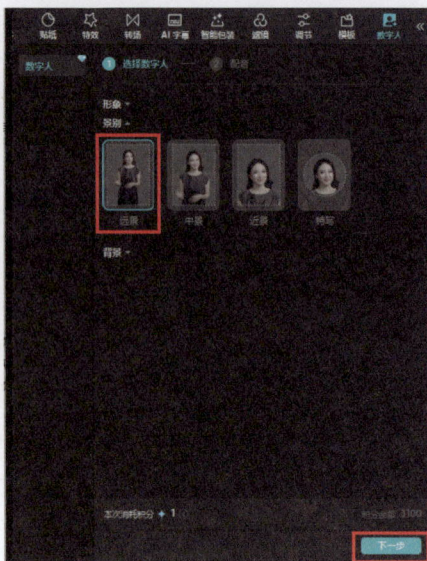

图 9-40

03　执行操作后，画面中出现数字人形象效果，用户可基于此效果后续对样式进行调整，如图 9-41 所示。

04　进入"数字人"功能的"配音"界面，单击"智能文案"按钮，在智能文案文本框内输入描述"写一条关于糖果的口播文案"，然后单击按钮 🔵，如图 9-42 所示。

图 9-41

图 9-42

05　执行操作后，剪映 AI 自动生成多个文案，单击"上一个"或"下一个"按钮对文案进行比较，选定文案后单击"确认"按钮，如图 9-43 所示。

06　继续单击"音色"下拉按钮 ⌄，选择数字人音色"最新"板块内的"甜美女生"音色，并勾选"同时生成字幕"，单击"生成"按钮，如图 9-44 所示。

07　执行操作后，在播放器区域内选择任意一个文本素材片段，设置字体为"方糖体"、字号大小为"5"、文字样式为"粉色底深粉色描边",如图 9-45 所示。

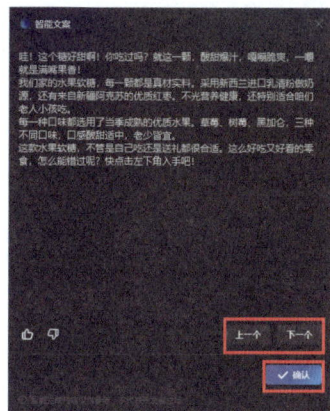

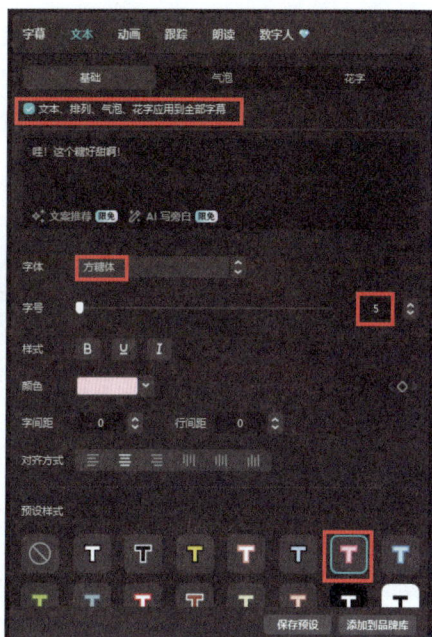

图 9-43　　　　　　　　图 9-44　　　　　　　　图 9-45

08　执行操作后,在播放器区域可以查看修改后的视频效果,调整完成后单击"导出"按钮,如图 9-46 所示。

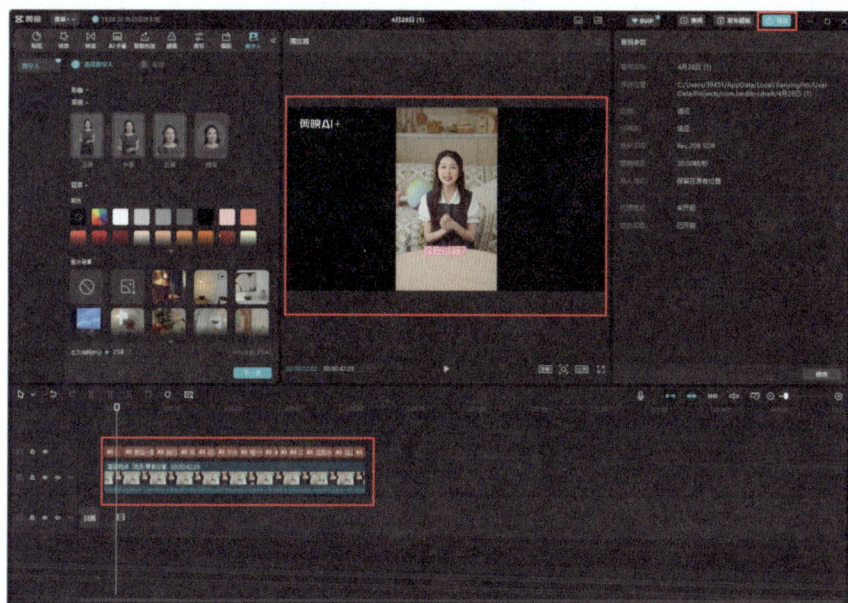

图 9-46

9.2.3　生成旅游攻略视频

本节带领读者使用剪映 App 的图文成片功能生成旅游攻略视频,效果如图 9-47 所示,具体步骤如下。

图 9-47

01 打开剪映 App，在"剪辑"页面的热门工具中，点击"图文成片"按钮，如图 9-48 所示。

02 进入"图文成片"主题页面，选择"旅行攻略"主题，如图 9-49 所示。

03 进入"旅行攻略"主题页面，输入旅行地点"冰岛"，在"主题"的文本框内输入以下描述文本。

Day1 雷克雅未克→黄金圈

　　必玩：辛格维利尔国家公园（板块裂缝）

　　必拍：间歇泉 Geysir 爆发瞬间（每 5 ～ 10 min 一次）

　　必吃：Skyr 酸奶 + 冰岛热狗（Bæjarins Beztu）

Day2 南岸探险

　　塞里雅兰瀑布（可走到水帘后方）

　　黑沙滩 Reynisfjara（注意疯狗浪）

　　住宿：维克镇小木屋（极光观测点）

Day3 冰川与冰河湖

　　杰古沙龙冰河湖（钻石沙滩无人机航拍）

　　注意：冰川徒步需跟专业向导

Day4 东部峡湾

　　自驾沿途：蝙蝠山 Vestrahorn 倒影

　　隐藏美食：Humarhöfnin 龙虾餐厅

Day5 斯奈山半岛

　　网红机位：草帽山 Kirkjufell（《权力的游戏》取景地）

　　伴手礼：火山盐 + 羊毛制品

视频时长选择"不限时长"，点击"生成文案"按钮，如图 9-50 所示。

04 执行操作后，剪映 AI 会生成冰岛旅行攻略的文案，检查完毕后可点击"生成视频"按钮生成视频或点击"再次生成"按钮重新生成文案，如图 9-51 所示。

图 9-48

图 9-49

图 9-50

05 选择"智能匹配素材"成片方式，系统会根据剪映 App 内的素材自动匹配文本内容，用户也可以选择"使用本地素材"进行视频生成，如图 9-52 所示。

06 执行操作后，生成的视频会出现在剪辑轨道中，如图 9-53 所示。

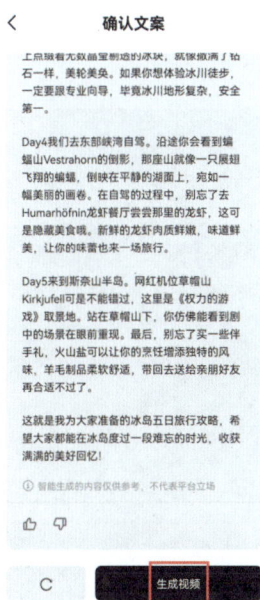

图 9-51

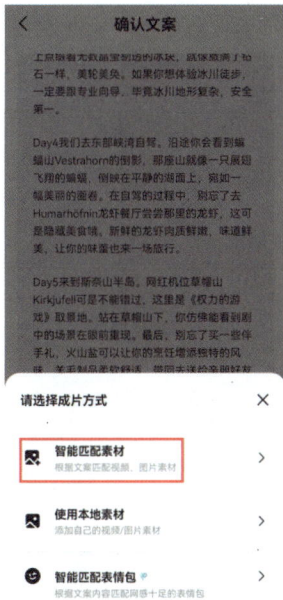

图 9-52

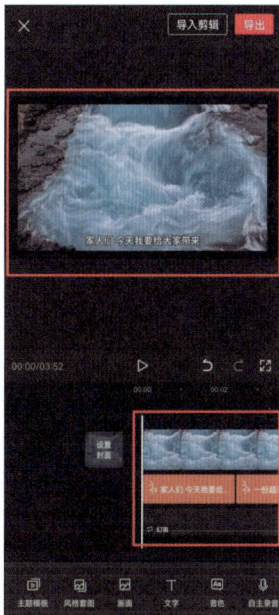

图 9-53

07 移动时间轴进行初步检查，对背景音乐不太满意，准备将背景音乐替换。选中音乐素材，点击"替换"按钮，如图 9-54 所示。

08　进入音乐素材界面，搜索音乐"旅行"，选择音乐"旅行记 vlog"，点击"使用"按钮，如图 9-55 所示。

09　选中文本素材，点击"编辑"按钮，即可对文本样式进行修改，如图 9-56 所示。

  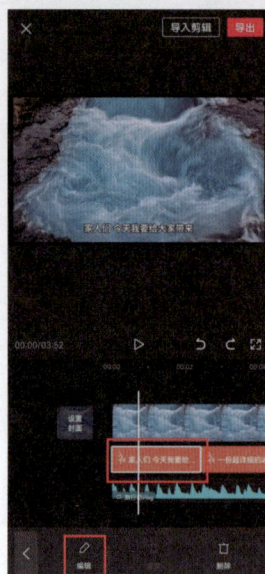

图 9-54　　　　　　　　　图 9-55　　　　　　　　　图 9-56

10　进入文本样式界面，将文本字体修改成"甜甜圈"，如图 9-57 所示。

11　进入"花字"界面，选择"粉紫色样式"，点击"应用"按钮，如图 9-58 所示。

12　返回上一级，检查所有画面素材，确定无误后点击"导出"按钮，即可将视频导出并保存至手机相册，如图 9-59 所示。

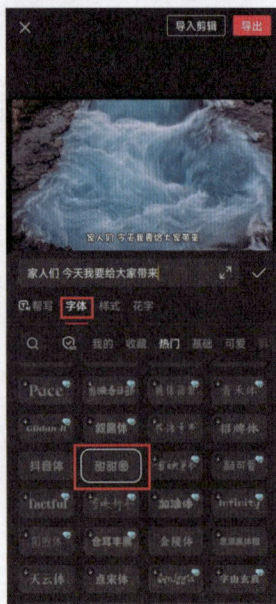  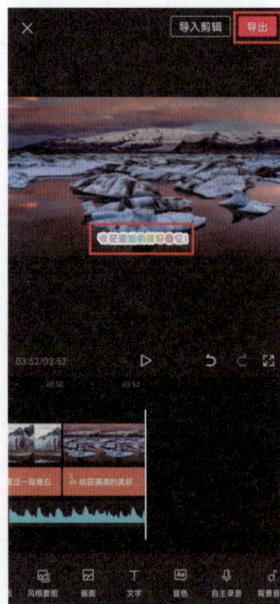

图 9-57　　　　　　　　　图 9-58　　　　　　　　　图 9-59

第 10 章

AI 绘画综合实战

本章内容实用且全面，在创作过程中详细介绍了不同 AI 绘画工具的操作技巧，涵盖文本生成图像、图像风格迁移等技术，帮助用户精准表达创意。针对影视海报、产品设计、漫画绘本、人物设计等不同绘画类型，提供了 AI 辅助创作的实战指导。在漫画创作中，AI 可生成细腻的主题元素；在人物绘制时，能辅助设计角色形象与分镜头。

10.1　制作影视海报

AI 生成影视海报是指利用 AI 自动或半自动创作电影、电视剧、动画等作品的宣传海报。下面将分别介绍使用即梦 AI 和剪映 AI 生成影视海报的具体方法，效果展示如图 10-1（即梦 AI 生成）和图 10-2（剪映 AI 生成）所示。

图 10-1

图 10-2

1. 即梦 AI 生成影视海报

01　打开即梦 AI 主页，进入"图片生成"页面，在文本框内输入描述"中国电影《影》的宣传海报，水墨风格，有一个戴斗笠帅气舞剑的人，剪影，背景是黑白灰色调，书法字标题'影'，副标题'即将上映'显示在下方，发布日期'12 月 30 日'在底部"，选择生图模型为'图片 2.1'，如图 10-3 所示。

02　选择图片比例为"3:4"，单击"立即生成"按钮，如图 10-4 所示。

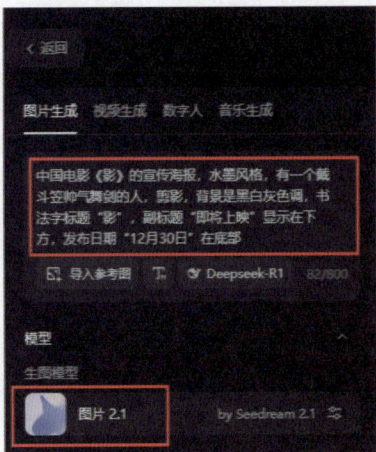
图 10-3

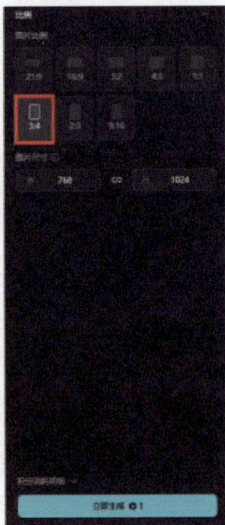
图 10-4

03　执行操作后，即梦 AI 会生成 4 张图片，选择一张效果满意的图片，下载对应的超清图即可，如图 10-5 所示。

图 10-5

2. 剪映 AI 生成影视海报

01　打开剪映专业版，进入编辑器页面，在"AI 生成"|"图片生成"功能的文本框输入文字描述"中国电影《影》的宣传海报，水墨风格，有一个戴斗笠帅气舞剑的人，剪影，背景是黑白灰色调，书法字标题'影'，副标题'即将上映'显示在下方，发布日期'12 月 30 日'在底部"，如图 10-6 所示。

02　单击"画幅比例"参数后的下拉按钮，选择画幅比例"3∶4"，单击"开始生成"按钮，如图 10-7 所示。

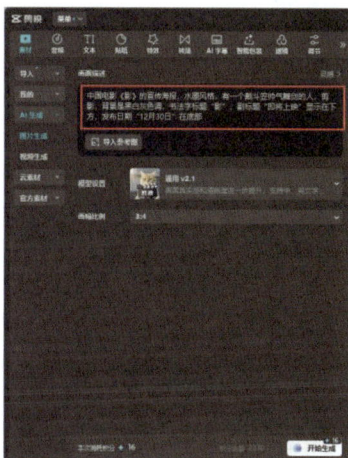

图 10-6

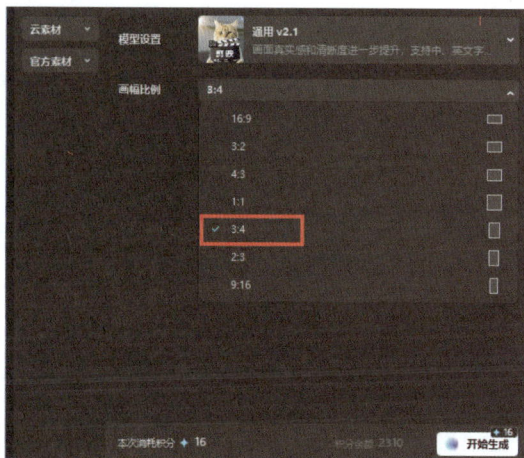

图 10-7

03　执行操作后，AI 生成的图片会自动添加到时间轴上，在播放器内可以查看图片效果，如图 10-8 所示。

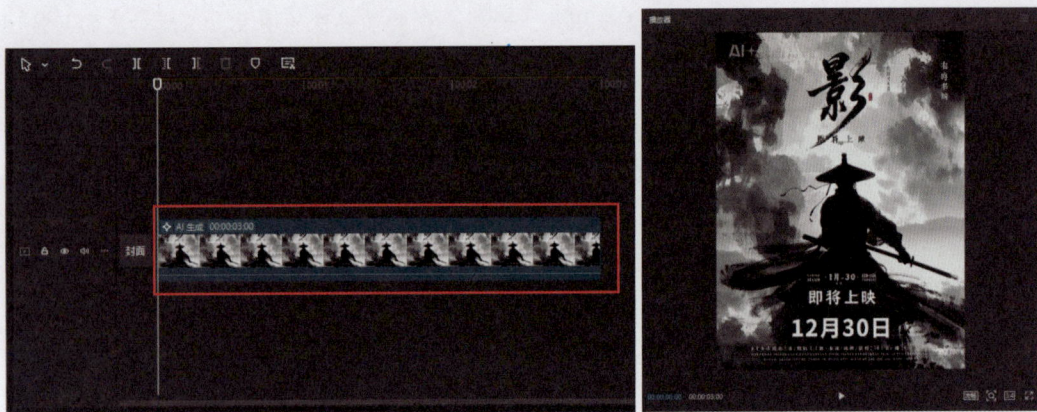

图 10-8

04 在素材调整区域的"生成记录"列表里，可以切换其他版本图片，选择完成后单击图片右下角的 按钮，在弹出菜单中选择"下载到本地"选项，如图 10-9 所示。

提示

如果对生成的图片不满意，可以单击"再次生成"按钮继续生成，直至得到符合要求的图片。

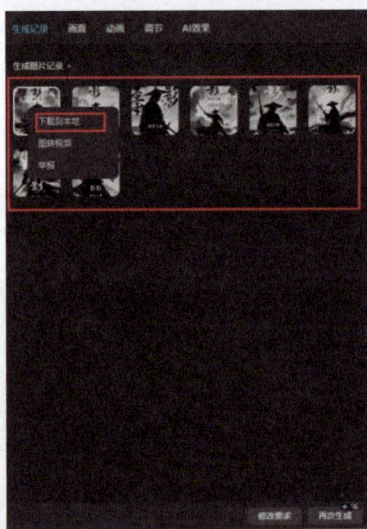

图 10-9

10.2 电商产品海报

AI 生成电商产品海报是指利用 AI 自动或辅助完成电商产品外观、包装、展示图及场景化营销素材的创作过程。下面将分别介绍使用即梦 AI、可灵 AI 和剪映 AI 生成电商产品海报的具体方法，效果展示如图 10-10（即梦 AI 生成）、图 10-11（可灵 AI 生成）和图 10-12（剪映 AI 生成）所示。

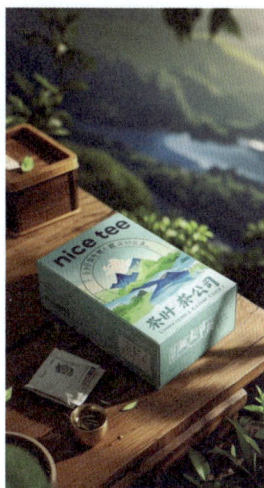

图 10-10　　　　　　　　　　图 10-11　　　　　　　　　　图 10-12

1. 即梦 AI 生成电商产品海报

01　打开即梦 AI 主页，进入"图片生成"页面，在文本框内输入描述"一个绿茶包装盒上的标志'nice tee 茶叶公司'，具有山和水元素的插图。背景是空灵的山地景观，高品质摄影质感。采用了 3D 渲染风格，用 Cinema 4D 渲染，丰富的细节，自然元素，高清晰度，8K"，选择生图模型为"图片 2.1"，如图 10-13 所示。

02　选择图片比例为"9：16"，单击"立即生成"按钮，如图 10-14 所示。

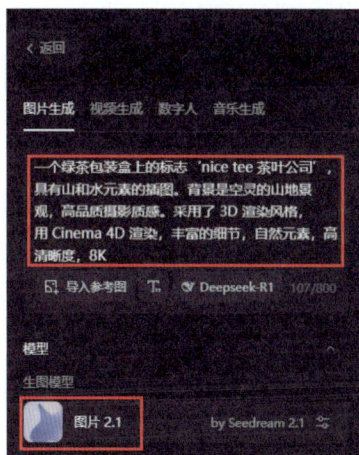
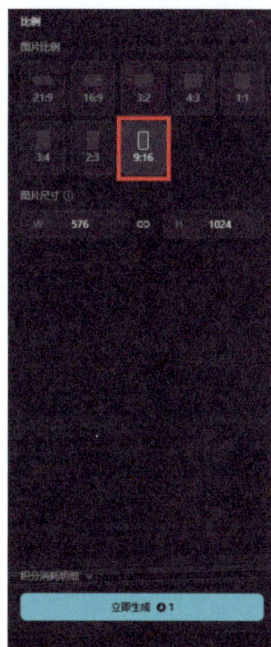

图 10-13　　　　　　　　　　　　图 10-14

03　执行操作后，即梦 AI 生成 4 张图片，选择一张效果满意的图片，下载对应的超清图即可，如图 10-15 所示。

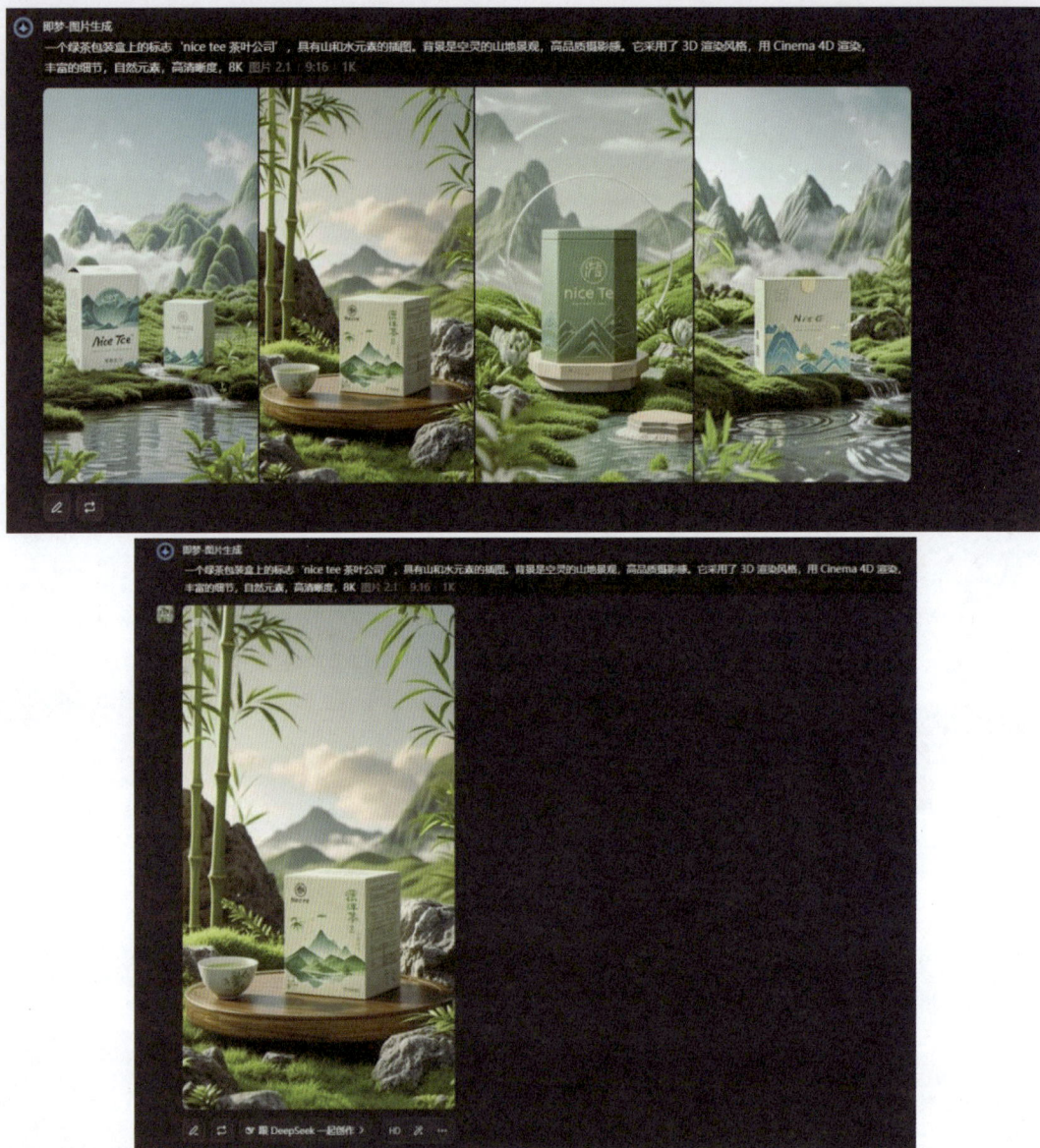

图 10-15

2. 可灵 AI 生成电商产品海报

01 打开可灵 AI 主页，进入"图片生成"页面，在创意描述的文本框内输入"一个绿茶包装盒上的标志'nice tee 茶叶公司'，具有山和水元素的插图。背景是空灵的山地景观。它采用了 3D 渲染风格，用 Cinema 4D 渲染，丰富的细节，自然元素，高清晰度，8K"，如图 10-16 所示。

> **注意**
>
> 使用即梦 AI 时，有时需改变指令方式，非常明确的指令会让生成结果更可控，例如"需要保证画面包含文字，用什么字体、字号等"，同时可以使用 DeepSeek 对这些指令进行优化，从而达到更好的效果。

02　选择"通用垫图"的图片形式，设置图片比例为"9：16"，单击"立即生成"按钮，如图 10-17 所示。

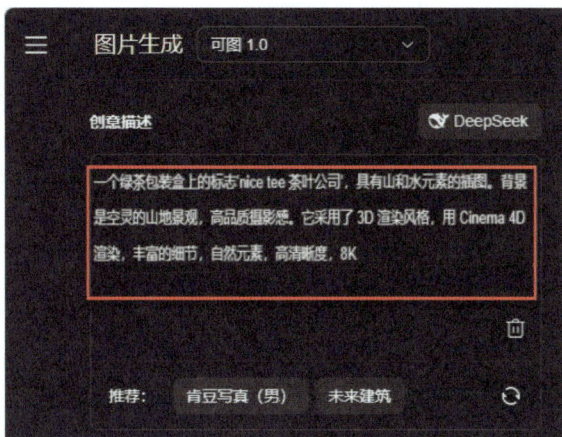
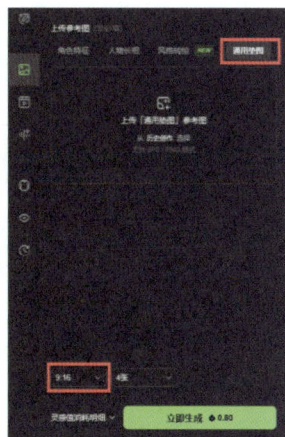

图 10-16　　　　　　　　　　　　　　图 10-17

03　执行操作后，可灵 AI 生成 4 张图片，选择满意的图片下载即可，如图 10-18 所示。

提示

生成的图片张数可根据需要自行调整。

图 10-18

3. 剪映 AI 生成电商产品海报

01　打开剪映专业版，进入编辑器页面，在"AI 生成"|"图片生成"的文本框输入文字描述："一个绿茶包装盒上的标志'nice tee 茶叶公司'，具有山和水元素的插图。背景是空灵的山地景观，高品质摄影质感。采用了 3D 渲染风格，用 Cinema 4D 渲染，丰富的细节，自然元素，高清晰度，8K"，如图 10-19 所示。

02 单击"画幅比例"参数后的下拉按钮，选择比例"9∶16"，单击"开始生成"按钮，如图 10-20 所示。

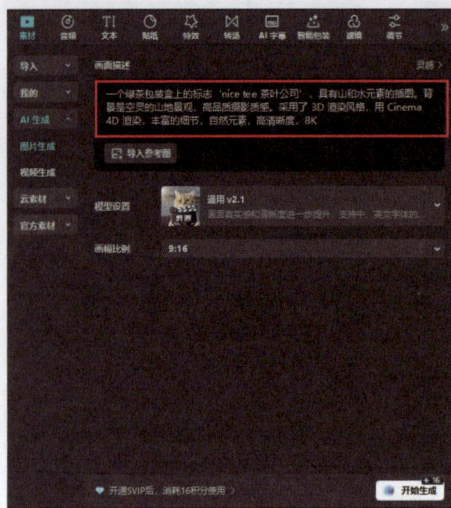

图 10-19

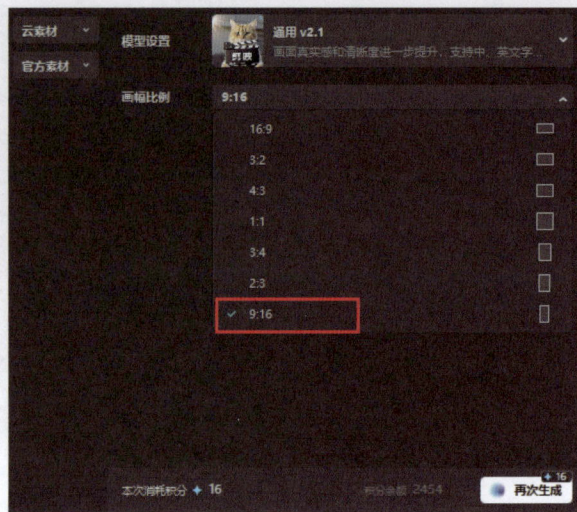

图 10-20

03 执行操作后，AI 生成的图片自动添加到时间轴上，在播放器内可以查看图片效果，如图 10-21 所示。

04 在素材调整区域的"生成记录"列表里，可以切换其他版本图片，选择完成后单击图片右下角的 ▦ 按钮，在弹出的列表中选择"下载到本地"选项，如图 10-22 所示。

提示

如果对生成的图片不满意，可以单击"再次生成"按钮继续生成，直至得到符合要求的图片。

图 10-21

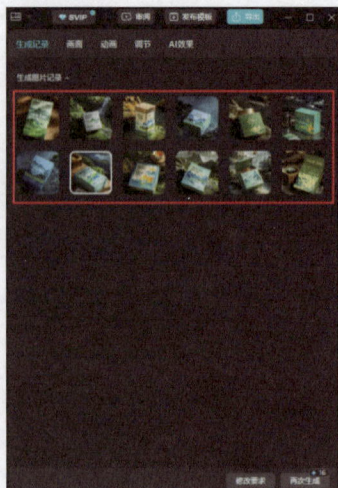

图 10-22

10.3　制作漫画绘本

漫画绘本能够将文字故事描述转化为具有完整叙事逻辑的视觉作品。通过输入描述，AI 系统可以自动生成风格统一的分镜头画面、角色形象和场景设计，形成连贯的绘本内容。下面将分别介绍使用即梦 AI 和剪映 AI 生成漫画绘本的具体方法，效果展示如图 10-23（即梦 AI 生成）和图 10-24（剪映 AI 生成）所示。

图 10-23

图 10-24

1. 即梦 AI 生成漫画绘本

01　打开即梦 AI 主页，进入"图片生成"页面，在文本框内输入描述"生成一张儿童漫画绘本的跨页插图，主题是'小狐狸的星空冒险'，画风温暖治愈，水彩质感，主角是一只戴红色围巾的小狐狸和一只穿背带裤的兔子，他们坐在弯月上喝茶，背景是深邃星空和发光的小行星，风格类似《小王子》插画，柔和光影，充满童话感"，选择生图模型为"图片 3.0"，如图 10-25 所示。

02　选择图片比例为"4:3"，单击"立即生成"按钮，如图 10-26 所示。

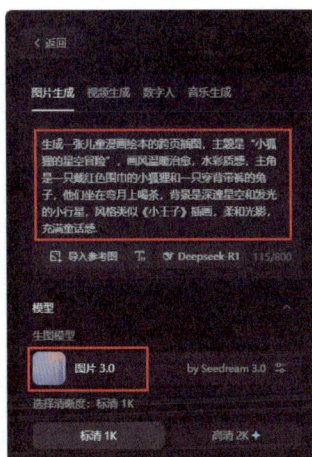

图 10-25

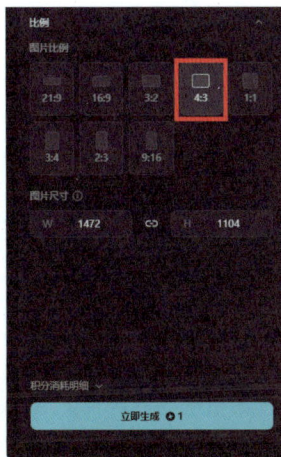

图 10-26

03　执行操作后，即梦 AI 生成 4 张图片，选择效果满意的图片，下载对应的超清图即可，如图 10-27 所示。

图 10-27

2. 剪映 AI 生成影视海报

01　打开剪映专业版，进入编辑器页面，在"AI 生成"|"图片生成"的文本框输入文字描述"生成一张儿童漫画绘本的跨页插图，画面中心是文字标题'小狐狸的星空冒险'，画风温暖治愈，水彩质感，主角是一只戴红色围巾的小狐狸和一只穿背带裤的兔子，他们坐在弯月上喝茶，背景是深邃星空和发光的小行星，柔和光影，充满童话感"，如图 10-28 所示。

> **提示**
>
> 使用剪映 AI 时，有时需要调整指令参数以获得更理想的图像生成效果。本案例中，建议对涉及文字描述和风格设定的指令进行同义转换。需要注意的是，该工具对风格特征的识别能力有限，建议适当简化相关指令。

02　单击"画幅比例"参数后的下拉按钮，选择画幅比例"4：3"，单击"开始生成"按钮，如图 10-29 所示。

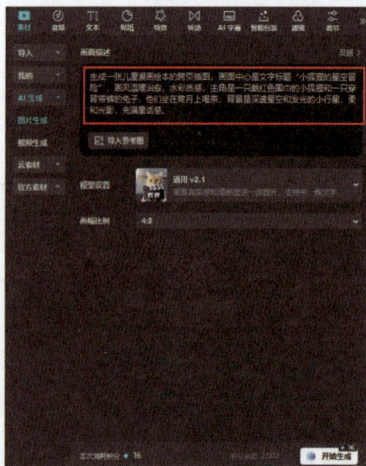

图 10-28

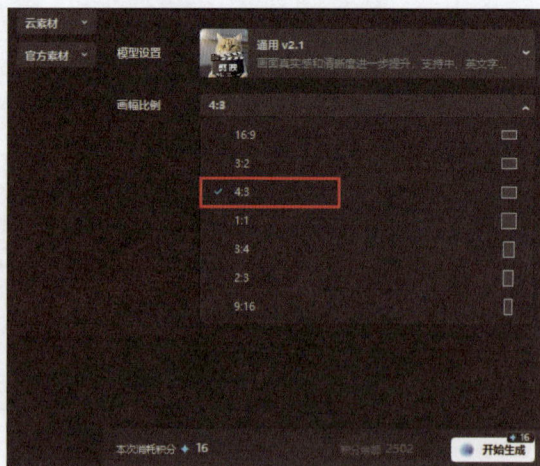

图 10-29

03　执行操作后，AI 生成的图片会自动添加到时间轴上，在播放器内可以查看图片效果，如

图 10-30 所示。

　　04　在素材调整区域的"生成记录"列表里，可以切换其他版本图片，选择完成后将图片下载到本地，如图 10-31 所示。

图 10-30

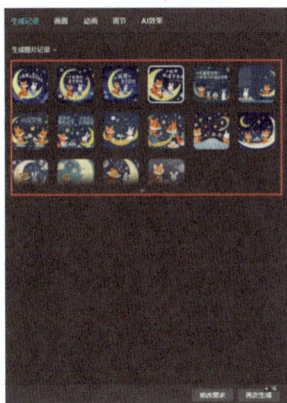

图 10-31

10.4　游戏人物设计

　　AI 生成游戏人物设计是指利用 AI 工具根据用户的创意输入或预设参数，自动生成具有完整视觉特征、风格统一且符合游戏世界观的角色形象。下面将分别介绍使用即梦 AI、可灵 AI 和剪映 AI 生成游戏人物的具体方法，效果展示如图 10-32（即梦 AI 生成）、图 10-33（可灵 AI 生成）和图 10-34（剪映 AI 生成）所示。

图 10-32

图 10-33

图 10-34

1. 即梦 AI 生成游戏人物

　　01　打开即梦 AI 主页，进入"图片生成"页面，在文本框内输入描述"水墨二次元风格，魔幻世界里，一个来自北方草原、行动轻巧、擅长多箭连发的青年弓箭手，无背景，全身图"，选择生图模型为"图片 3.0"，如图 10-35 所示。

　　02　选择图片比例为"9∶16"，单击"立即生成"按钮，如图 10-36 所示。

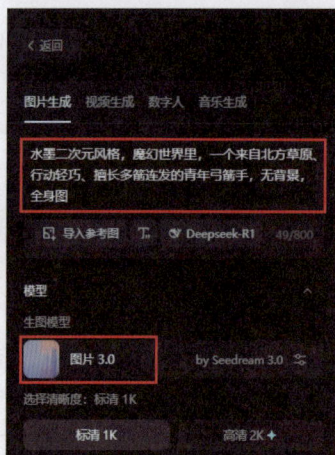

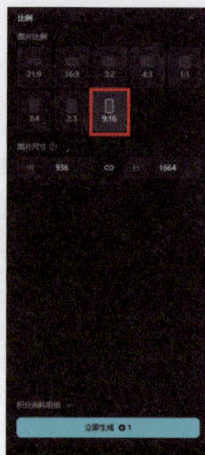

图 10-35　　　　　　　　　　　　图 10-36

03　执行操作后，即梦 AI 生成 4 张图片，选择效果满意的图片，下载对应的超清图即可，如图 10-37 所示。

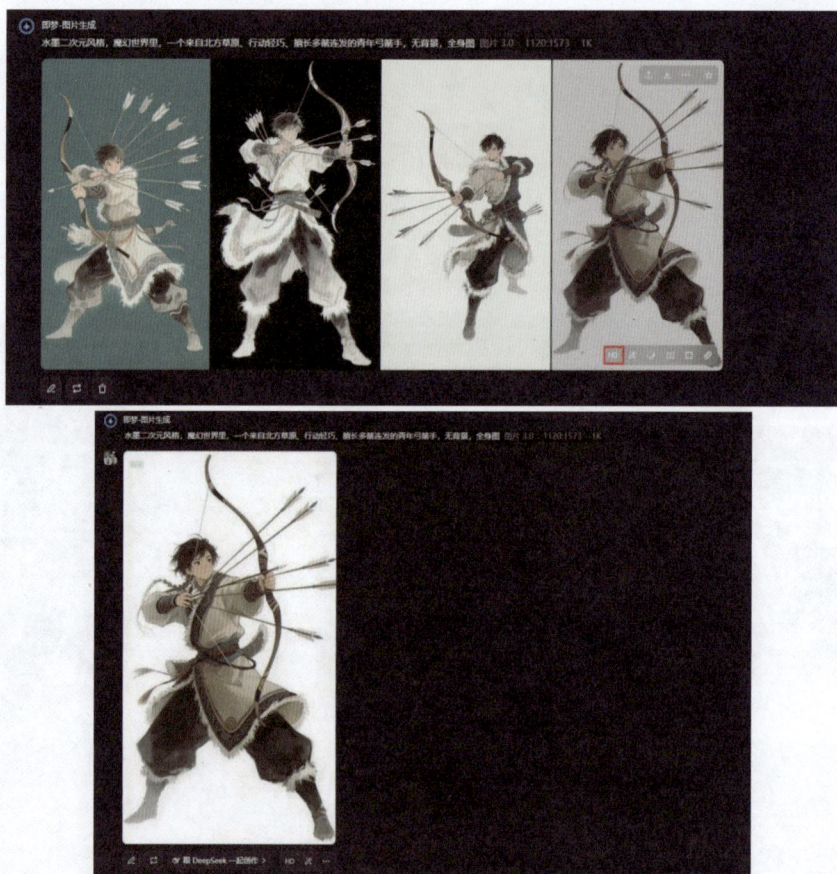

图 10-37

2. 可灵 AI 生成游戏人物

01　打开可灵 AI 主页，进入"图片生成"页面，在创意描述文本框内输入"水墨二次元风格，魔幻世界里，一个来自北方草原、行动轻巧、擅长多箭连发的青年弓箭手，无背景，全身图"，如图 10-38 所示。

02　选择"通用垫图"的图片形式，设置图片比例为"9∶16"，单击"立即生成"按钮，如图 10-39 所示

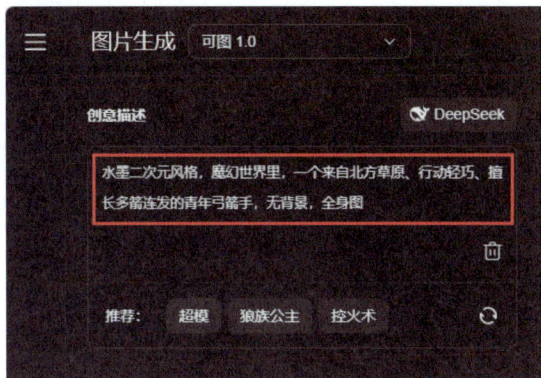

图 10-38

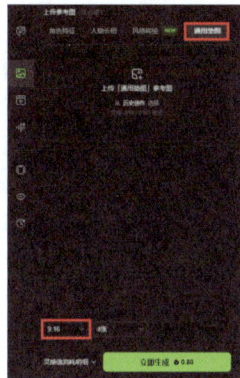

图 10-39

03　执行操作后，可灵 AI 生成 4 张图片，选择满意的图片下载即可，如图 10-40 所示。

图 10-40

3. 剪映 AI 生成游戏人物

01　打开剪映专业版，进入编辑器页面，在"AI 生成"|"图片生成"的文本框输入文字描述"水墨二次元风格，魔幻世界里，一个来自北方草原、行动轻巧、擅长多箭连发的青年弓箭手，无背景，正面图，全身图"，如图 10-41 所示。

02　单击"画幅比例"参数后的下拉按钮，选择画幅比例"9∶16"，单击"开始生成"按钮，如图 10-42 所示。

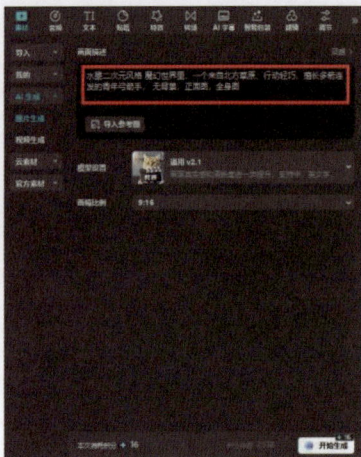

图 10-41

图 10-42

03 执行操作后，AI 生成的图片自动添加到时间轴上，在播放器内可以查看图片效果，如图 10-43 所示。

04 在素材调整区域的"生成记录"列表里，可以切换其他版本图片，选择完成后可将图片下载到本地，如图 10-44 所示。

图 10-43

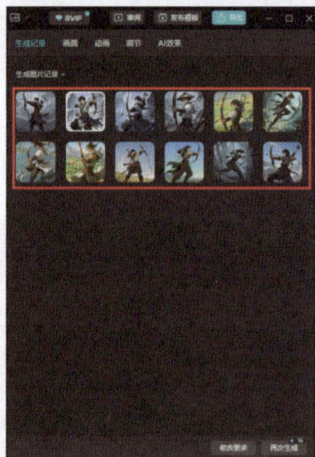

图 10-44

第11章

AI视频综合实战

本章将通过多种类型的实际案例，系统讲解如何运用AI技术辅助短视频创作，涵盖剧情构思、角色塑造、场景搭建等核心环节。深入剖析创作全流程：从前期利用AI进行选题策划与受众定位，到中期的素材采集处理与视频生成优化，直至后期制作环节，每个步骤均提供详细的方法指导。针对动画短片、电商广告、音乐MV、综艺预告片等不同类别的短视频创作，给出基于AI技术的实战解决方案。

11.1　制作动画短片

AI 生成动画短片是利用 AI 辅助或自动完成动画短片创作的过程，包括剧本生成、角色设计、分镜头制作、动画生成、配音配乐等环节。其核心特点是自动化和智能化，能够显著降低制作成本，减少制作时间，同时为创作者提供新的创意工具。下面介绍如何利用 DeepSeek、即梦 AI 和剪映（专业版）制作完整的动画短片，效果如图 11-1、图 11-2 和图 11-3 所示。

图 11-1

图 11-2

图 11-3

1. 生成分镜头图片

01　打开 DeepSeek 官网并登录，在页面的文本框内输入指令"帮我写一个简单容易理解的儿童绘本故事，并根据故事内容分成 8 个镜头，生成对应的分镜头画面提示词"，单击确认按钮↑，如图 11-4 所示。

> **提示**
>
> 可以根据回答修改提示词，提出新指令，如画面提示词要包括构图、人物、光线、色调、风格等非常具体的指令，直至得到满意且详细的回答。

02　打开即梦 AI 主页，进入"图片生成"页面，在文本框内输入 DeepSeek 生成的画面提示词，即"可爱风，宫崎骏画风，动画形式，暖色调，插画风格。晨雾中的池塘水面漂浮荷叶与芦苇，乌龟低头咬断芦苇，龟壳上绑着布袋，里面有干花和小石子。柔光滤镜，主色调青灰＋嫩绿，细节强调泥巴质感与芦苇纤维"，选择生图模型为"图片 3.0"，如图 11-5 所示。

03　选择图片比例为"3：4"，单击"立即生成"按钮，如图 11-6 所示。

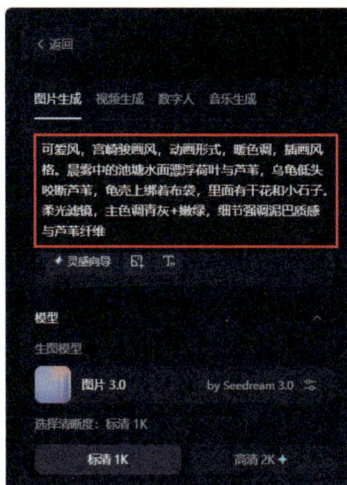

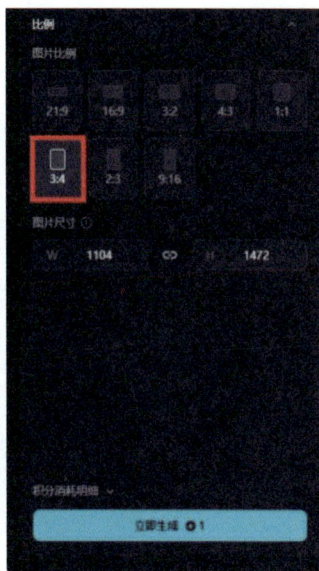

图 11-4　　　　　　　　　图 11-5　　　　　　　　　图 11-6

04　执行操作后，即梦 AI 生成 4 张图片，可选择满意的图片下载，如图 11-7 所示。

> **注意**
>
> 由于 AI 生成图片具有多样性，无法保证所生成图片的审美价值，用户可根据需求自行修改提示词（例如增加人物、地点、风格等维度的关键词，或对原有提示词进行优化，以提升 AI 生成效果）。

图 11-7

05　重复以上步骤，继续在文本框内输入分镜头 2 的提示词"可爱风，宫崎骏画风，动画形式，主青灰＋嫩绿色暖色调，插画风格。俯视镜头，树干占画面 1/3。树干上挂着虫蛀洞形状的日历，只剩最后三片树叶，小鸟俯冲动态模糊，树洞内有一个去年的迷你奖杯"，选择图片比例为"3:4"，单击"立即生成"按钮，如图 11-8 所示。

06　执行操作后，即梦 AI 生成 4 张图片，可选择满意的图片下载，如图 11-9 所示。

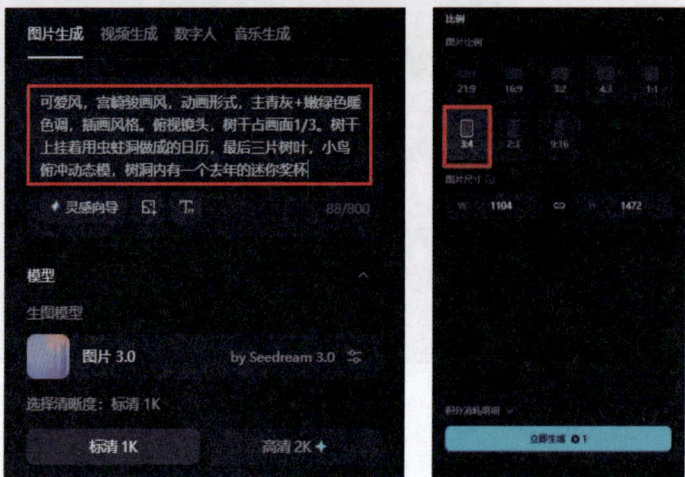

图 11-8

图 11-9

07　其他分镜头画面的提示词需要在 DeepSeek 给出的提示词的基础上进行修改，然后继续生成其他分镜头的画面。

分镜头 3 的最终提示词为"可爱风，宫崎骏画风，动画形式，主青灰 + 嫩绿色暖色调，插画风格。广角微仰拍，色彩飞溅效果。乌龟仰视看到翻转的小篮子和漫天飞舞的材料，慢动作中的干花、羽毛、泥点轨迹形成螺旋纹，小鸟翅膀大字形，乌龟的爪子露在外面"，最终画面如图 11-10 所示。

分镜头 4 的最终提示词为"可爱风，宫崎骏画风，动画形式，主青灰 + 嫩绿色暖色调，插画风格。分割画面：左半边（小鸟闪电对话框 + 炸毛羽毛），右半边（乌龟对话框 + 壳纹发光）。分割线为芦苇秆，露珠倒影显示双方形象"，最终画面如图 11-11 所示。

分镜头 5 的最终提示词为"可爱风, 宫崎骏画风, 动画形式, 主青灰 + 嫩绿色暖色调, 插画风格。分割画面: 左上小鸟高速飞行喙部特写衔着树枝 (背景模糊速度线), 右下乌龟用爪缝慢慢编织 (清晰特写绳结)", 最终画面如图 11-12 所示。

图 11-10

图 11-11

图 11-12

分镜头 6 的最终提示词为"可爱风, 宫崎骏画风, 动画形式, 主青灰 + 嫩绿色暖色调, 插画风格。暴风雨来临, 一根树枝卡在树木上, 天空中乌云与夕阳同时存在, 雨丝在逆光中形成金线, 乌龟慢慢站立起来, 小鸟扇动翅膀用嘴衔高处的树枝, 雨丝折射彩虹光", 最终画面如图 11-13 所示。

分镜头 7 的最终提示词为"可爱风, 宫崎骏画风, 动画形式, 主青灰 + 嫩绿色暖色调, 插画风格。贝壳形状的小风铃, 一个贝壳上有乌龟和小鸟的影子, 贝壳孔洞穿过芦苇绳 (绳纹与羽毛交织), 一缕月光照到风铃时, 所有刻痕发光, 最小贝壳里藏着双角色剪影", 最终画面如图 11-14 所示。

分镜头 8 的最终提示词为"可爱风, 宫崎骏画风, 动画形式, 主青灰 + 嫩绿色暖色调, 插画风格。画面底端、只占三分之一的其他小动物 (兔子、松鼠), 乌龟和小鸟共捧树叶奖杯, 杯身刻着"最佳组合", 奖杯主体有 'THANK YOU' 文字", 最终画面如图 11-15 所示。

图 11-13

图 11-14

图 11-15

2. 生成分镜头视频

01　在成功生成并保存对应的分镜头图片后, 返回至即梦 AI 首页, 在"AI 视频"功能内, 单击"故事创作"按钮, 或者单击即梦 AI 主页左侧导航栏的"故事创作"选项, 如图 11-16 所示。

02　进入"故事创作"页面, 在页面上方的选择全局比例为"3∶4", 单击"创建空白分镜"按钮, 如图 11-17 所示。

图 11-16

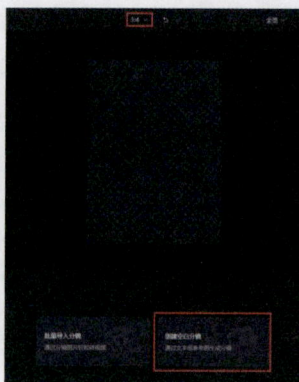

图 11-17

03 将生成的分镜头 1 效果图上传至空白分镜内，并在文本框内输入"晨雾中的池塘水面漂浮荷叶与芦苇，乌龟低头咬断芦苇，龟壳布袋特写显示材质。柔光滤镜，主色调青灰 + 嫩绿，细节强调泥巴质感与芦苇纤维"。单击文本框下方的"图转视频"按钮，视频生成工具栏出现在画面左侧，选择视频模型为"视频 3.0"，单击"生成视频"按钮。执行操作后，生成的视频出现在画面右侧，选择最符合要求的视频下载，如图 11-18 所示。

提示

视频可进行多次生成，若无法获得满意的画面效果，可尝试修改或替换提示词。

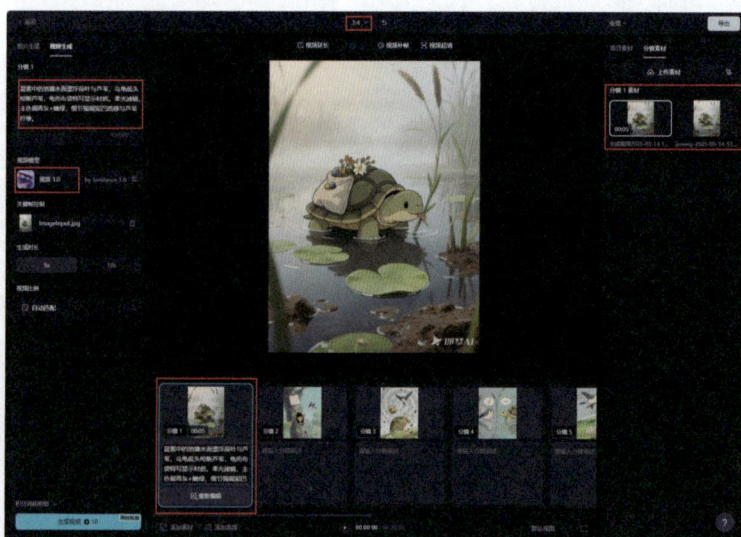

图 11-18

04 继续上传分镜头 2～分镜头 8 的图片和对应的提示词，按上述步骤生成视频，并将视频保存。

分镜头 2 视频最终提示词"俯视镜头，日历特写（剩余 3 片树叶），小鸟俯冲动态模糊，被吹落的树叶轨迹形成数字 3 的形状。树洞迷你奖杯反光点"。

分镜头 3 视频最终提示词"广角微仰拍，慢动作特效。翻转的藤篮居中，干花、羽毛呈螺旋放射状。乌龟 45° 缩壳动作，小鸟翅膀呈'大'字形"。

分镜头 4 视频最终提示词"分割画面：左半暖黄调（小鸟闪电对话框、炸毛羽毛），右半冷蓝调（乌龟蜗牛对话框、壳纹发光）。分割线为芦苇秆，倒影上方的乌龟和小鸟保持原状，倒影里双方紧贴"。

分镜头 5 视频最终提示词"双画面蒙太奇，上区：小鸟高速飞行带有残影（背景速度线、模糊枫叶），喙部特写衔着树枝。下区：乌龟爪部微距（绳结编织过程、材料分类），晨露到正午光影渐变"。

分镜头 6 视频最终提示词"乌云金边雨幕为背景，乌龟慢慢站立起来，小鸟扇动翅膀用喙衔高处的树枝。雨丝折射彩虹光。"

分镜头 7 视频最终提示词"微距与全景组合镜头。主焦点：贝壳孔洞穿绳特写（绳纹与羽毛交织）。背景虚化，月光穿透风铃，在地面投射星座图。风格：吉卜力式发光特效，材质突出玻璃质感与木纹"。

分镜头 8 视频最终提示词"夜光调色板（深蓝、萤火黄），主风铃居中投射星空。前景动物群像戴迷你风铃（考拉耳挂、兔子手环等）。乌龟与小鸟在光柱中碰爪，奖杯刻字镜面反射读者视角"。

3. 编辑分镜头视频

01　将 8 个分镜头视频保存之后，打开剪映（专业版），单击首页的"开始创作"按钮，导入刚才保存的 8 个分镜头视频，并按顺序放入时间轴中，如图 11-19 所示。

02　单击"文本"按钮，在"新建文本"功能区内选择添加"默认文本"，如图 11-20 所示，同时将时间轴的文本素材延长至视频素材末尾。进入文本设置区，在文本框内输入以下描述，如图 11-21 所示。

一年一度的森林庆典就要到了，慢慢（乌龟）说"我得加快速度制作我的作品了"，"喳喳！只剩三天啦！"快快（小鸟）掠过树梢，翅膀扇起的风把倒计时又偷走两天，干花、羽毛，还有慢慢花了一上午排好的石子全都飞到了空中，快快说"你太慢了"，慢慢说"你太快了"。慢慢和快快决定共同完成这次庆典的作品。快快用翅膀收集全森林的晨光，慢慢用爪子编织进每一分钟的温度。乌云咆哮着吞没最后一丝夕阳——那根最重要的金合欢枝，还在风雨中摇晃，当月光吻上第一片贝壳，所有刻痕开始歌唱："差异，是世界上最美的和声。"原来最快的翅膀和最慢的爪子，合在一起——就是"刚刚好"的速度。

03　在文本工具栏上方处，单击"朗读"选项，进入朗读页面，选择"文艺女声"后单击"开始朗读"按钮（见图 11-22），执行操作后，生成的朗读语音将显示在时间轴区域，选择该朗读语音，进入语音编辑界面，单击"换音色"|"变声"，选择"童声"列表中的"萝莉"音色。

注意

为保持文本显示速度与朗读速度一致，需要对朗读语速进行调整，将朗读语速设置为1.3。

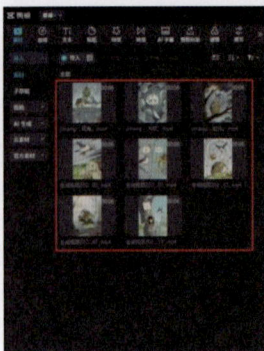

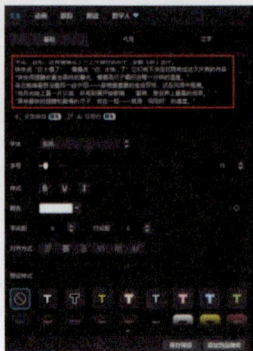

| 图 11-19 | 图 11-20 | 图 11-21 | 图 11-22 |

04 移动时间指示器，对朗读素材进行分割，对文本素材进行分割并删除分割片段内多余的文本（只保留与朗读素材对应的文本）。选中所有文本素材后，在文本编辑区域内设置文本字体为"荔枝体"，预设样式为"黑边白字"，调整文本素材大小并将其移动至播放器画面的下方，如图11-23所示。

提示

朗读素材分割应以分镜头内容对应的文本为准。文本素材分割应以朗读素材为准，保证音频和文字同时出现，例如每隔一小段话或一个逗号分割一次，以保障阅读的舒适感。

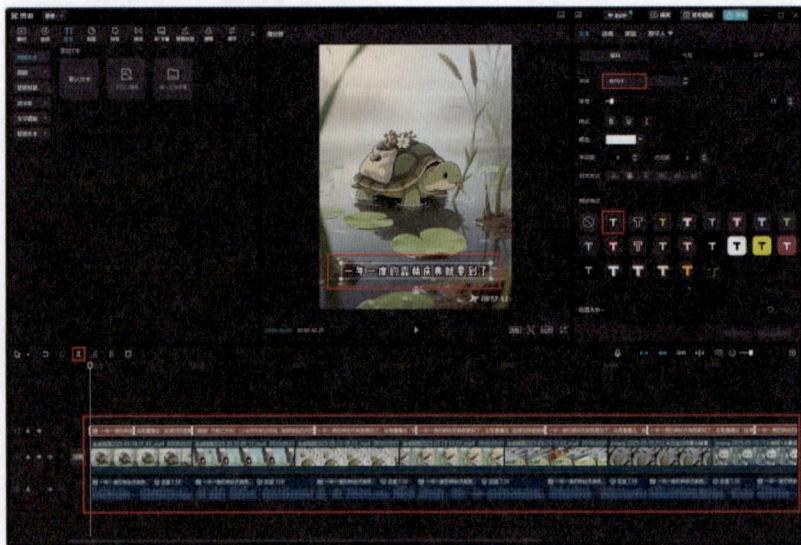

图 11-23

05 将时间指示器移至42s 20帧处，在"新建文本"功能区内，单击添加"默认文本"，进入文本设置区，在文本框内输入文本"《乌龟慢慢和小鸟快快》"，设置文本字体为"荔枝体"，预设样式为"黑边黄字",调整文本素材大小并将其移动至播放器画面的中间。继续移动时间指示器至 43s 11 帧处,选中刚刚设置的文本素材,单击素材面板的"向右分割"按钮,如图 11-24 所示。

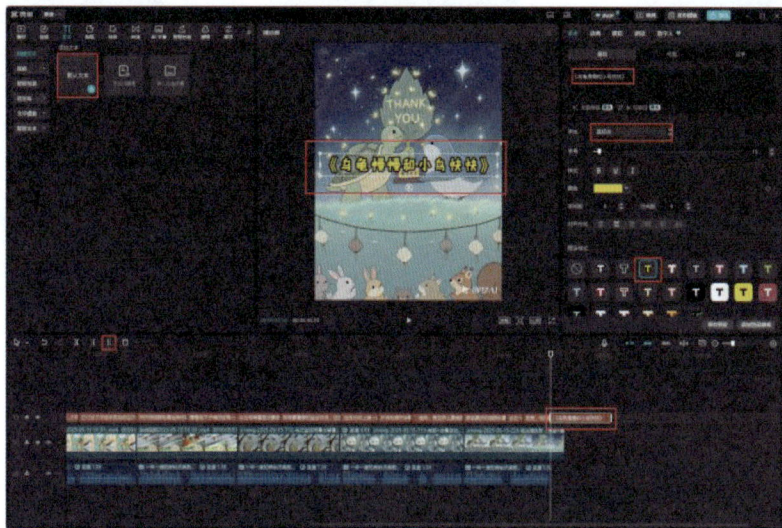

图 11-24

06　操作完成后,单击"音频"按钮,在"音乐库"功能区搜索音乐"动画",添加音乐"可爱卡通画面"至时间轴区域,选中音乐素材,在播放器区域右侧的音乐设置面板内单击"基础",将音乐素材音量调至 −3.0 dB。移动时间指示器至画面末尾,选中并删除多余的音乐素材,完成后,单击"导出"按钮,动画短片制作完成,如图 11-25 所示。

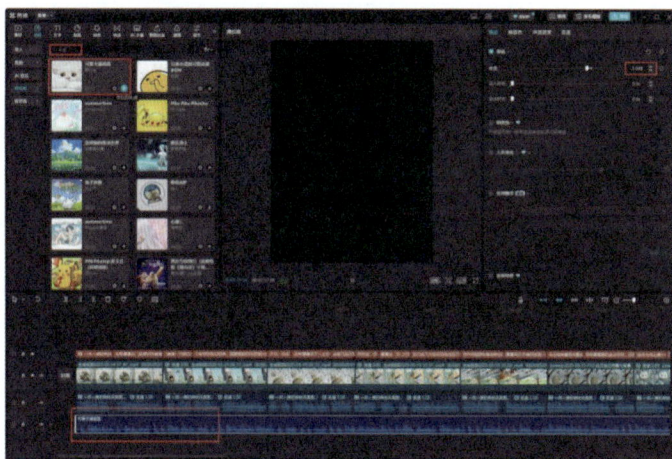

图 11-25

11.2　制作电商广告

AI 生成电商广告是指利用 AI 工具制作商品推广视频 / 图文内容的过程。它能根据产品特性、用户画像和市场数据,快速生成高转化率的广告素材,包括产品展示、卖点解说、场景化营销等,显著降低广告制作成本并提升个性化推荐能力。下面将详细介绍如何利用 DeepSeek、剪映（专业版）制作完整的电商广告，效果如图 11-26 ~ 图 11-28 所示。

图 11-26

图 11-27

图 11-28

1. 生成分镜头视频

01 打开 DeepSeek 官网，登录后在页面文本框内先后输入两条提示词："围绕香薰蜡烛这个产品生成一段脚本，时长 20 s，5 个分镜头"及"再生成 5 个分镜头对应的视频提示词"。执行操作后，DeepSeek 会生成两段回答，如图 11-29 所示。

提示

用户可以根据回答的细致程度再提出新的指令，直至得到满意且详细的回答。

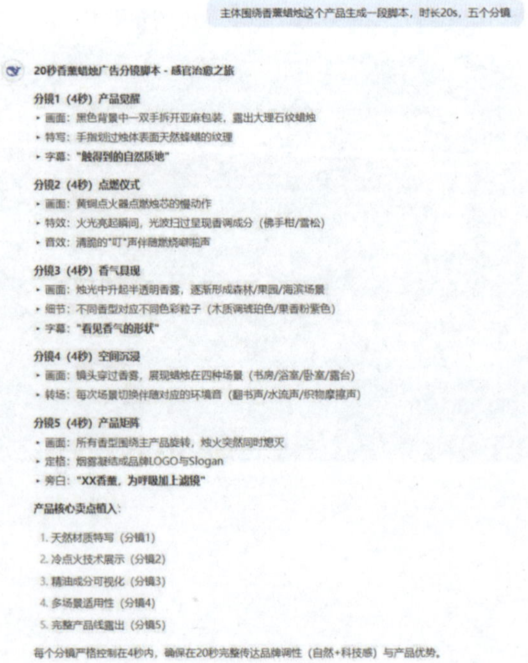

主体围绕香薰蜡烛这个产品生成一段脚本，时长20s，五个分镜

20秒香薰蜡烛广告分镜脚本 - 感官治愈之旅

分镜1 (4秒) 产品觉醒
· 画面：黑色背景中一双手拆开亚麻包装，露出大理石纹蜡烛
· 特写：手指划过烛体表面天然蜡烛的纹理
· 字幕："触得到的自然质感"

分镜2 (4秒) 点燃仪式
· 画面：黄铜点火器点燃烛芯的慢动作
· 特效：火光亮起瞬间，光波扩过呈现香调成分（佛手柑/雪松）
· 音效：清脆的"叮"声伴随烛烧燃能声

分镜3 (4秒) 香气具现
· 画面：烛光中升起半透明香雾，逐渐形成森林/果园/海滨场景
· 细节：不同香型对应不同色彩粒子（木质调琥珀色/果香粉紫色）
· 字幕："看见香气的形状"

分镜4 (4秒) 空间沉浸
· 画面：镜头穿过香雾，展现蜡烛在四种场景（书房/浴室/卧室/露台）
· 转场：每次场景切换伴随对应的环境音（翻书声/水流声/织物摩擦声）

分镜5 (4秒) 产品矩阵
· 画面：所有香型围绕主产品旋转，烛火突然同时熄灭
· 定格：烟雾凝结成品牌LOGO与Slogan
· 旁白："XX香薰，为呼吸加上滤镜"

产品核心卖点植入：

1. 天然材质特写（分镜1）
2. 冷点火技术展示（分镜2）
3. 精油成分可视化（分镜3）
4. 多场景适用性（分镜4）
5. 完整产品线露出（分镜5）

每个分镜严格控制在4秒内，确保在20秒完整传达品牌调性（自然+科技感）与产品优势。

图 11-29

02 打开剪映（专业版），单击"开始创作"按钮，进入编辑器页面，单击"素材"按钮，在

"AI 生成"｜"视频生成"选项中选择"文本生视频",并在文本框输入描述"特写镜头慢动作展示双手拆开亚麻包装,露出大理石纹香薰蜡烛。聚焦蜂蜡表面天然纹理,侧逆光突出材质细节。镜头微微后拉,亚麻布自然滑落,空气中飘浮细微尘埃粒子。暖调低饱和度色彩,浅景深(f/1.8),模拟胶片颗粒感"。单击"模型设置"参数后的下拉按钮,选择模型"Pxie|Dance v1.4 Pro";单击"画幅比例"参数后的下拉按钮,选择比例"3:4";单击"开始生成"按钮。执行操作后,AI 生成的视频自动添加到时间轴上,在播放器内可以浏览视频效果,在素材调整区域的"生成视频记录"列表里,可以切换其他版本的视频,如图 11-30 所示。

提示

如果对生成的视频不满意,可以单击"再次生成"按钮继续生成,直至得到满意的视频。

图 11-30

03　按以上步骤,在文本框内输入其他分镜头的提示词,生成其他分镜头视频。

分镜头 2 视频最终提示词"慢动作黄铜点火器点燃木质烛芯,大理石纹香薰蜡烛。聚焦蜂蜡表面天然纹理,捕捉火星迸溅的瞬间。火焰亮起时光晕扩散,背景浮现佛手柑/雪松香调分子线稿动画。烛芯燃烧噼啪声强化 ASMR 效果。暗调场景,火焰高光区域闪烁,参考《花样年华》色调。"

分镜头 3 视频最终提示词"烛光上方升起半透明烟雾,粒子逐渐聚集成森林(琥珀色)/果园(粉紫)/海浪(蓝白)形态。镜头环绕 360° 展示,雾气流动带有流体模拟。景深层次变化,前景烛光保持在焦内。超现实风格,参考 TeamLab 数字艺术。"

分镜头 4 视频最终提示词"香薰蜡烛。蜂蜡表面天然纹理,烛光上方升起半透明香雾,背景是森林(琥珀色)、果园(粉紫)和海浪(蓝白)。镜头环绕 360° 展示,雾气流动带有流体模拟。景深层次变化,前景烛光保持在焦内。超现实风格,参考 TeamLab 数字艺术。"(使用模型"Seaweed v1.0 Pro")

分镜头 5 视频最终提示词"香薰蜡烛在暗黑空间悬浮旋转,突然熄灭,烟雾凝结成磨砂玻璃 LOGO。熄灭瞬间触发光粒子残留效果。3D 渲染风格,镜头从俯冲到平视运镜,参考 Apple 产品广告的极简风格。"

2. 编辑分镜头视频

最终会得到 5 个分镜头视频片段，它们会自动出现在时间轴区域内，便于进行后续编辑操作，如图 11-31 所示。

图 11-31

01　单击"文本"按钮，在"新建文本"功能区内，单击添加"默认文本"，进入文本设置区，在文本框内输入描述"让呼吸成为一场与自我的浪漫私奔"，设置文本字体为"海岛森林－全字符"，预设样式为"浅黄色系深棕色边"，并调整文本大小，移动文本至播放器画面正中下方处，如图 11-32 所示。

02　单击文本工具栏上方"朗读"选项，进入朗读页面，选择"女声"|"甜美女声"，单击"开始朗读"按钮。完成操作后，朗读生成的语音将出现在时间轴区域，如图 11-33 所示。

图 11-32

图 11-33

03　继续为视频添加文本，移动时间轴至 3s 2 帧处，新建文本"前调：柠檬、佛手柑"（此处字体预设样式为" T "）；在 4 s 处新建文本"中调：茉莉、蜜桃"（此处字体预设样式为" T "）；在 4s 18 帧处新建文本"尾调：雪松、香草"（此处字体预设样式为" T "）；在 6s 28 帧处新建文本"每一缕烟雾都是逃离喧嚣的船票";在 10s 5 帧处新建文本"点燃一刻";在 12s 2 帧处新建文本"空间便有了呼吸";在 13s 17 帧处新建文本"不是点燃光";在 15s 2 帧处新建文本"而是点燃'家'的呼吸";在 16s 16 帧处新建文本"让琐碎日常";在 18s 3 帧处新建文本"化作一场香气里的诗意沉溺";在 19s 15 帧处新建文本"情绪香薰"（此处字体预设样式为" T "）；在 21s 2 帧处新建文本"为呼吸加上滤镜"（此处字体预设样式为" T "）；在 22s 11 帧处新建文本"情绪香薰"（此处字体预设样式为" T "，可以适当添加关键帧实现放大效果），如图 11-34 所示。

> **注意**
>
> 此处所有文字字体均为"海岛森林－全字符"；除上述特殊标注外，字体颜色均为"浅黄字深棕边"；所有文本的朗读均采用"温柔女声"。

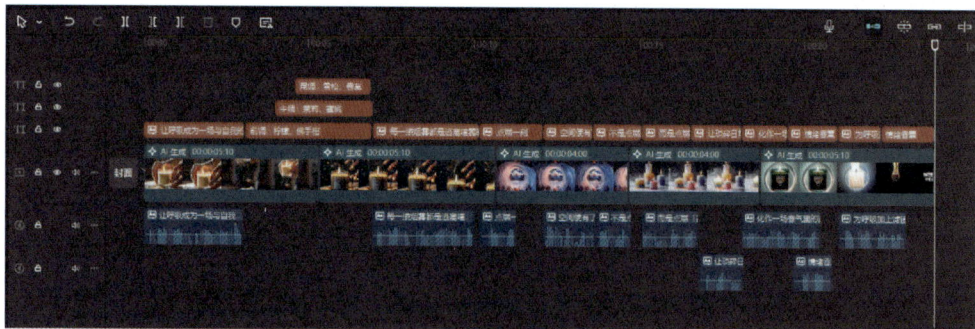

图 11-34

04　文本设置完毕后，单击画面左侧的"音频"按钮，在"音乐库"功能区内，搜索音乐"deep reflections"，将其添加至时间轴区域，同时删除多余音乐素材，完成后单击"导出"按钮保存视频即可，如图 11-35 所示。

图 11-35

11.3　制作音乐MV

AI 生成音乐 MV 是指利用 AI 创作音乐视频的过程。它通过算法分析音乐要素（如节奏、旋律、歌词情感等），并自动生成与之相匹配的视觉内容（如动画、实景合成或抽象艺术等风格），从而部分或完全替代人工制作流程。下面将详细介绍如何利用 DeepSeek、即梦 AI 和剪映（专业版）制作完整的音乐 MV，效果如图 11-36 和图 11-37 所示。

图 11-36

图 11-37

1. 生成分镜头图片

01 打开 DeepSeek 官网，登录后在页面的文本框内输入提示词"帮我以歌曲《江南》为主题，根据内容分成 8 个镜头，并生成对应的分镜头画面提示词"，结果如图 11-38 所示。

02 打开即梦 AI 主页，进入"图片生成"页面，在文本框内输入 DeepSeek 给出的画面提示词，即"水墨画风格，江南水乡全景，远山笼罩在薄雾中，白墙黑瓦的古镇被细雨覆盖，青石板路反射湿润光泽，蜿蜒河道上隐约可见乌篷船，画面中央飘落几片枫叶，整体色调淡雅以青灰为主，具有空气透视感，超高清细节"，选择生图模型为"图片 3.0"，如图 11-39 所示。

03 选择图片比例为"16 : 9"，单击"立即生成"按钮，如图 11-40 所示。

图 11-38

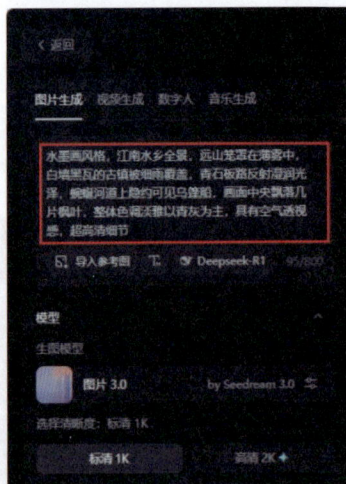
图 11-39

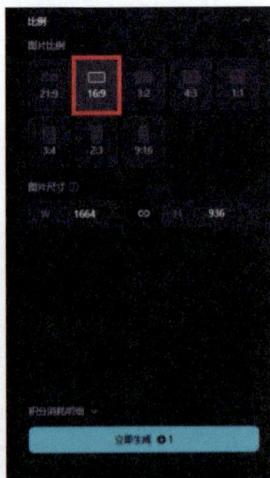
图 11-40

04 执行操作后，即梦 AI 生成 4 张图片，选择满意的图片下载，如图 11-41 所示。

> **注意**
>
> 由于 AI 生成结果具有多样性，无法保证图片的审美价值，用户可根据自己的需求多次修改提示词，以获得满意的图片。

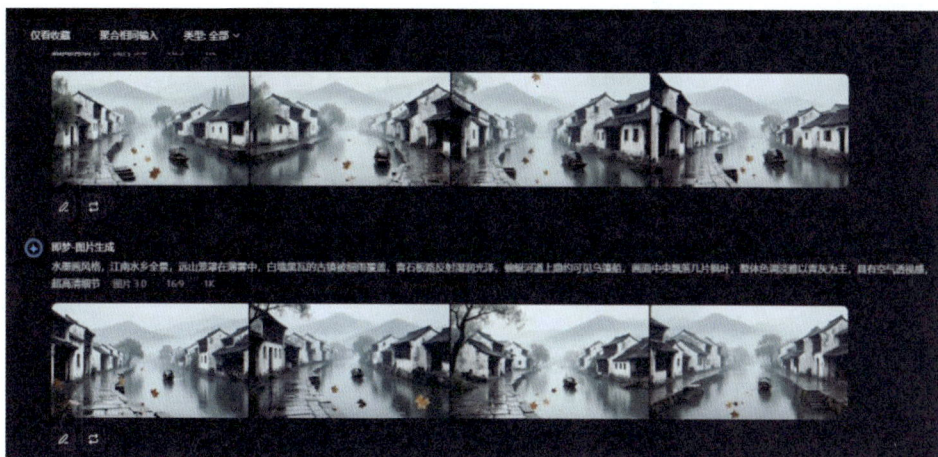

图 11-41

05　参照上述方法，后续分镜头画面可在 DeepSeek 画面提示词的基础上加以修改生成。

分镜头 2 的最终提示词为"水墨画风格，特写木质窗棂，雨滴从屋檐滴落形成珠帘，窗后模糊的男子侧脸轮廓，背景虚化的庭院中有摇曳的芭蕉叶，柔光滤镜，胶片质感"，最终效果如图 11-42 所示。

分镜头 3 的最终提示词为"水墨画风格，整体色调淡雅，以青灰为主，黄昏时分的江南码头，芦苇丛随风倾斜，女子撑油纸伞（素色旗袍）站在岸边（背影），年轻的男子坐在船上背对着岸边的女子挥手告别，神色落寞，船渐行渐远，水面泛着金色波光，飘落的花瓣与涟漪交错，电影级光影，国风顶级质感，体现宿命感与诗意"，最终效果如图 11-43 所示。

图 11-42

图 11-43

分镜头 4 的最终提示词为"水墨画风格，江南水乡，整体色调淡雅，以青灰为主，阳光透过柳枝的斑驳光影，男女并肩坐在小舟上（男子身着深蓝长衫，女子穿着素色旗袍），女子指尖划过碧绿的河水惊起蜻蜓，船头戴斗笠的老翁划船，拱桥倒影破碎成光斑，国风顶级质感，体现宿命感与诗意"，最终效果如图 11-44 所示。

分镜头 5 的最终提示词为"水墨画风格，江南水乡，整体色调淡雅，以青灰为主，飞檐下的铜铃，系着红绸的许愿牌在风中摇曳，特写女子闭目合十的双手（素色旗袍，腕戴白玉镯，挽发），香炉青烟袅袅，银杏叶投下斑驳影子，国风工笔细节，国风顶级质感，体现宿命感与诗意"，最终效果如图 11-45 所示。

图 11-44

图 11-45

　　分镜头 6 的最终提示词为"水墨画风格，整体色调淡雅，以青灰为主，左侧现代都市霓虹（西装男子剪影）与右侧江南雨巷（素色旗袍女子背影）重叠，雨滴化作数据流，枫叶贯穿虚实边界，冷暖色调对比，赛博朋克融合水墨元素，国风顶级质感，体现宿命感与诗意"，最终效果如图 11-46 所示。

　　分镜头 7 的最终提示词为"水墨画风格，整体色调淡雅，以青灰为主，俯拍圆形月洞门，身穿旗袍女子伫立其间，落叶堆积又消散，延时摄影效果，江南韵味，国风顶级质感，宿命感与诗意交融"，最终效果如图 11-47 所示。

　　分镜头 8 的最终提示词为"水墨画风格，整体色调淡雅，以青灰为主，静止水面完美倒映江南古镇，江南韵味，国风顶级质感，体现宿命感与诗意"，最终效果如图 11-48 所示。

图 11-46

图 11-47

图 11-48

2. 生成分镜头视频

　　01　成功生成并保存对应的分镜头图片后，进入"视频生成"页面，选择"图片生成视频"，单击"上传图片"导入分镜头 1 的图片，同时在文本框内输入描述"中国水墨画风格，江南水乡全景，远山笼罩在薄雾中，白墙黑瓦的古镇被细雨覆盖，青石板路反射湿润光泽，蜿蜒河道上隐约可见乌篷船，船向远处行驶，画面中央飘落一片枫叶，整体色调淡雅，以青灰为主，具有空气透视感"，如图 11-49 所示。

02　单击"立即生成"按钮，即梦 AI 即可生成视频，如图 11-50 所示。

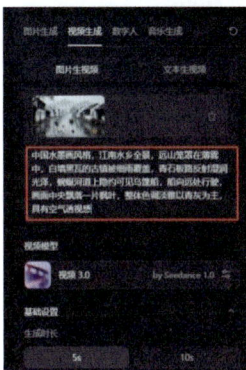

图 11-49

图 11-50

03　按以上步骤继续生成分镜头 2～分镜头 8 的视频，并将其保存。

分镜头 2 视频最终提示词"特写木质窗棂，雨滴从屋檐滴落形成珠帘，窗后模糊的男子侧脸轮廓，手指轻触玻璃上的雨痕，背景虚化的庭院中有摇曳的芭蕉叶，柔光滤镜，水墨画风格"。

分镜头 3 视频最终提示词"黄昏时分的江南码头，芦苇丛随风摇曳，青年男子坐在船上对着岸边的女子挥手道别，神情落寞，女子（素色旗袍）撑着油纸伞，视线跟随小船移动，船只渐行渐远，水面泛起金色波光，飘落的花瓣与涟漪交织，电影级光影"。

分镜头 4 视频最终提示词"阳光透过柳枝的斑驳光影，男女并肩坐在小舟尾部（男子身着深蓝长衫，女子穿着素色旗袍），女子指尖划过碧绿河水，惊起蜻蜓，蜻蜓飞走，船头戴斗笠的老翁撑船前行，拱桥倒影破碎成光斑"。

分镜头 5 视频最终提示词"仰视角度拍摄古刹飞檐下的铜铃，红绸许愿牌在风中摇曳，特写女子闭目合十的双手（腕戴白玉镯），香炉青烟袅袅，银杏叶投下斑驳光影"。

分镜头 6 视频最终提示词"双重曝光效果：左侧现代都市霓虹（西装男子剪影）与右侧江南雨巷（旗袍女子背影）重叠，雨滴化作数据流，枫叶贯穿虚实边界，冷暖色调对比，赛博朋克融合水墨元素，两个人物动态呈现"。

分镜头 7 视频最终提示词"俯拍圆形月洞门，春夏秋冬四季更替（春桃 / 夏荷 / 秋枫 / 冬雪），同一构图中女子一起伫立（衣物从鲜艳褪至素白），落叶堆积又消散，延时摄影效果，中国风奇幻感"。

分镜头 8 视频最终提示词"静止水面完美倒映江南古镇，一片小小的枫叶落在水面上打破镜像，镜头拉远显示整个场景缩进一滴雨，黑屏前雨滴坠落，国风，诗意，故事感"。

3. 编辑分镜头视频

01　将 8 个分镜头视频保存之后，打开剪映（专业版），单击首页的"开始创作"按钮，导入刚才保存的 8 个分镜头视频，并按顺序放入时间轴中。选中所有视频素材，在素材编辑区域内，单击"变速"|"常规变速"按钮，将速度调整至 0.8×。单击画面左侧的"音频"按钮，在"音乐库"功能区内，搜索音乐"江南"并添加至时间轴区域，如图 11-51 所示。

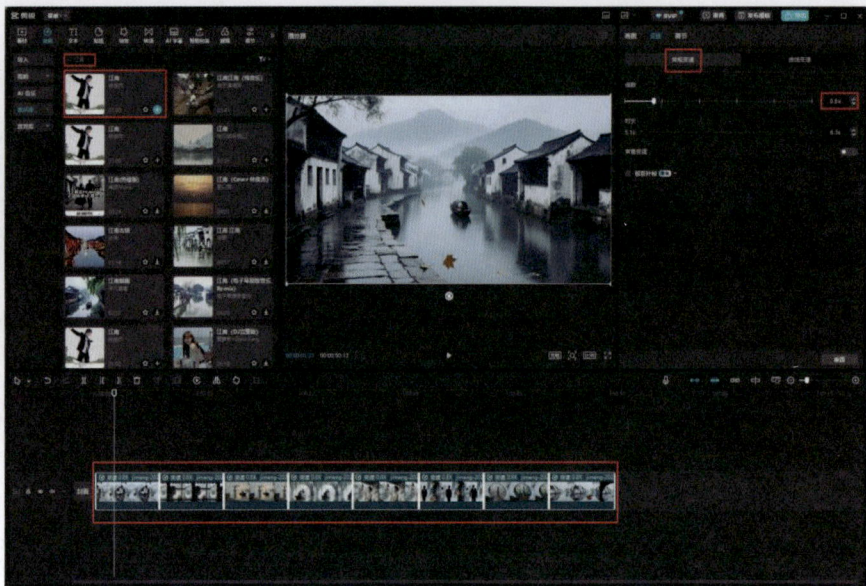

图 11-51

02　单击"AI 字幕"按钮，在"智能识别"|"歌词识别"选项中选择"文艺画报"歌词动效，单击"识别歌词"按钮，如图 11-52 所示。

03　执行操作后，系统识别的歌词将自动出现在时间轴区域。移动时间轴，选中第一句歌词的所有文本素材，如图 11-53 所示。

图 11-52

图 11-53

04　进入文本编辑区域，分别调整样式、颜色、缩放等，使其与视频素材相匹配，如图 11-54 所示。

05　随后进入播放器区域，调整文本的缩放参数和位置，使其与画面保持一致，如图 11-55 所示。

> **提示**
>
> 为了保证音乐 MV 整体艺术统一性，创作者需要逐句调整歌词文本的字体样式和布局。

图 11-54

图 11-55

06　移动时间指示器至视频末尾，单击"文本"按钮，在"新建文本"功能区内，单击添加"默认文本"，进入文本设置区，在文本框内输入描述《江南》，设置文本字体为"造字侠今朝醉简"、文本字号为 13、文本颜色为"浅蓝色"，勾选文本发光选项，设置其发光颜色为"深蓝色"、发光强度为 50、范围为 40，如图 11-56 所示。

图 11-56

07　调整文本大小，移动文本至播放器画面中心位置，并单击"动画"|"入场动画"，入场动画效果选择"放大"，设置完成后即可单击"导出"按钮输出视频，如图 11-57 所示。

图 11-57

11.4 制作综艺预告片

AI 生成综艺预告片是指利用 AI 制作综艺节目的宣传短片。它能快速提取节目高光片段、生成动态特效、添加字幕和旁白，并匹配节奏化的剪辑风格，显著降低传统预告片制作的人力与时间成本。下面将详细介绍如何利用 DeepSeek、即梦 AI 和剪映（专业版）制作完整的综艺预告片，效果如图 11-58 和图 11-59 所示。

图 11-58

图 11-59

1. 生成分镜头图片

01　分别给 DeepSeek 输入以下两段提示词："你是个编剧，制作一个 40 ～ 50 s 的综艺预告片脚本，分成 8 个分镜头画面，不需要出现具体人物，但可以添加人物插画（只需要生成一个男生和女生）"和"根据以上 8 个镜头，生成对应的分镜头画面提示词"，回复如图 11-60 所示。

02　打开即梦 AI 主页，进入"图片生成"页面，在文本框内输入参考 DeepSeek 给出的画面提示词后的描述，即"漫画风格夜空爆炸，霓虹灯效果的综艺标题'疯狂游戏夜'炸开，背景是简笔城市剪影，飞溅的荧光粒子、赛博朋克色调，8K 细节，高对比色块、动态模糊特效"，选择生图模型为"图片 3.0"，如图 11-61 所示。

03　选择图片比例为"16∶9"，单击"立即生成"按钮，如图 11-62 所示。

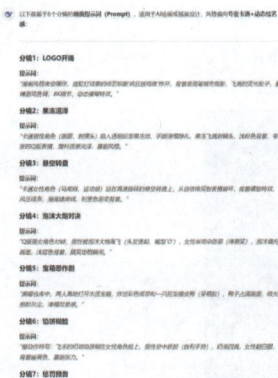

图 11-60

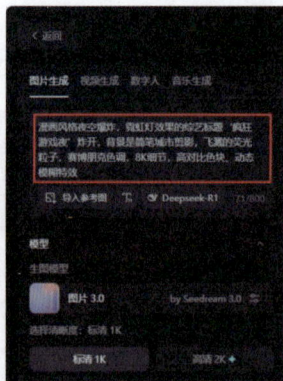

图 11-61

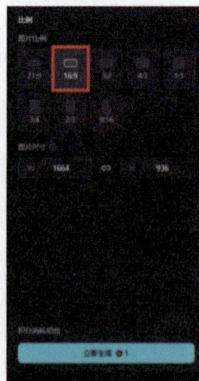

图 11-62

04　执行操作后，即梦 AI 生成 4 张图片，选择满意的图片下载，如图 11-63 所示。需要注意的是，由于 AI 生成图片具有多样性，无法保证图片的审美价值，用户可根据自身需求多次修改描述后生成图片。

图 11-63

05　按上述步骤，后续分镜头画面可在 DeepSeek 给出的画面提示词的基础上加以修改生成。

分镜头 2 的最终提示词为"卡通男性角色（圆眼、刺猬头）陷入透明巨型果冻池，手脚滑稽挣扎，果冻飞溅到镜头上，浅粉色背景，夸张的 Q 版表情，塑料质感光泽，喜剧风格，高对比色块、动态模糊、喜剧表情包"，最终效果如图 11-64 所示。

分镜头 3 的最终提示词为"卡通女性角色（马尾辫、运动装）站在高速旋转的悬空转盘上，从自信微笑到表情崩坏，背景螺旋特效，风压线条，粉紫色渐变背景，塑料质感光泽，喜剧风格，高对比色块、动态模糊、喜剧表情包"，最终效果如图 11-65 所示。

图 11-64

图 11-65

分镜头 4 的最终提示词为"Q 版男女角色对峙，男生拿着一把泡沫枪对准女生并把她轰走（头发竖起、嘴型 'O'），女生举起雨伞防御（马尾辫，得意地笑），泡沫填充画面，浅蓝色背景，搞笑定格瞬间，塑料质感光泽，喜剧风格，高对比色块、动态模糊、喜剧表情包，夸张 Q 版人物"，最终效果如图 11-66 所示。

分镜头 5 的最终提示词为"黑暗仓库中，两人跪地打开木质宝箱（一男一女，男生刺猬头，女生高马尾），炸出彩色纸带和一只巨型橡皮鸭（呆萌脸，在宝箱中间），鸭子占满画面，微光照射灰尘，滑稽反差感，塑料质感光泽，喜剧风格，高对比色块、动态模糊、喜剧表情包，夸张 Q 版人物"，最终效果如图 11-67 所示。

图 11-66

图 11-67

分镜头 6 的最终提示词为"慢动作特写：飞来的奶油馅饼糊在女生（高马尾）脸上，男生（刺猬头）空中跃起（手势比耶），奶油四溅，女生翻白眼，背景暖黄色，喜剧张力，塑料质感光泽，喜剧风格，高对比色块、动态模糊、喜剧表情包，夸张 Q 版人物"，最终效果如图 11-68 所示。

分镜头 7 的最终提示词为"全身湿透的 Q 版男女二人组（男生刺猬头，女生高马尾，两个人都下垂眼、冒汗），背后阴影浮现恐龙服装和女团海报，荧光箭头上方标有'惩罚'，背景暗红色，悬疑搞笑，喜剧张力，塑料质感光泽，喜剧风格，高对比色块、动态模糊、喜剧表情包，夸张 Q 版人物"，最终效果如图 11-69 所示。

分镜头 8 的最终提示词为"Q 版男女二人组举手崩溃（男生刺猬头，女生高马尾，两人泪奔表情），背景爆炸的综艺 LOGO '疯狂游戏夜'，飞散的彩带和星星，高饱和度配色，漫画对话框'这节目是整人吧！'，4K 细节喜剧张力，塑料质感光泽，喜剧风格，高对比色块、动态模糊、喜剧表情包，夸张 Q 版人物"，最终效果如图 11-70 所示。

图 11-68

图 11-69

图 11-70

2. 生成分镜头视频

01 成功生成并保存所有的分镜头图片后，进入"视频生成"页面，选择"图片生成视频"，单击"上传图片"，导入分镜头 1 的图片。在文本框内输入描述"漫画风格夜空爆炸，文字'游戏时间'突然炸开，背景是简笔城市剪影，飞溅的荧光粒子，赛博朋克色调，8K 细节，动态模糊特效"，如图 11-71 所示。

02　单击"立即生成"按钮，即梦 AI 即可生成视频，如图 11-72 所示。

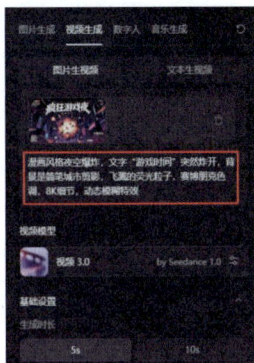 

图 11-71　　　　　　　　　　　　　　　　　　图 11-72

03　按以上步骤继续生成分镜头 2～分镜头 8 的视频，并将其保存。

分镜头 2 视频最终提示词"低角度跟拍：角色在粉色果冻池中下沉，果冻飞溅到镜头，突然加速挣扎动作"。

分镜头 3 视频最终提示词"快切三镜头：男生被泡沫击中（正面特写）→ 女生撑伞防御（侧面仰拍）→ 全景泡沫爆炸（0.5 倍速）"。

分镜头 4 视频最终提示词"旋转视角镜头：女生站在转盘中心，转盘突然加速导致头发飞扬，表情由稳定转变成吃惊，镜头同步旋转倾斜，背景添加离心力模糊特效"。

分镜头 5 视频最终提示词"男生女生伸手将封闭的宝箱打开，手部特写，打开宝箱的一瞬间，鸭子和彩带蜂拥而出，两人露出受到惊吓的表情"。

分镜头 6 视频最终提示词"慢动作特写：飞来的奶油馅饼糊在女生脸上，男生空中跃起（胜利手势），奶油四溅，女生翻白眼，背景暖黄色，喜剧张力"。

分镜头 7 视频最终提示词"从二人湿透全身（沮丧表情）推到背后恐龙服装阴影，红光闪烁特效，最后出现女团舞剪影，男生穿恐龙服"。

分镜头 8 视频最终提示词"动态变焦：从二人崩溃表情快速拉远，露出'疯狂游戏夜'爆炸（带镜头扭曲），收尾黑屏"。

3. 编辑分镜头视频

01　将 8 个分镜头视频保存之后，打开剪映（专业版），单击首页的"开始创作"按钮，导入刚才保存的 8 个分镜头视频，并按顺序放入时间轴中，如图 11-73 所示。

02　根据画面内容配上合适的音效来增加画面的趣味性。单击画面左侧的"音频"按钮，在"音效库"|"综艺感"选项列表，搜索"哭""悬疑""惊讶""喝彩""哗啦""风声"等音效，如图 11-74 所示。将搜索到的音效添加至时间轴并调整音频在时间轴上的位置，如图 11-75 所示。

图 11-73

图 11-74

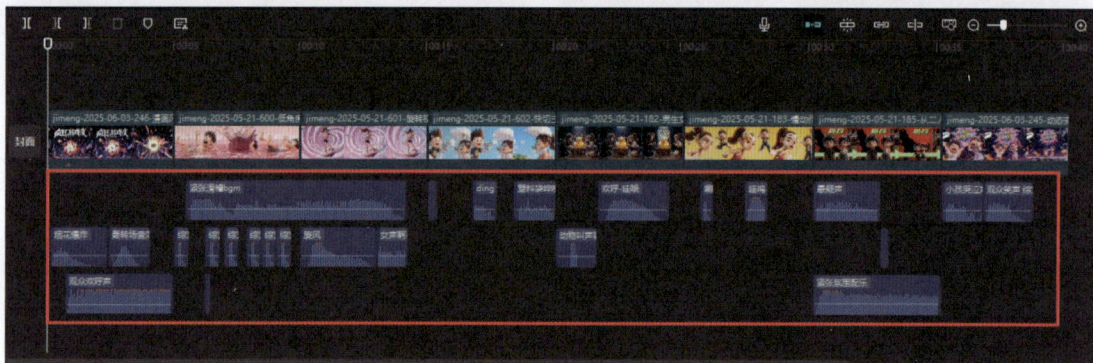

图 11-75

03　将所有音效编辑完毕后，移动时间指示器至 40 s 处，单击"文本"按钮，在"新建文本"功能区内，单击添加"默认文本"。进入文本设置区，在文本框内输入文本"敬请期待"，设置文本字体为"综艺体"，预设样式为"黑边黄字"，调整文本素材大小并将其移动至播放器画面的中间，如图 11-76 所示。

图 11-76

04　根据 DeepSeek 生成的综艺预告片脚本对视频添加文字。在视频开头新建文本"今晚，一切规则"，在 2s 12 帧处新建文本"全部作废！"，在 5 s 处新建文本"挑战 1：果冻沼泽逃生！"，在 10 s 处新建文本"挑战 2：高空转盘逃生"，在 15 s 处新建文本"偷袭？"，在 16s 26 帧处新建文本"反杀！"，在 18s 14 帧处新建文本"合作？"，在 20 s 处新建文本"共夺宝箱！？"，在 25 s 处新建文本"友尽时刻？"，在 30 s 处新建文本"穿恐龙服？"，在 32s 25 帧处新建文本"跳女团舞？"，在 35 s 处新建文本"本周六晚 9 点"，在 36s 26 帧处新建文本"笑到裂开！"，如图 11-77 所示。

> **注意**
>
> 　　此处所有文字样式均为"黄字黑边"，位置缩放设置为 55%，放置于播放器画面的正中下方，添加完成后，单击"导出"按钮保存即可。

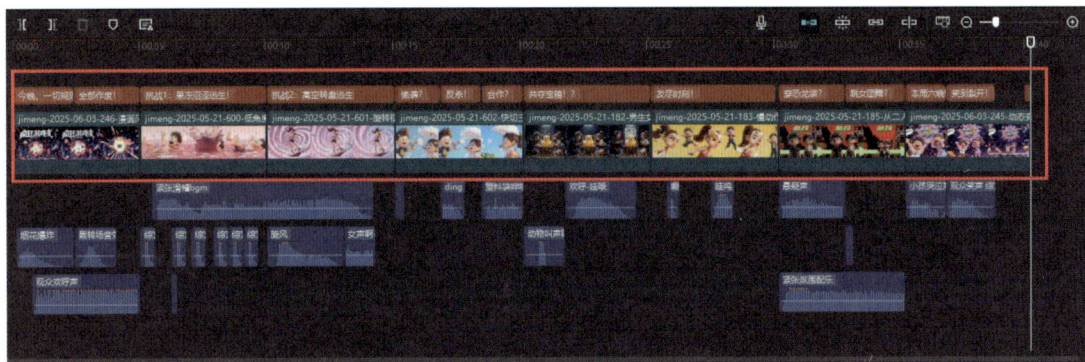

图 11-77